배구 코트의 맛과 멋

그리고 울림

9

배구 코트의 맛과 멋,
그리고 울림

펴 낸 날 2024년 10월 25일

지 은 이   허지훈
펴 낸 이   이기성
기획편집   윤가영, 이지희, 서해주
표지디자인 윤가영
책임마케팅 강보현, 김성욱
펴 낸 곳   도서출판 생각나눔
출판등록   제 2018-000288호
주   소   경기도 고양시 덕양구 청초로 66, 덕은리버워크 B동 1708, 1709호
전   화   02-325-5100
팩   스   02-325-5101
홈페이지   www.생각나눔.kr
이 메 일   bookmain@think-book.com

알립니다

• 본서는 2023년 10월 ~ 2024년 4월까지 기준, 타이 틀 날짜 기준으로 작성된 내용임을 알려드립니다.

• 글 내용 중 순위는 타이틀 날짜일 기준으로 작성되었 음을 알려드립니다.

• 본서는 필자가 직관 후 기록한 당일 일지를 기반으로 작성되었음을 알려드립니다.

• 본서는 필자의 객관적, 주관적 견해로 작성되었음을 알려드립니다.

목차

겨울

머리말

이 세상 모든 분야는 스토리로 먹고 산다. 각기 다른 스토리들이 쌓이고 쌓였을 때 분야를 바라보는 재미는 더욱 풍성해진다. 마치 음식으로 비유하면 육－해－공이 고르게 어우러지면서 진수성찬이 완성될 때와 크게 다를 바 없다. 스포츠도 마찬가지다.

좁디좁은 스포츠 판에서 결과와 관계, 상황 등에 의한 스토리가 다채롭게 어우러지면 지켜보는 스릴은 더 올라간다. 이게 스포츠를 좋아하는 팬들이 스포츠에 푹 빠져드는 요인이다. 스토리의 형성과 함께 좋아하는 콘텐츠를 애정하는 모습이야말로 삶의 한 일부이자 안식처다. 이게 팬들 저마다 삶에 있어서 곧 '낙(樂)'이다. 그런 면에서 스포츠라는 분야 역시 스토리가 얼마나 중요한지를 역설하는 바이며, 이는 불변의 진리와 같다.

우리네 세상은 분야를 막론하고 다양한 요인들에 의해 수많은 문제를 야기하고 있다. 급격한 경제 발전의 부작용으로도 볼 수 있으며, 고질적인 크고 화려함의 선호를 추구하는 고집이라는 악순환도 빈번하게 나타난다. 이러한 요인들이 동반되지 않은 결과는 무의미하다. 설령 결과가 좋게 나와도 가치가 자연스럽게 퇴색된다. 현대 사회를 살아가는 모든 이들의 삶은 물론, 사회 현상에 있어서도 마찬가지다. 과정을 잘 밟으면서 결과로 연결될 때 결과적 가치의 소중함이 더해진다는 것을 말이다. 그러면서 개인의 삶과 사회의 발전, 더 나아가 국가 건설에서도 좋은 시너지가 연출된다.

타 종목과 마찬가지로 배구라는 종목 역시도 스토리 안에 사회 현상과 밀접하게 맞닿아있는 종목이다. 네트를 두고 이어지는 랠리는 한시도 눈을 떼기 어려운 긴장감을 조성하고, 서브 순서에 따라 시계 방향으로 포메이션이 바뀌는 묘미는 포커들이 벌이는 용호상박의 수 싸움을 절로 연상케 한다.

이어 세터들의 손끝에서 완성되는 호쾌한 스파이크는 그야말로 배구의 맛을 더해주며, 거기에 상대 공격을 받아내면서 찬스를 엿보는 부분까지 배구의 맛의 구현을 위한 상다리가 넘쳐난다. 이는 '배구 덕후'들과 팬들을 열광하게 내모는 잣대로도 불린다. 서브와 블로킹으로 '패'를 바꾸면서 판을 뒤집어버리는 종목의 특성과 함께 상대 공격을 걷어내고 찬스볼을 장만하는 루트는 현대 사회에서 가장 등한시되는 부분 중 하나와도 같은 과정의 중요성을 절로 일깨워주고, 리시브를 비롯한 서브, 블로킹 등 기본 요소에 의해 승부가 요동치는 부분 또한 화려함 속 내실을 잘 가꿔야 한다는 울림을 절로 전파한다. 거기에 무조건 매 세트 1점 초과로 끝나야 세트를 따내는 쫄깃쫄깃함까지 스포츠의 본질 또한 잘 구현하는 것은 보너스다.

이게 우리네 세상살이와도 밀접하며, 한 개인과 사회 전체에도 나름 메시지를 전파한다고 해도 과언이 아니다. 모든 스포츠를 섭렵하는 필자가 배구라는 종목의 맛과 향을 음미하는 이유도 여기에 있다. V리그는 남녀부 모두 7개 구단이 6라운드 36경기를 치르는 장기 레이스다. 장기 레이스를 위해 모든 팀이 여름 비시즌 5~6개월 동안 굵은 땀방울을 적시면서 봄의 수확을 이루는 방향에 모든 신경을 곤두세운다.

비시즌 기간, 기존 선수들과 새로 합류한 선수들 간의 조화를 맞춰가는 데 주력하면서 칼날을 견고하게 가다듬는 레퍼토리는 매 시즌 각 팀이 핵심적으로 가져가는 사항이며, 이를 토대로 시즌 마스터 플랜 수립에도 박차를 가한다. 마치 현대 사회의 모든 제도와 각기 다른 관계 속에 발전시켜야 할 부분은 더 발전시키고, 개선해야 할 부분은 개선해야 할 사항의 단계별 시행, 노력이 어우러져야 하는 부분과 같은 이치라고 생각된다.

또, 삶에 있어 '낙(樂)'을 찾는 것만큼 중요한 것이 없다. 내외적으로 낙을 찾아가고 즐기는 것은 굉장히 황홀한 일이다. 이는 현대인들 각자 삶의 깊이를 더 채워주면서 라이프스타일의 형성에도 큰 영향을 미친다. 심신의 피로감과 스트레스가 떼려야 뗄 수 없는 관계로 자리하고 있는 와중에 배구를 좋아하고 사랑하는 '배구 덕후'들의 열정과 성원은 배구가 이들에게는 삶의 일부라는 공식을 고착화시킨다. 그러면서 하나의 '낙'으로 자리한다.

매년 현대 사회는 하루하루 굵직굵직한 사건들이 국민들의 크나큰 관심을 집중시킨다. 이는 V리그가 화요일부터 일요일까지 주간 2경기씩 펼쳐지는 날에도 예외가 아니며, 분야를 막론하고 환경, 상황적 요인들에 의해 발생되는 사건의 피로감을 국민들이 떠안는 일들이 비일비재하다.

거기에 내외적 요인들로 생성되는 스트레스 또한 무시할 수 없다. 그럼에도 배구에 에너지를 쏟아붓는 팬들의 열정과 선수들의 땀은 이러한 피로감을 씻겨줬다. 팬들과 선수들이 코트에서 일심동체를 형성하면서 장내 데시벨을 높이는 광경은 가히 장관이었고, 경기 세트마다 스릴 넘치는 레이스는 심박수를 절로 높였다.

이를 통한 새로운 스토리의 형성은 곧 개인과 집단은 물론, V리그 역사 축적에도 크나큰 동력과도 같으며, 현대인들에게도 관계와 상황 등에 따른 스토리 형성이 발자취를 남기면서 다채롭게 삶을 장만하는 데 좋은 영향을 주리라 본다. 이게 우리네 세상만사에 있어 하나의 위로를 선사하는 요소로도 자리한다고 자부한다.

스포츠는 사회 현상과 같은 열차를 타는 분야 중 하나다. 사회 내외적 요인들에 의해 쓰이는 인과관계 속에 빚어지는 사회 현상들이 스포츠에도 고스란히 드러나고 있으며, 이러한 부분들이 스포츠의 스토리 형성과 함께 스포츠는 물론, 사회 전반적으로 개선되야 될 부분을 잘 제시하고 있다고 볼 수 있다. 배구라는 스포츠 역시도 이와 궤를 같이한다고 해도 무방하며, 지역적 특성과 환경에 종목에 담긴 스토리의 접목이 어우러지면서 사회 현상과 가까이하는 한 동력이다.

배구를 통해 사회 현상을 체감하면서 현대인들 나름의 하루하루 라이프를 이어가는 코스는 각자 삶과 현대 사회에 있어 좋은 영향력을 행사하지 않을까 생각되며, '낙'을 찾아가는 효과로도 이어질 것은 자명하다고 여긴다. 여느 스포츠와 마찬가지로 배구 역시도 매력적인 종목 중 하나라는데 이의를 달기 어렵다.

또, 배구와 세상만사의 접목을 통해 각자 삶을 단단하고 다채롭게 채워줄 수 있다는 부분 또한 얼마나 황홀한지 모른다. 배구 팬들, 즉, '배구 덕후'들이 배구에 더 열광하고 환호하는 이유가 여기에 있으며, 필자 또한 자연스럽게 감정 이입을 하게 만드는 잣대로도 자리하고 있다.

그래서 필자는 고한다. 배구는 물론, 스포츠를 좋아하시는 팬들, 즉, '덕후'들에게는 배구장 직관을 비롯한 저마다 라이프스타일 추구가 사회 현상의 대입과 함께 견문 축적, 시야 확대 등을 도모하는 수단이며, 삶의 질 향상과 건강한 사회 형성 등에도 크게 이바지할 것이라고 말이다. 소리가 산이나 절벽에 부딪쳐 되돌아 울려퍼지는 메아리처럼 배구라는 스포츠가 현대 사회를 살아가는 모든 현대인들과 집단에게 하나의 울림을 제시해주지 않나 생각된다. 봄의 수확물을 위한 향연이 매일같이 가득한 배구 코트의 맛과 멋이 현대인들과 현대 사회에 주는 메시지가 아닐까 싶다. 흐르는 메아리의 울림이 의미깊은 이유이자 다 살아가는 과정으로 자리할테니까.

가을

굳건한 성원과 지지,
팬들의 여가 수단으로 자리매김
풍겨오는 가을 향기, V리그여 반갑다!

풍겨오는 가을 향기,
V리그여 반갑다!

-2023년 10월 14일-

　　　　　부슬부슬 내리는 빗방울과 함께 어느새 가을의 향기가 물씬 풍겨온다. 선선해진 날씨에 거리 곳곳에 단풍이 피어오르는 모습을 보니 피부로 확 와 닿게 한다. 2023년 여름은 지구촌 전체가 역대급 폭염으로 들끓었고, 갈수록 심화되는 기상 이변과 함께 '삼한사온'의 특성 또한 옅어지는 느낌이 없잖아 드는 것이 사실이다.

　가을비가 내리면서 기온 또한 급격히 하강했고, 시민들의 옷차림이 한글날 연휴를 기점으로 다소 두꺼워진 부분이 이를 대변해주지 않나 생각된다. 그런데 10월 둘째 주 주말은 기온이 하강할 것이라는 예상이 보기 좋게 빗나갔다. 새벽녘에 내린 비는 온데간데없이 초여름을 방불케 하는 더위가 오전부터 불청객처럼 찾아왔고, 솔솔 불어오는 바람도 높은 습도와 더위 앞에서는 무용지물에 가까웠다.

　실제로 거리에 반팔 차림으로 나선 시민들의 모습이 계절의 혼란을 불러오기에 충분했고, 겉옷을 걸치다가 손에 쥐고 거리를 활보하는 부분 역시 나들이하기 좋은 날과 초여름 더위의 양면성을 그대로 보여주지 않나 생각된다.

스포츠를 좋아하는 팬들은 시즌이 종료되면 허전함에 몸서리를 친다. 더군다나 자신이 좋아하는 종목의 시즌 종료는 더 그렇다. 비시즌 동안 좋아하고 응원하는 팀의 전력 보강 소식과 관련 기사 등을 포털사이트를 통해 접하면서 무료함을 달래곤 하지만, 코트의 뜨거운 열정과 투혼 등을 직간접적으로 볼 수 없다는 부분까지 채워주기엔 뭔가 아쉬운 기색을 지우지 못하기도 한다. 팬들 역시 코트에서 뛰는 선수들 못지않게 팀의 '희로애락'을 함께하고 있다고 해도 과언이 아닌데 좋아하는 팀, 선수가 잘할 때나 못할 때나 함께 호흡한다는 인식이 가득하기에 더 그렇다. 배구의 경우 V리그 종료 이후 약 4~5개월 뒤 컵대회로 예열을 달구는데 6개월여간 펼쳐지는 V리그와 달리 컵대회는 대회 기간이 길어야 남녀부 모두 7~8일가량이고, 컵대회는 V리그 이전 리허설 성격이라 무대의 스케일에서 차이가 있다.

이러한 배구 팬들의 마음을 헤아린 것일까. 마침 지난 6개월간 배구 개막을 학수고대하던 배구 팬들의 열의와 기대감 등은 가을 향기를 더 진하게 물들이는 촉매제에 가까웠다. MZ세대들의 배구 팬 유입이 제법 활발하게 이뤄지고 있는 상황에 2022 항저우아시안게임 남녀부 동반 노메달 수모로 체면을 단단히 구겼지만, 지하철 7호선 부평구청역에서 인천 1호선 환승 이후 작전역 하차와 함께 '항저우 참사'에 따른 실망감은 찾아보기 힘들었다.

그도 그럴 것이 남자부 대한항공 홈 개막전을 직접 보기 위해 작전역 셔틀버스 승강장에 대기한 팬들의 기다림 행렬이 있다. 대한항공이 매 시즌 홈 코트인 인천계양체육관의 취약한 접근성을 감안해 팬들의 편의를 돕고자 셔틀버스를 계양역과 작전역에 운행하고 있는데 한시라도 빨리 개막전을 눈으로 보려는 팬들의 설렘은 셔틀버스 승차 시간과 임박해 더해졌고, 접근성의 취약함에 따른 서비스와 배려 등을 직접 몸으로 느끼고 겪을 수 있는 부분 역시 셔틀버스 승차를 자연스럽게 부채질한다. 지하철과 대중교통 이동의 불편함을 해소하기에 딱인 것은 덤이다.

셔틀버스로 약 10여 분 이동한 이후 인천계양체육관에 입성했다. 체육관 후문에 양 팀 선수단 버스와 중계차가 가지런히 주차된 모습과 함께 체육관 외관과 주변 풍경을 휴대폰에 담으려는 팬들의 움직임은 더 분주해졌고, 매표소에서 지류 티켓으로 발권받고 직관 인증을 소중하게 간직하려는 모습도 저마다 삶의 한 페이지로 장만하는 일부와 같았다.

2014 인천아시안게임을 위해 2013년 8월 완공된 인천계양체육관은 2013-2014 시즌부터 대한항공과 여자부 흥국생명이 공동 홈 코트로 8년간 사용하다가 2021-2022 시즌 흥국생명이 프로농구 인천 전자랜드의 한국가스공사 인수에 따른 대구 연고지 이전으로 비워진 인천삼산월드체육관에 새 보금자리를 틀면서 대한항공 단독 홈 코트로 자리하게 됐다.

체육관에 들어서니 세계 날씨와 시간 등이 상세하게 안내된 것은 물론, 항공편 탑승 시 수속 발권을 연상케하는 안내 데스크가 항공사를 모기업을 둔 팀 특성을 그대로 보여준다는 인상을 심게 했고,

특정 선수에 국한되지 않고 등록 선수 모두의 포토존을 설치하면서 팬들 개개인의 사진 담기 욕구를 더 끓게 하는 부분도 인상적이었다.

모든 스포츠가 그렇지만, 스포츠 홈 코트 인식 확립을 위한 공간 장만이 대단히 중요한데 등록 선수 모두의 포토존뿐만 아니라 비행기 모형 포토존, 출입구 부근 구단 공식 유튜브 채널 상영존, 구단 역사가 담긴 챔피언 트로피 전시 등을 비치하는 모습은 팬들 로열티 향상, 팬덤 확대 등에 있어 분명 좋은 신호가 아닐까 싶다.

무엇보다 단독 홈 코트가 되면서 바뀐 코트 바깥 바닥의 보라색 변경은 3년째를 맞은 2023-2024 시즌 개막에서도 단연 눈에 띄었다. 대한항공하면 파란색 계열이 1969년 창사 이래 반세기가 넘는 세월 동안 고스란히 유지됐고, 장거리 비행 시 제공되는 담요를 비롯한 각종 편의 서비스도 파란색이 많다. 자연스레 대한항공=파란색이라는 인식이 전 세계인들에 강하게 박혀있다고 해도 과언이 아니다.

그럼에도 배구에서만큼은 차별성을 꾀하려는 노력이 단독 홈 코트 사용과 함께 체육관 고유 색상으로 자리매김하게 만들지 않나 생각된다. 체육관 코트 바깥 바닥 보라색, 안쪽 바닥 회색의 코트는 팬들의 직관 몰입도, 선수들에게는 경기 몰입도를 각각 배양시키는 수단이 되기에 충분했고, 보라색 특유의 이미지를 함께 구현하면서 전체적인 조명도와 시각 배양의 일거양득을 누리게 하지 않나 생각된다.

사실 배구 코트는 연한 녹색(코트 바깥)과 주황색(코트 안쪽)을 띤 코트가 그간 주를 이뤄왔다. 이는 코트 색을 밝은색을 띠어야 한다는 국제배구연맹(FIVB)의 지침이기도 하며, 2020년대 이전까지는 V

리그뿐만 아니라 전 세계 대부분 리그 코트가 위 색상을 고수해왔다. 고정된 색상에 의해 색상을 통한 홈 코트 아이덴티티 구현에 아무래도 제약이 있었던 것이 사실이다. 이 부분을 놓고 보면 농구 코트가 사이드라인과 엔드라인 쪽 구단 고유 색상으로 바닥을 물들인 것과 분명 대조된다고 볼 수 있다. 그럼에도 팬 서비스 확대를 위해 코트 색상 변경의 허가를 FIVB에 이끌어낸 KOVO(한국배구연맹)의 노력에 이를 실행에 옮길 수 있다는 자체가 박수갈채를 줘도 아깝지 않다고 자평하고 싶다.

사실 색상은 아이덴티티 극대화에 있어 필수 요소 중 하나다. 단편적으로 패션을 예로 들면, 브랜드마다 고유 디자인이 있는데 이 속에 시그니처 상품의 색상이 소비자들의 구미를 자연스럽게 당기게 하는 것과 같은 맥락에서 풀이가 가능하다.

어차피 팬들의 배구장 직관도 스포츠 소비 범주에 포함된다. 공간적인 요소에서 색상의 아이덴티티 확립은 구장마다 특색과 분위기 등에서 고유함을 더욱 배가시킨다. 그렇게 해서 팬들의 소비 욕구를 드높이고, 홈 코트에서 고유 아이덴티티를 몸으로 겪는 선수들에게도 책임감과 소속감 등을 고취시키는 데 이바지한다.

이외 각종 MD 상품과 굿즈 제작 등에 있어서도 아이덴티티 구현을 통한 다양한 콜라보레이션 연출이 가능하게 만드는 등 효과가 짭짤하다. 물론, 이에 따른 소비 만족도와 니즈 등에 있어서는 천차만별의 온도 차를 띨 수는 있겠으나 체육관 고유 색상이 팀, 체육관마다 고유 아이덴티티 확립을 위한 수단임에는 부정하기 어렵다.

매 시즌 V리그 개막전은 남녀부 모두 전년도 챔피언결정전 매치업 팀들끼리 서로 마주한다. 올 시즌 남자부 첫 개막전은 대한항공과 현대캐피탈의 매치업이다. 두 팀은 2010년대 중후반에서 지난 시즌까지 챔피언을 놓고 4차례나 피 튀기는 접전을 벌여왔다. 서로 챔피언 타이틀을 2번(대한항공- 2017-2018, 2022-2023, 현대캐피탈-2016-2017, 2018-2019)을 나눠 가진 데다 한국 남자 배구를 대표하는 스타플레이어들이 양 팀에 다수 포진되는 등 풍성한 볼거리를 위한 스토리텔링 연출의 필요충분조건을 다 갖췄다.

2022 항저우아시안게임 대표팀에 양 팀 모두 핵심 자원들의 다수 차출로 컨디션과 피로도 등에서 우려가 적지 않은 상황임에도 개막전 승리를 통해 새 시즌 출발을 힘차게 열어젖히려는 일념은 코트를 뜨겁고 정열적으로 달구는 용광로와 같았다.

유정복 인천시장과 조원태 KOVO 총재를 비롯한 내빈들의 개회사와 대한항공의 지난 시즌 챔피언 반지 수여 등 식전 행사가 끝나고 개막전 시작을 알리는 휘슬이 울렸다. 개막전을 갈구하던 양 팀 팬들의 힘찬 함성에 장내 분위기는 본격적으로 베일을 벗었고, 홈-원정석 뿐만 아니라 스페셜 좌석도 팬들로 가득 차며 개막전의 열기가 더 점화됐다.

예상대로 두 팀의 개막전은 매 세트 한시도 눈을 떼기 어려운 접전이 계속됐다. 대한항공은 베테랑 세터 한선수의 노련한 경기 운영과 빠른 패스로 양 날개와 중앙 공격의 효력을 높였고, 현대캐피탈은 2년차 세터 이현승의 손끝에서 아포짓 스파이커 아흐메드의 공격 파괴력을 극대화하는 패턴으로 맞받아쳤다. 이를 토대로 상대 공격을 유효 블로킹으로 억제하면서 2단 연결에 이은 찬스볼 성공까지 연결하려는 노력 또한 물러섬이 없었고, 몸을 아끼지 않는 디그로 수비 안정화를 꾀하는 등 시선을 절로 고정시켰다.

팽팽한 경기 양상 속에 개막전 승리의 미소는 대한항공을 향했다. 대한항공은 1세트를 듀스 접전 끝에 따낸 뒤 2, 3세트 역시 접전 끝에 따내면서 예상외의 세트스코어 3:0(27:25, 25:22, 25:23) 승리를 낚아챘고, 20점 이후 집중력 싸움의 우위도 십분 발휘하며, V리그 사상 첫 4년 연속 통합 챔피언을 위한 첫 관문을 순조롭게 넘는 결과를 가져왔다.

현대캐피탈은 아웃사이드 히터 허수봉을 미들블로커로 기용하는 파격적인 경기운영을 선보이며 공격 스피드 향상에 나섰지만, 아흐메드에 대한 높은 의존도와 공격 효율성 저하, 세터 이현승과 공격수 간 호흡 엇박자 등이 발목을 잡으면서 완패를 뒤집어썼다.

6라운드, 팀당 36경기 여정 중 겨우 첫 경기를 소화했지만, 두 팀의 이날 개막전 모습은 시사점이 분명하다. 우선 아시안게임 참패에도 팬들의 성원만큼은 굳건했다는 것이다. 가뜩이나 2010년대 후반을 기점으로 여자 배구에 밀려 찬밥신세를 면치 못하고 있는 남자배구의 실정임을 감안하면 의미가 깊다.

최근 MZ 세대를 축으로 배구 역시 라이트팬 유입이 제법 이뤄지고 있는 와중에 배구 팬들의 가득한 직관 행렬은 개막전 흥행 부진 우려를 말끔히 씻어줬고, 아시안게임 참패와 관계없이 자신이 좋아하는 팀, 선수를 향한 아낌없는 성원과 지지를 통해 장내 분위기를 콘서트처럼 만들어내며 국제대회 성적과 V리그 향한 애정의 반비례를 증명해냈다.

이는 V리그 모든 팀들이 이런 팬을 위해 더 노력하고 진보해야 한다는 것을 저절로 일깨워주는 바이며, 주요 고객인 팬을 위한 팬 서비스 강화와 팬 퍼스트 실현 등을 꾸준하게 실현해야 한다는 사명감을 더 깨우는 모토가 되기도 한다.

V리그 역시 어언 20번째 시즌을 맞이하고 있고, 20년에 가까운 시간 동안 양·질적인 발전을 거듭해 온 터라 각자 이기주의를 벗고 '항저우 참사'를 거울삼아 심도 있고 정밀하게 가져가야 한다는 것이다. 리그의 경쟁력과 그대로 직결되기에 더 그렇다.

남자부 '디펜딩 챔피언'으로서 개막전 승리로 V리그 사상 첫 4년 연속 통합 챔피언 타이틀을 향한 첫발을 순조롭게 뗀 대한항공을 통해서도 사회적인 의미를 부여하기가 충분하다. 이는 다름 아닌 세대교체다. 어느 조직이든 세월이 흐르면 자연스럽게 리더가 바뀌면서 구성원 또한 개편된다. 세상만사 불변의 진리와도 같은 이러한 특성에 조직 내 인사이동과 보직 변경 등을 통해 이뤄지기도 하며, 아니면 내부 변화를 모색하기 위한 방법론 중 하나로 채택되기도 한다.

이때 중요한 것이 있다. 무조건 젊다는 것이 능사가 아니라는 것이다. 실제로 나이에 비해 젊은 감각을 유지하는 사람이 있는가 하면, 올드함을 고수하는 사람이 존재하기에 무조건적인 젊음 고수는 개개인과 조직의 중·장기적인 발전에 마이너스를 초래할 여지가 다분하다. 사회적으로 딜레마를 안기는 요소 중 하나인 MZ세대와 기성세대 간 갈등의 골이 깊은 요인도 자라온 환경이나 풍토가 다른 상황에 서로 스타일만을 고집하면서 빚어졌다고 해도 과언이 아니다. 거기에 사람의 성향이나 특색, 스타일 등에서도 판이한 차이가 있다 보니 불협화음으로 고스란히 직결된다.

세대교체라는 것은 젊음만으로는 절대 이뤄지지 않는다. 그래서 고참들의 존재가 스포츠팀뿐만 아니라 어느 조직을 막론하고 반드시 필요한 덕목이다. 기존 고참들이 축을 이뤄주면서 신진 세력들이 경험치와 특색 등을 녹여낼 때 세대교체가 순환적으로 연결되며, 고참들 경험치와 내공, 노하우 등의 흡수를 통해 저마다 가지고 있는 특색과 경험치 등의 업그레이드를 꾀할 수 있다.

그런 면에서 대한항공은 지난 3년간 통합 챔피언을 이뤄내면서 세대교체의 중·장기적인 로드맵 수립을 착실하게 수행하고 있다. 세터 한선수를 필두로 아웃사이드 히터 곽승석, 미들블로커 김규민 등 고참 선수들이 건재함을 잃지 않으면서 아웃사이드 히터 정지석과 정한용, 미들블로커 김민재, 아포짓 스파이커 임동혁 등 20대 초반~중·후반 젊은 세력들이 경험치와 내공, 개개인 특색 등을 팀 포맷에 녹여내고 있다. 스쿼드 강화와 세대교체라는 두 가지 로드맵을 착실하게 밟아가는 모습이다.

대한항공의 이러한 방향성은 상대 거센 견제에 아랑곳하지 않고 질긴 생명줄을 자랑할 수 있는 주 동력이다. 그런데 젊음에만 치우쳐서 개인과 조직이 발전한다? 이 답변에 단호하게 NO를 외치고 싶다.

경험치와 내공 등이 상대적으로 베테랑들에 미진한 상태에서 젊음이라는 부분에만 치우치게 되면 어떠한 과업을 수행할 때 숱한 시행착오 속에서 거센 풍파를 피하기 어렵고, 개개인 능력치 함양과 조직 분위기 형성 등에도 악영향이 뒤따른다. 3년간 통합 챔피언 타이틀과 함께 고참과 신진 세력들의 조화가 점차 무르익는 대한항공의 모습에서 대한민국 사회가 추구하는 세대교체의 본질을 다시금 정비하도록 하지 않나 생각된다.

평일과 주말의 주객전도-
그리고 '걸크러쉬'의 막강한 티켓 파워

-2023년 10월 18일-

현대인들은 저마다 1년 365일 주기 중 평일과 주말의 주객이 전도된 날이 존재하지 않을까 생각된다. 이는 어떠한 장소를 갔을 때 체감 효과가 더 두드러진다고 볼 수 있다. 주말임에도 평소보다 인파가 적을 때가 있는가 하면, 반대로 평일임에도 주말 못지않은 인파를 나타낼 때 더욱 심화된다.

2023년 10월 18일 필자가 느낀 감정 중 하나다. 그도 그럴 것이 '여제' 김연경이 속한 흥국생명의 수원 방문이 구미를 당기게 했기 때문. 오랜 해외생활을 청산하고 지난 시즌부터 흥국생명의 핑크색 유니폼을 입고 활약하고 있는 김연경의 '티켓 파워'는 이미 웬만한 연예인 콘서트 수준에 버금가도록 자리한 지 오래고, 여자 배구의 인기와 흥행 등에 있어서도 차지하는 지분이 엄청나다.

최근 여성들 사이에서 가장 강조되는 소비 심리 중 하나가 '걸크러쉬'다. 이 단어의 어원은 '소녀(Girls)'와 '반하다(Crush on)'가 합쳐진 단어로 여자가 봐도 멋진 여성이라는 뜻의 신조어로서 성별을 막론하고 이러한 여성들에게 수시로 붙여지는 트렌드 중 하나다.

　BTS(방탄소년단)과 함께 K-POP 글로벌화에 앞장서고 있는 걸그룹 '블랙핑크'가 폭발적인 인기와 관심을 끄는 데 있어 여성들의 지분이 상당한 것이 이를 대변해주며, 2010년대 후반을 기점으로 여자 배구가 시청률 1%(케이블TV 시청률로는 상당한 수치다.)를 넘어서면서 선수들이 코트 안에서 내뿜는 에너지와 카리스마 등에 홀딱 반한 여성팬들이 많다.

　이러한 부분들이 여자 배구 모든 홈 코트마다 여성팬들의 발길을 쇄도하게 만드는 잣대가 되고 있으며, 여자 배구의 '김연경 파워'는 'K'라는 유행을 붙이는 데 있어서도 전혀 손색없다. 그도 그럴 것이 김연경의 '걸크러쉬' 기운은 여자 배구 팬들의 여성 밀집도를 더욱 끌어올리고 있고, 이날 역시도 예외가 아니었다. 이날 흥국생명 맞상대인 현대건설의 홈코트인 수원종합운동장 체육관, 줄여 수원체육관으로 향하는 대중교통에 김연경을 보기 위해 팬들의 발길이 쇄도한 것이 그대로 보여준다. 경기 남부와 중부권 교통 거점인 지하철 2, 4호선 사당역에서 경기도 좌석버스 7770번 버스를 탑승하면 수원종합운동장까지 바로 직통으로 운행되는 버스는 매번 러시아워 시간이 되면 승객들로 인산인해를 이룬다. 심지어 러시아워 시간과 배구 시작 시간이 맞아 승객들의 밀집도가 가득했다.

　흥국생명과 현대건설 양 팀의 선수와 팀을 응원하기 위해 저마다 응원 문구 제작은 기본이고 유니폼과 굿즈 착용 등을 통해 팬심을 입증해 보였고, 약 25분여의 운행 시간을 거쳐 수원종합운동장에 딱 하차하자 체육관을 향하는 발걸음은 더 빨라졌다.

　모든 산업적인 기반이 수도권에 집중되어 있는 사회적인 동향 속에 V리그 팀들의 연고지 역시 수도권 밀집도가 가득하지만, 수원체육관을 방문하는 데 있어 좋은 접근성은 팬들의 직관 욕구 충족에 핵심 요소임을 부정하기 어렵다.

　좋은 접근성에 따르는 부수적인 효과는 단순히 팬들의 직관 행렬에 그치지 않는다. 바로 운동장 주변 상권도 스포츠 홈 경기 때마다 활기를 띤다는 것에 있다. 월요일을 제외하고 매일 펼쳐지면서 일정에 따라 1주일 내내 홈 경기가 편성되는 야구, 홈팀뿐만 아니라 원정 서포터즈들이 상당수 포진된 축구에 비하면 상대적으로 사이즈가 작은 배구지만, 적어도 배구 팬들이 상권 방문에 있어 주요 고객층 형성을 도모하고 있다는 부분은 부정하기 어렵다. 더군다나 고물가 시대에 경제 불황이 계속되고 있는 추세임을 고려하면 한 줄기 빛을 내리쬐는 것과도 같다.

　그렇게 보면 사람마다 각자 잘 찾는 상호 하나쯤은 꼭 있으리라 생각된다. 상호 방문을 통해 각자 기호에 맞는 소비를 가져가면서 상호를 운영하는 사장, 종업원들과 안면을 트는 이들도 많다. 이게 세상 사는 하나의 묘미이기도 하다. 필자 또한 그렇다. 수원종합운동장 하차 이후 시작 전까지 시간이 다소 남은 관계로 인근 프랜차이즈 커피숍에서 티타임을 가지고 체육관 이동을 택했다. 티타임을 가지기 위해 프랜차이즈 커피숍을 방문하니 사장님이 반갑게 손님맞이에 나섰고, 필자와 사장님이 이미 안면을 튼 터라 반가움은 더 배가되는 것 같다. 자주 방문하는 곳 중 하나라 반가움의 감정은 짙었고, 그런 찰나에 막간을 이용해 이런저런 담소를 나누다 보니 시간은 훌쩍 지나갔다. 차 한 잔을 하면서 컵을 반납할 때 다음을 기약하는 인사와 함께 사장님의 인사말을 들으니 필자 역시 다음 방문을 자연스럽게 기약하게 됐다.

그렇게 해서 필자는 체육관으로 이동했고, 체육관 입구에 들어서니 모바일 예매와 현장 예매 등을 진행한 팬들의 입장 행렬이 쭉 이어졌다. 마침 판은 잘 깔렸다. 현대건설은 사흘 전 홈 개막전에서 페퍼저축은행에 3:1 승리를 따내며 대권 후보로서 위엄을 뽐냈고, 흥국생명 역시 개막전 한국도로공사와의 김천 원정길을 3:0 승리로 장식하며 지난 시즌 '리버스 스윕'으로 통합 챔피언을 놓친 아쉬움을 달래기 위한 첫 여정을 기분 좋게 끊었다.

매번 흥국생명 경기 때만 되면 '김연경 파워'가 여과 없이 드러나고 있지만, 굉장히 고무적인 부분이 하나 존재했다. 김연경 이외 다른 선수들의 팬덤 역시 만만치 않다는 것이다. 김연경의 영원한 '깐부'이자 대한민국 대표 미들블로커 중 하나인 김수지(흥국생명)와 양효진(현대건설)의 만만치 않은 존재감이 배구 팬들을 심쿵하게 만들고 있고, 여자배구의 미래이자 차세대 미들블로커인 이주아(흥국생명)와 이다현(현대건설)의 팬덤 형성 역시 해를 거듭할수록 증가하는 추세다. 말 그대로 잔칫상에 먹거리가 풍족하게 차려졌다고 해도 무방하다.

그렇게 해서 양 팀 선수들의 스트레칭을 거쳐 약 10여 분간 공식워밍업 시간이 끝났고, 장내 아나운서의 심판진 소개와 함께 원정팀 선수 소개가 시작됐다. 선수 한 명 한 명 소개될 때마다 원정석에 앉은 팬들 모두 자리에 일어나 한 명 한 명에 기립박수를 보냈고, 마침내 등번호 10번 김연경의 이름이 불리자 체육관 전체가 떠나갈 듯한 함성 소리로 가득했다. 이 함성 소리만 놓고 보면 유명 연예인이나 아이돌 그룹을 방불케 했고, 그만큼 김연경이 가져다주는 상징성과 파급력 등이 가공할 만함을 더하고 있다는 증거다.

참 흥미롭다. 홈팀 선수소개 때 인트로 영상 상영과 함께 체육관 전체가 암전되면서 분위기를 달구는 공통분모 속에서도 미세한 차이가 있으니 말이다. 이는 다름 아닌 배구의 홈팀 선수 소개에 있다. 베스트5만 소개되는 농구와 달리 배구는 소위 '닭장'이라고 말하는 웜업존에 있는 선수들까지 체육관 동행 선수들을 모두 소개한다. 만만치 않은 흥국생명 원정 응원과 팬들의 함성 속에서도 현대건설의 선수 소개 때 나오는 함성 소리 역시 결코 뒤지지 않았다. 여자 배구 원조 '꽃사슴' 황연주를 필두로 이다현, 양효진 등의 이름이 불리자 김연경 소개 때 나온 함성 소리에 버금갔고, 장내 분위기 역시도 한껏 고조되면서 스테이지의 닻이 점화됐다.

잘 깔린 판에 양 팀 매치업도 팽팽했다. 흥국생명이 김연경과 옐레나의 양 날개 공격 폭발력으로 현대건설의 높은 전위 블로킹을 무력화하자 현대건설은 아포짓 스파이커 모마와 김주향의 날개 공격, 양효진과 이다현의 중앙 공격 조화를 각각 알맞게 가져가는 플레이 패턴으로 맞받아쳤다. 중앙과 양 날개 밸런스만 놓고 보면 현대건설이 다소 나은 모습을 보였지만, 김연경과 옐레나의 공격 폭발력이 워낙 위력적이었던 탓에 경기 양상은 우열을 가리기 어려웠다. 그렇게 해서 현대건설이 1, 4세트, 흥국생명이 2, 3세트를 각각 따내면서 승부는 파이널 5세트를 향했다. 4세트까지 25점 승부를 내는 것과 달리 5세트는 15점 승부라 서브와 리시브, 공격 등에서 범실은 대단히 치명적이다. 파이널 5세트에 접어들면서 양 팀 선수들의 체력 부담은 극에 달했음에도 경기 양상은 세트 막판까지 용호상박이었다. 서로 치고 나가려는 타이밍에 곧바로 쫓아오면서 경기 클라이맥스의 절정을 나타냈고, 양 팀 세터인 김다인(현대건설)과 이원정(흥국생명)의 두뇌 싸움 역시도 긴장 기류를 조성시키는 매개체였다.

용호상박의 경기 속에 끝내 승운은 흥국생명을 향했다. 12:12에서 김연경의 공격 성공과 함께 이주아가 모마의 공격을 차단하며 매치 포인트를 만들었고, 수비 뒤 이어진 랠리를 옐레나의 공격으로 마무리하며 기나긴 승부(25:15, 12:25, 21:25, 25:21, 12:15)의 종지부를 찍었다. 흥국생명은 개막과 함께 부담스러운 원정 2연전의 피날레를 멋지게 장식하며 승점 5점의 퍼즐을 맞췄고, 현대건설은 5세트 집중력 싸움에서 흥국생명에 뒤지며 시즌 첫 패배를 떠안았다.

두 팀의 희비는 극명하게 갈렸으나 5세트에서 승점 1점은 향후 레이스를 운영할 때 그렇게 나쁘다고 보기는 어렵다. 그도 그럴 것이 V리그만의 로컬룰이 이러한 이유를 부채질한다. V리그만의 로컬룰이라고 함은 다름 아닌 승점제에 있다. 3, 4세트 안에 승리를 가져오면 승점 3점, 5세트 승리 시 승점 2점, 패배 시 승점 1점을 취득하는 승점 순위 산출은 각 팀의 계산법을 더 흥미롭고 복잡하게 만든다. 4세트 돌입 시 세트를 앞선 팀은 제발 5세트만을 피하자, 뒤지고 있는 팀은 5세트 가서 승부를 가자는 '동상이몽'은 배구, 즉, V리그를 보는 맛을 더 다채롭게 만드는 레시피다.

그런 면에서 볼 때 현대건설의 승점 1점 취득도 패배의 쓰라림 속에 조그마한 위안이 되기에 충분했다. 지난 시즌까지 팀의 살림꾼으로 활약하던 황민경이 FA 자격을 얻고 IBK기업은행으로 이적한 와중에 고예림과 정지윤이 부상으로 각각 이탈하며 아웃사이드 히터 포지션의 출혈이 막대했지만, 황민경의 보상선수로 현대건설에 U턴한 김주향과 아시아쿼터로 입단한 태국 출신 위파위가 나름 고군분투하며 강성형 감독의 시름을 조금이나마 덜어냈고, 부동의 미들블로커 양효진과 이다현이 버틴 중앙의 높이 역시 여전한 위력을 나타내며 흥국생명의 대항마로서 충분한 싹을 보여줬다.

두 팀의 이날 결과만 놓고 보면 우리네 세상살이에도 시사점을 분명하게 제시해준다. 바로 과정, 프로세스에 있다. 한국 사회 자체가 결과로만 모든 것을 평하는 면이 갈수록 판을 치고 있는 상황에 과정의 등한시는 제아무리 결과물이 좋아도 의미가 퇴색된다는 점이다. 어떠한 과업을 수행하는 데 있어 기본적인 과정을 놓치고 성급하게 결과를 내기에 급급한 모습을 보인다면 정작 핀치 상황이 닥쳤을 때 이도 저도 아닌 결과물을 양산할 여지가 다분하다.

그래서 나오는 말이 'Step By Step'이다. 과정을 잘 밟으면서 저마다 해야 할 기본적인 부분에 충실하다 보면 결과물은 자연스럽게 따라오기 마련이다. 각종 시험은 물론, 직장 내 과업 수행 등에서는 이러한 현상이 더 부채질되고, 실제 많은 현대인들이 이러한 부분을 등한시하는 경향이 짙다. 이게 심리적인 조급증과 강박관념 등이 크다 보니 빚어지는 주요 레퍼토리다.

혼자 볼을 가지고 득점할 수 있는 농구, 축구와 달리 배구는 서브-리시브-패스로 이어지는 기본이 이뤄져야 랠리 상황에서 공격수들이 득점을 올릴 수 있다. 물론, 유효블로킹 이후 하이볼 처리로 공격 득점이 양산되고는 하지만, 배구라는 종목의 3가지 기본 특성인 서브, 리시브, 패스에 이은 득점이라는 공식은 기본이 이뤄져야 결과가 따라온다는 진리를 몸소 보여준다.

그래서 고한다. 어떠한 부분에 있어 과정을 잘 밟지 않고서는 아무리 좋은 결과라도 결과적 가치가 퇴색되며, 그 본질조차 흐려질 수도 있다는 것을.

'K-관광',
그리고 장충의 가을이여!

—2023년 10월 20일—

　　대한민국의 수도 서울특별시는 25개 자치구로 이뤄져 있다. 한강을 기준으로 동서남북이 나눠진 서울특별시의 영토는 이 위치에 따라 인천과 경기도에서도 접근을 용이하게 가져올 만큼 상징적 가치를 더하고 있으며, 25개 자치구 중 중구는 관광 명소들이 자리한 대표 '플레이스' 중 하나다.

　청계천을 필두로 명동거리와 남산타워 등 서울을 대표하는 랜드마크들이 자리해있고, 관광 명소마다 각기 다른 특색과 멋 등을 잘 구현하며 내국인은 물론, 외국인들 사이에서도 찬사가 뒤따른다. 특히 최근 불어닥치고 있는 'K' 열풍에 관광 역시도 빼놓을 수 없는 콘텐츠 중 하나이며, 외국인들 사이에서 'K-관광'의 우수성을 널리 보급하고 전파하는 데도 글로벌적으로 큰 동아줄이 되고 있다. 실제로 서울을 찾는 외국인 관광객들의 소비가 25개 자치구 중 중구에 많이 분포되고 있는데 청계천과 남산타워 등 방문을 통한 주변 상권 탐방이 영향을 미쳤다는 점에 이의를 달기 어렵다.

이는 필자가 최근 서울 중구 일대를 방문할 때마다 느꼈던 감정이기도 하다. 특히 올 시즌부터 V리그에 도입된 아시아쿼터제는 스포츠를 좋아하는 외국인 관광객들에게 관광과 스포츠의 콜라보레이션 연출을 자연스럽게 기대하게 만드는 핵심이다. 제도 도입과 함께 국내 선수들의 경쟁력 저하라는 명목이 시행에 적지 않은 반발을 불러왔지만, 국제 경쟁력 강화와 글로벌화 등을 위해 아시아 10개 국가 선수들을 대상으로 각 팀당 1명씩 보유할 수 있도록 도입된 위 제도는 분명 센세이션을 몰고 오기에 충분한 파워를 지녔다.

최근 아시아를 넘어 세계 수준급의 레벨까지 올라선 태국 선수들을 저비용에 데려올 수 있다는 메리트는 각 팀의 취약 포지션 보강에 있어 레이더에 딱 부합하고, 국내 선수들의 몸값 거품 최소화 등에 있어서도 나름 긍정적인 부분이 존재한다.

이에 앞서 지난 2022-2023 시즌부터 아시아쿼터제를 도입한 KBL(남자 프로농구)이 필리핀 선수들을 대상으로 아시아쿼터제를 도입해 재미를 톡톡히 본 부분 역시 V리그 아시아쿼터에 대한 팬들의 기대감을 가져다주는 대목이기도 하다.

실제로 서울 중구를 찾는 외국인 관광객 중 태국을 비롯한 동남아 국가 관광객 비율이 상당하고, 동남아 국가에서 퍼진 'K-관광'에 대한 입소문과 전파력은 'K-관광'의 상징성과 함께 V리그의 아시아쿼터발 태풍을 통한 K-관광과 V리그의 상호 시너지를 자연스럽게 기대케 하는 대목이다.

전날 쏟아졌던 비는 온데간데없이 맑은 하늘이 가을날 쫙 펴진 가운데 필자는 한국 스포츠의 성지와도 같은 장충체육관으로 발걸음을 옮겼다. 장충체육관 방문 목적은 하나다. 바로 이날이 여자 배구 GS칼텍스의 홈 개막전 날이기에 그렇다. V리그 각 팀의 연고지 중 대전(삼성화재-정관장), 수원(한국전력-현대건설), 서울(우리카드-GS칼텍스)이 남녀부 모두 연고지를 보유한 지역인데 지하철 3호선 동대입구역 5번 출구 하차 이후 바로 보이는 장충체육관의 접근성은 홈 코트 중 가히 최고 수준이다. 서울시내 딱 정중앙에 위치해있는 지리적인 메리트는 배구 팬들이 매번 장충체육관을 향하는 팬들의 접근 편리함을 자연스럽게 가져오고 있고, 체육관 사거리 앞 신호등을 건너 위치한 장충동 먹자골목과 족발거리가 바로 나오는 터라 배구 직관을 통한 음식의 침샘 자극도 'MAX'다.

지하철에 승차하고 3호선 환승을 거쳐 동대입구역에 하차하니 배구를 향한 팬들의 갈증이 얼마나 컸는지를 새삼 느끼게 한다. 동대입구역 5번 출구 내외부에 남자부 우리카드와 여자부 GS칼텍스 포토존이 설치됐는데 포토존에 들어가 사진 촬영하면서 소중한 일상의 추억 장만이라는 욕구가 폭발했고, 체육관 바로 밑에 위치한 CU 편의점도 각종 먹거리도 잔뜩 사들며 직관의 맛과 멋 구현의 움직임이 분주했다. 그렇게 해서 체육관 내외부는 팬들로 문전성시를 이루면서 시끌벅적했고, 체육관 사거리 역시도 러시아워 시간 교통 체증과 함께 체육관을 향하는 팬들의 모습이 신호등 앞을 가득 메웠다.

금강산도 식후경이라고 한다. 많은 대중들에게 장충동 족발촌은 오랜 세월 동안 맥을 이어오면서 식욕을 돋우기에 충분한 플레이스다. 더군다나 장충동하면 족발촌이라는 공식이 먹거리를 소비하는 소비자들에게 하나의 공식으로 자리한 지 오래기에 더 그렇다. 이처럼 직관을 통한 체육관 주변 맛의 탐방은 직관의 묘미를 더 업그레이드시키는 잣대다.

필자도 경기 시작 전 끼니를 채우기 위해 족발촌에 방문했다. 최근 1인 가구 증가와 함께 음식점들 역시 1인식 메뉴를 많이 출시하면서 소비 식욕을 자극하고 있는데 이러한 부분들이 '혼밥'하는 현대인들에게는 딱 안성맞춤이다. 음식점 방문하면 무엇을 먹을지 고르는 것이 일이라고 하면 일인데 방문과 함께 고심 끝에 족발 정식을 택했다. 족발 정식에 구수한 된장국을 곁들이니 식욕은 더 왕성해졌고, 공깃밥과 된장국을 하나 더 추가하면서 밥 두 공기를 뚝딱 해치우기에 이르렀다.

이게 참 재밌다. 먹어도 뭔가 허전할 때가 있다는 것이다. 그래서 서울 시내를 넘어 대한민국을 대표하는 빵집으로 손꼽히는 태극당으로 자리를 옮겼다. 개인적으로 오랜 세월 동안 맥을 이어오는 상호들을 보면 저절로 엄지가 나온다. 한국 전쟁을 전후로 오픈한 상호들 모두 1990년대 후반 IMF 시절뿐만 아니라 계속된 경제 불황, 시대적 환경의 불안정 등 거센 풍파가 뒤따랐음에도 소비자를 향한 정성과 신뢰 등을 토대로 맥을 이어오는 모습을 보면 내공과 경험 등의 단단함을 몸소 보여주는 대목이 아닐까 싶다. 태극당 역시도 1945년 8월 15일 해방 직후 이듬해인 1946년부터 약 80년에 가까운 세월 소비자들의 니즈 충족을 위해 많은 노력을 기울인 내공이 뿌리를 내리면서 소비자들의 만족도를 높이는 중이다.

최근 빵을 유독 좋아하는 이들의 소비 레퍼토리 중 하나가 신조어인 '빵지순례'다. '빵지순례'는 전국 유명 빵집을 방문해서 소비를 하는 말을 일컫는데, 세대를 막론하고 남녀노소 전파되면서 의미를 더하고 있다.

태극당 방문하니 각기 다른 빵들로 눈이 자연스럽게 집중됐다. 일반 빵집에서 찾아보기 힘든 제품들은 물론, 다양한 식감과 메뉴 등으로 어우러진 태극당 빵들의 제품은 배구 팬은 물론, 일반 소비자들에게도 각자 기호와 식성 등에 맞게 구매 욕구를 끌어올리는 잣대고, 넓은 공간에 베이커리 카페의 특성을 잘 살린 인테리어도 상당히 매력적이다. 매년 V리그 시즌 때 남녀부 우리카드와 GS칼텍스 홈경기가 있는 날이면 배구 팬들로 가득할 수밖에 없는 이유이며, 배구 팬들이 장충체육관 방문과 함께 태극당을 투어 코스로 삼는 이유다.

V리그는 직전 시즌 남녀부 순위와 이동 거리 등에 따라 일정 편성(Ex. 남녀부 모두 직전 시즌 5위~7위 편성)이 이뤄지는데 이번 대진은 GS칼텍스와 정관장의 매치업이다. 이번 홈 개막전이 시즌 첫 경기인 GS칼텍스는 지난 8월 컵대회 챔피언 등극의 여운을 몰아 V리그에서도 힘찬 항해의 닻을 올릴 태세고, 올 시즌 팀명 개편과 함께 새 도약을 노리는 정관장은 지난 17일 IBK기업은행과의 홈 개막전 세트스코어 3:0 승리의 여운을 살려 초반부터 쭉 치고 나가려는 욕구가 가득하다.

두 팀 모두 승리의 전제조건은 간단했다. 다름 아닌 세터 포지션에 있다. 배구는 '세터 놀음'이라는 말처럼 세터들의 경기 운영과 패스웍 등이 적재적소에 얼마나 빛을 내느냐에 따라 경기를 요동치게 할 정도로 파급력이 크며, 경기 전체를 아울러야 하는 포지션의 무게감 또한 어깨를 짓누른다. 그래서 GS칼텍스는 부동의 세터 안혜진이 어깨 수술로 장기간 전열에 이탈한 상황에 프로 4년차 세터 김지원의 볼 운반과 경기 운영, 정관장 역시 베테랑 세터 염혜선의 기복 없는 경기력이 승리의 크나큰 열쇠와 같다.

경기 전 GS칼텍스의 스케일 있는 인트로 영상 상영과 선수 소개를 뒤로하고 시작 휘슬이 울렸고, 장내 긴장 기류 또한 고조됐다. 경기 시작과 함께 GS칼텍스는 아포짓 스파이커 실바와 부동의 에이스 강소휘의 양 날개 공격력으로 정관장의 높은 전위 블로킹 타개를 모색했고, 정관장은 아포짓 스파이커 메가의 폭발력에 박은진과 정호영의 '트윈타워'가 버틴 높은 블로킹으로 GS칼텍스에 으름장을 놨다.

양 팀 세터 모두 양 날개들을 활용하는 패턴을 토대로 경기 운영의 묘를 더하려는 두뇌 싸움도 베일을 벗었다. 이러한 두뇌 싸움 속에 승부의 추는 의외로 싱겁게 기울었다. GS칼텍스가 공격력과 서브의 우위를 토대로 정관장의 서브리시브를 흔들면서 경기 칼자루를 쥐었고, 상대 공격 시 유효블로킹을 만들면서 범실을 최소화하는 안정된 경기 운영도 한데 선보이며 세트스코어 3:0(25:21, 25:22, 25:17)의 싱거운 승리를 따냈다.

4년차 세터 김지원이 지난 시즌 경험과 내공 등을 거울삼아 진일

보된 경기 운영을 선보이면서 정관장의 전위 블로킹 타이밍을 적절하게 뺏었고, 이를 토대로 실바와 강소휘의 공격 파괴력을 극대화시키며 안혜진 그림자 해소를 기대케 했다. V리그 데뷔전을 치른 실바는 정관장의 높은 블로킹에 아랑곳하지 않고 타점 높은 강타를 퍼부으며 범상치 않은 새 시즌 활약을 예고했고, 부동의 에이스 강소휘는 상대 서브에 리시브 집중 타깃이 되는 와중에도 서브리시브 안정화와 함께 공격적인 부분에서 실바와 좋은 시너지를 연출하며 새로운 '캡틴'으로서 가치를 입증했다.

정관장은 메가에 공격 점유율이 집중된 나머지 지아와 박혜민 등 나머지 선수들의 서포터가 미진했고, 세터 염혜선의 흔들리는 패스워에 범실까지 잦은 모습을 보여주며 시즌 첫 패배를 떠안았다.

이날 두 팀의 매치업에 눈에 띄는 광경이 있었다. 다름 아닌 동남아 관광객들의 'K-관광'을 통한 'K-응원' 체험에 있다. 그도 그럴 것이 인도네시아 국가대표 메가가 V리그에서 활약하게 됐기 때문. 인도네시아는 국기와 같은 배드민턴이 세계 정상급의 위용을 자랑하고 있는 나라로 스포츠 팬들에게 친숙한 나라지만, 최근에는 배구와 축구 등 타 종목도 적극적인 투자를 아끼지 않으며 세계 시장 진입의 뼈대 형성을 골몰하고 있다. 그런 찰나에 메가의 V리그 입성과 함께 자국 내 'K' 열풍을 달구게 하기에 충분하다. 이 말은 인도네시아 현지 V리그에 대한 인지도 향상과 홍보 효과 배가 등 부수적으로 파급력이 짭짤하다는 뜻이며, 선수 개인마다 응원가와 팀 응원가의 다채로움을 토대로 열광적인 분위기를 연출하는 대한민국의 응원 문화는 인도네시아뿐만 아니라 많은 외국인 관광객들에게 '컬처 쇼크'를 느끼게 한다.

아니나 다를까 이날 장충체육관에는 인도네시아를 필두로 동남아로 추정되는 관광객들의 모습이 눈에 띄었다. 메가의 모국인 인도네시아 자국 국기 지참은 물론, 응원 현수막과 피켓 제작 등을 마다하지 않으면서 체육관 풍경을 다채롭게 만들었다. 특히 응원단장의 응원 지휘 아래 치어리더의 몸짓과 율동 등에 함께 호흡하는 'K-응원'은 외국인 관광객, 즉, 외국인 스포츠 팬들에게는 놀라움과 감탄사 등의 연속이다. 더군다나 배구는 원정 경기에도 응원단장과 소수의 치어리더가 현장에 파견돼 원정팬들과 함께 호흡하는 만큼 응원 문화 동화를 위한 필요충분조건을 다 갖췄다는 평가다.

물 들어올 때 노 젓는다는 말처럼 인도네시아 팬들뿐만 아니라 동남아로 추정되는 외국인 팬들 모두 한국 특유의 응원 데시벨에 빠르게 흡수되면서 장내 분위기를 돋웠고, 메가의 공격이 코트를 내리꽂을 때마다 폭발적인 함성을 지르며 선수단 전체에 에너지 공급을 한데 도맡았다.

이러한 동남아 국가 팬들의 'K' 앓이는 V리그 팬층의 다양화와 함께 한국 관련 제품 소비의 증가, 한국에 대한 이미지 향상 등 부수적으로 파급효과가 짭짤하며, 양국의 우호 정책을 토대로 스포츠뿐만 아니라 사회 각계 다양한 협력 파트너로서 싹도 피어오르게 할 수 있는 주요 레퍼토리 중 하나가 되기에도 충분하다. 이를 토대로 외국인들이 'K-관광'을 통한 스포츠 직관 콜라보레이션을 꾀하면서 스포츠와 관광의 연계성을 꾀하다 보면 중장기적인 비전 확립과 가치 실현 등에 있어 두 가지 산업의 시너지는 더 올라갈 것이다. 그런 측면에서 볼 때 개인적으로 V리그의 아시아쿼터를 통한 동남아 시장 공략과 동남아 국가의 'K' 열풍은 분명 의미가 깊다.

수학여행을 통한 체험, 그리고 베테랑의 관록

-2023년 10월 25일-

　　대한민국 국민이라면 학창시절 한번쯤 꼭 경험했을 행사 중 하나가 수학여행이다. 수학여행의 의미는 초중고 학교에서 교육적으로 체험에 의의를 두고 관광지를 여행하는 데 있다. 용어 자체가 수학(Mathmatics)이 아닌 대학수학능력시험의 수학이라 1년 정규교과 수업일수 확보의 연장선이며, 대한민국 국민들이 학창시절 저마다 추억몰이를 떠올리는 대표적인 행사를 꼽으라면 주저 없이 수학여행이 먼저 이름에 오르내릴 만큼 상징성이 높다.

　　사람마다 성향이나 특성 등에서 판이한 차이를 나타내는 나머지 수학여행에 대한 기억의 온도차는 분명하게 존재하지만, 또래 집단과 관계에 많은 영향을 미치는 청소년기의 특성에 짧은 기간 다양한 체험활동을 꾀할 수 있는 몇 안 되는 핵심 수단임에는 이의를 달기 어렵다. 짧은 기간에 일생의 한 페이지를 나름대로 장만하기도 하기에 수학여행은 청소년기 교육적인 부분에 있어 한 축과 같다. 더군다나 해가 거듭될수록 입시 위주의 문화가 기형적으로 변모되는 사회적 동향을 고려하면 수학여행과 같은 체험활동은 훗날 성인이 됐을 때 입시보다 더 중요한 교훈과 가치 등을 깨닫게 해주기에 교육적 가치는 높다고 볼 수 있다.

코로나19 '엔데믹' 선언과 함께 지난 2022년부터 각급 학교 수학여행이 본격적으로 재개됐다. 코로나19 전후로 놓고 볼 때 각급 학교 수학여행 코스에서 필자가 인상적으로 본 부분이 있다. 이는 다름 아닌 스포츠 직관의 수학여행 코스 포함이다. 대개 학교들의 수학여행 코스가 대학 탐방, 역사 및 유적지 탐방 등에 많이 치우치곤 하는데 학생들이 감춰둔 에너지와 끼를 분출시키는 것도 반드시 필요하다. 가뜩이나 기형적인 입시 문화로 스트레스가 쌓일 대로 쌓인 만큼 끼와 에너지의 분출은 청소년들의 육체·정신 건강 증진에 분명 큰 플러스가 된다. 그래서 각급 학교들이 학생들의 루즈함을 달래기 위한 코스로 스포츠 직관을 택한다. 수학여행단의 스포츠 직관은 학생들의 스트레스 해소 창구 중 하나로 각광 받는다.

대부분 수도권 수학여행단은 중소도시와 농어촌, 도외 지역을 연고로 하는 학생들이 주를 이룬다. 위 지역의 학생들은 지리적인 핸디캡으로 인해 각종 문화 활동과 체험 활동 등을 체험할 수 있는 시·공간적인 제약이 뒤따르는데 대한민국 모든 산업적인 인프라가 집중되어 있는 수도권으로 수학여행은 청소년기의 견문 축적과 시야 확대 등에 있어 안성맞춤이다.

참 아이러니하다. 현대인들의 관광 및 여행 등의 수요가 7~8월 여름, 12~1월 겨울 등 성수기에 주로 집중되는 풍토인데 수학여행은 5

월이나 10월경 그야말로 성수기라는 것이다. 위 시기가 대체로 황금 연휴가 끼어있지 않은 이상 여행 비수기이며, 여행사나 관광 버스 업계 등에서도 비수기 운영에 적지 않은 난항을 겪는 경우가 비일비재하다. 코로나19 발생 당시 상당한 타격을 입은 업종 중 하나들인 만큼 '엔데믹' 선언과 함께 비수기 운영은 매출이나 수입 등에 있어서도 한 해 농사를 가늠하는 상당한 지표다. 수학여행단과 같이 대규모 여행단을 통해 비수기 운영 난관 타개를 노리는데 이를 토대로 대규모 여행단 모시기는 여행사와 관광 버스 업계 등의 연중 주요 서비스 정책 중 하나다. 대부분 학교들도 연중 학사일정을 잘 때 교내 행사와 시험, 여행 수요 급증 시기 등 날짜와 흐름을 고려해 수학여행 날짜를 조정한다.

그러다 보니 수학여행단들이 2박 3일 혹은 3박 4일 코스에서 이날 장충체육관이 코스 레이더에 포착됐고, 마침 매치업도 시즌 초반 예상을 뒤엎고 상승 무드를 타고 있는 우리카드와 '디펜딩 챔피언' 대한항공이라 '꿀잼'을 위한 판이 확실하게 깔렸다. 필자가 이날 장충체육관을 방문하니 먼저 눈에 들어온 것도 체육관 입구 삼삼오오 모여있는 수학여행단이다.

지하철 3호선 동대입구역 5번 출구로 나와 바로 비치된 우리카드 포토존에 차례로 모여들어 사진 삼매경에 빠지는 광경은 학생들에 색다른 멋을 보여주면서 V리그 직관이 가져다주는 묘미를 몸소 증명해 보였고, 체육관 바로 밑 CU 편의점으로 향해 긴 운행의 여파에 따른 허기진 배를 채우려는 모습도 제법 분주한 것을 보니 그간 체험하지 못한 콘텐츠를 소비한다는 설렘과 기대감이 가득한 인상을 심어줬다.

체육관 내부로 들어서자 우리카드 선수들의 유니폼이 홈-원정-리베로로 각기 다른 색상별로 비치되면서 팬들의 구매 욕구를 자연스럽게 자극했고, 체육관 안 커피숍에 '김지한 BOX', '우리카드 BOX' 메뉴를 출시하며 기본 커피와 차 종류에 사이드를 더하는 절묘한 하모니를 연출했다. 팀의 차세대 에이스인 김지한을 적극적으로 전면에 내세우는 '스타 마케팅'은 우리카드의 장충 홈 경기 때마다 팬들의 입가심을 절로 돋구며, 체육관 직관 러시로도 이어지는 좋은 시너지가 되는 핵심 잣대다.

여느 팀과 마찬가지로 우리카드 역시 장내 아나운서 진행 하에 경기 전 장내 이벤트를 진행한다. 장내 이벤트 참여를 통해 팬들이 선수들에 아낌없는 응원 메시지를 보내는 것은 물론, 가벼운 퀴즈나 흥 분출 등을 토대로 기념품을 획득하면서 일생의 잊지 못할 하루를 장만하기도 한다. 더군다나 장내 이벤트 참여를 통한 기념품 획득은 요즘 젊은 세대들 사이에서 사용되는 '득템'이라는 단어에 딱 어울리게 저마다 소장 가치를 높이기에도 알맞다.

이 광경에 수학여행단도 가만히 있을 리 만무했다. 특히 '삼다도'로 불리는 제주에서 온 수학여행단의 장내 이벤트 참여가 눈에 띄었다. 수학여행단이 장내 이벤트 참여에 적극성을 띤 이유는 분명하다. 바로 제주라는 지리적인 핸디캡에 있다. 섬 지역으로 고립된 특수성에 의해 스포츠 직관을 통한 체험 활동을 학창시절에 접할 여건이 현저히 모자라고, 기형적인 입시 제도에 묶여있는 신분적 제약 등 역시 다양한 체험 활동 추구를 가로막는다.

이러한 이유에서일까. 이날 제주에서 온 수학여행단은 장내 아나운서 진행 하에 목청껏 응원 데시벨을 높이면서 새로운 문화 체험의 신선함을 불러왔고, 아낌없는 응원 메시지를 통해 '장충 나이트'의 '신 스틸러'로 손색없는 모습을 보여줬다. 수학여행단뿐만 아니라 학생들의 단체 직관은 중장기적으로 V리그의 팬층 확대를 꾀하면서 팬 연령대 다변화와 고정 팬덤 확보 등 부수적으로 '득'이 많다. 그렇기에 교육적 측면에서 학생들에 또 다른 학습 효과 제시, 학생들의 여가 수단 확보, 심신 안정 촉진 등을 위한 수단이 스포츠 직관으로 불리기에 어색하지 않은 이유다. 이러한 부분은 앞으로 일선 학교 측이 적극적으로 장려할 필요가 있다고 보는 이유다.

수학여행단의 신선함과 홈팬들의 열성 등이 적절한 앙상블을 이루면서 '장충 나이트'의 열기는 경기 시작과 임박해 더욱 달아올랐고, 수학여행단은 우리카드 홈 응원석에 자리해 우리카드 공격과 블로킹, 서브 성공, 상대 범실 때 응원단장과 치어리더의 동작과 율동에 맞게 홈팬들과 함께 동화되며 V리그 직관의 멋과 맛을 제대로 느꼈다. 평일임에도 매진에 육박하는 관중 동원과 함께 관중석이 가득 들어차는 것은 자연스러운 수순과도 같았다.

그렇게 우리카드와 대한항공의 시즌 첫 매치업의 닻이 올랐고, 개막 후 4연승 질주(우리카드)와 연패 위기 모면(대한항공)이라는 각기 다른 지향점 속에 1, 2세트는 모두 대한항공이 가져가며 '디펜딩 챔피언'의 위엄을 과시했다. 무엇보다 2세트 엎치락뒤치락하는 상황 속에 정한용의 공격 성공과 우리카드 마테이의 공격 범실로 34:32, 9번의 듀스 끝에 세트를 따낸 터라 페이스나 리듬 등 대한항공 쪽으로 흘러 가는 듯했다. 배구라는 종목의 특성상 분위기와 리듬 등이 한순간에 요동치는 경우가 비일비재함을 고려하면 대한항공의 경험치와 관록 등은 우리카드가 분명 넘어서기에 쉽지 않은 산처럼 보였다. 하지만, 4연승을 이어가려는 열망과 수학여행단, 홈팬들의 성원 등이 우리카드 선수단을 깨우면서 경기 분위기는 다시 미궁 속으로 빠졌다. 우리카드 3세트 역시 일진일퇴의 공방전 속에 김지한과 마테이의 공격이 연달아 성공하며 7번의 듀스 접전 끝에 32:30으로 세트를 만회하며 대역전극을 위한 도화선을 지폈고, 고졸 2년차 세터 한태준의 대담 한 경기운영 속에 김지한과 마테이의 양 날개 공격과 상대 범실 등을 묶어 승부를 파이널 5세트로 끌고 갔다. 두 팀 모두 체력적인 부담 에 아랑곳하지 않고 모든 에너지를 쥐어짜 내며 또 한 번 듀스 승부 를 연출했고, 신구 세터인 한태준과 한선수의 두뇌 싸움 역시 한 치 의 물러섬을 보이지 않으면서 안갯속의 향방이 계속됐다.

한쪽이 달아나면 한쪽이 쫓아오는 스릴 넘치는 레이스에 팬들의 심장 박동은 더 빨라졌고, 벤치와 웜업존의 시선도 볼 하나하나에 몰입될 수밖에 없었다. 그런 와중에 승점 2점 획득의 집중력은 우리 카드가 앞섰다. 우리카드는 14:15로 뒤진 상황에 마테이가 잇따라 득점을 가동하며 리드를 가져왔고, 세터 한태준이 에스페호의 공격 을 가로막으며 기나긴 승부의 종지부를 찍었다.

2시간 30분이 넘는 대혈전(13:25, 32:34, 32:30, 25:18, 17:15) 속에 홈팬들과 수학여행단에 승리라는 서비스를 확실하게 제공하며 '장충 나이트'를 무르익게 했고, 시즌 전 하위권 평가가 무색하게 공수 양 면에서 짜임새 높은 경기력을 선보이며 V리그 판도를 뒤흔들 '태풍 의 눈'의 도장도 단단하게 찍었다.

대한항공은 아웃사이드 히터 곽승석과 정한용이 쏠쏠한 득점력으 로 에이스 링컨과 '삼각편대'를 이루며 우리카드의 방패에 팽팽하게 맞섰으나 잦은 범실과 2% 부족한 집중력 등에 의해 지난 19일 삼성 화재 원정에 이어 또 한 번 풀세트 접전 패배의 쓰라림을 맛보게 됐 다. 풀세트 명승부의 깊은 여운을 느낄 새도 없이 V리그의 새로운 역사가 쓰이며 장내 박수가 아낌없이 쏟아졌다. 다름 아닌 우리카드 사령탑 신영철 감독이 역대 V리그 최다승 감독에 이름을 올리게 된 부분에 있다.

배구를 오랜 시간 지켜봐 온 골수팬이라면 신 감독의 이름을 모르 는 이를 찾아보기 어렵다. 현역 시절 한국 남자 배구를 대표하는 명 세터로 맹위를 떨친 신 감독은 1991년 월드리그 및 월드컵, 1994년 월드리그 세터상을 수상하며 전 세계 배구 강국들의 틈바구니에서 도 당당히 경쟁력을 어필했고, 1999년 현역 은퇴 이후 지도자로 변 신한 이후에도 탄탄한 내공과 경험치 등을 바탕으로 팀과 선수 조련 에 탁월한 역량을 선보이며 베테랑의 관록을 입증했다.

2004년 LG화재(現 KB손해보험)에서 감독 커리어를 시작한 이 래 LIG손해보험(2004~2007), 대한항공(2009~2012), 한국전력

(2013~2017)을 거쳐 2018년부터 우리카드 지휘봉을 잡으면서 승수를 차곡차곡 누적했고, 맡는 팀마다 꾸준하게 팀을 봄 배구에 올려놓는 등 젊어지는 V리그 사령탑 트렌드 속에서도 우직함을 잃지 않았다. 비록 챔프전 챔피언 타이틀이 없는 것이 감독 커리어에 있어 유일한 옥의 티로 지적되나 매년 적극적인 트레이드를 통해 팀 개편과 변화 등을 끊임없이 추구하는 노력과 열정 등은 젊은 후배들 틈바구니에서 질긴 생명줄을 이어가는 동력으로 충분하다.

이날 이전까지 스승인 신치용 감독(前 진천선수촌장)이 가지고 있던 최다승 기록인 276승에 타이를 이뤘던 신 감독은 대한항공 전 풀세트 승리와 함께 스승인 신 전 촌장의 최다승 기록을 갈아치우며 V리그 역사에 한 페이지를 새롭게 완성했고, 20년 감독 커리어에도 큰 훈장을 남기면서 후배 감독들에게도 좋은 선례를 남기게 됐다.

경기대 84학번인 신 감독의 최다승 경신은 '386세대'들에 하나의 메시지를 안겨다 준다. 산전수전 다 겪은 내공과 경험 등은 '파리 목숨'으로 불리는 스포츠의 세계에서 20년 감독 커리어를 꾸준히 연명하게 한 산물이며, V리그 감독 중 유일하게 박사학위 취득 타이틀의 학구열 역시 감독직 수행의 업그레이드를 덧칠시켰다. 무엇보다 매년 비시즌 대형 트레이드를 불사하면서 판을 완전히 바꿔놓는 부분은 스포츠 전체를 통틀어서도 하나의 패러다임과 같고, 데려온 선수들을 잘 흡수시키는 노력 등을 열성적으로 진행하며 리더의 지도력은 나이와 관계없다는 것을 제대로 실천했다.

세월 앞에 장사 없다는 말처럼 대부분 386세대들의 은퇴가 하나둘씩 이뤄지고 있는 시점에 가지고 있는 내공과 경험치 등을 토대로 쭉 정진하면 젊은 후배들에 뒤지지 않는 경쟁력을 뽐낼 수 있다는 모델을 제시했기에 그렇다.

운동선수와 마찬가지로 일반인 역시 은퇴 이후 삶의 개척이 최근 사회적으로 크나큰 이슈다. 100세 시대가 도래한 시점에 60대 초반과 그 이전 은퇴가 이뤄지는 사회적 동향은 삶의 개척을 통한 재사회화가 초고령 사회의 필수 요소로 자리한다는 증거다. 안타깝게도 대한민국 사회는 나이가 많고 정년이 임박했다는 이유로 후배들에 지위를 물려주는 풍토가 가속화되고 있다. 이러한 현상은 공공기관과 금융권 등에서 주로 발생하는데, 그간 다져진 내공과 경험치, 탤런트 등을 분출시킬 수 있는 여력이 나이라는 부분에 의해 가로막히는 안타까움의 연속이다.

물론, 어떠한 직함을 달면서 세대교체는 필연적이라고 볼 수 있으나 젊은 후배들에 뒤지지 않는 열정과 노력 등을 겸비하고도 젊은 후배들과 소통 문제 등을 이유로 홀대받는 부분은 베테랑과 젊음의 조화를 추구하는 데 있어 이치에 맞지 않는다. 이미 대한민국 사회가 초고령화 시대에 접어들면서 60대 환갑 이후 세대들의 욕구와 열정 등이 이전에 비하면 월등히 높아졌기에 더 그렇다.

이 부분만 놓고 보면 대한민국보다 일찍 고령화가 사회적 맹점이된 일본의 전철을 밟는다고 봐도 크게 어색하지 않다. 대한민국 스포츠뿐만 아니라 사회적으로도 한 번 짚고 넘어가야 할 과제의 핵심임을 부정할 수 없다. 그렇기에 경험과 내공 등의 극대화를 통해 젊은 세대들과 끊임없는 커뮤니케이션, 직함 수행에 있어 욕구와 열정 등을 가미하면 얼마든지 한 구성원으로서 역량을 표출할 수 있다는 것을 신 감독의 최다승 경신에서 확인하게 되지 않나 생각된다.

스포츠 감독뿐만 아니라 모든 사회 각계의 리더와 현대 사회를 살아가는 현대인들이 젊다고 해서 사고방식이나 성향 등이 모두 젊은 것은 아니다. 이게 성향이나 가치관, 특성 등에서 판이하게 차이를 보이기에 더 그렇다. 그렇기에 신 감독의 최다승 기록 경신이 의미가 깊은 이유다.

연고지 적극적인 투자와 아이덴티티, 그리고 팬들의 로열티

−2023년 11월 1일−

모든 스포츠에서 연고지와 팀은 말 그대로 공생 관계다. 연고지와 적극적인 커뮤니케이션은 스포츠팀의 지역 팬들과 스킨십 강화, 연고 이미지 제고 등에 있어서 필수적이며, 지역 연고제 정착을 통한 각종 밀착 활동 등을 소화하는 데 한 축이 된다. 공생 관계의 의의는 시설 보수 및 개선 등에 있어서도 포함된다.

그도 그럴 것이 해외와 달리 대한민국은 체육 시설과 관련된 법적 규제가 광범위한 데다 모든 스포츠 홈구장 소유가 지방자치단체다. 기업이 스포츠 시설을 소유할 수 없다는 법령에 묶인 탓에 지방자치단체의 노력과 투자 등의 없이는 시설 보수와 개선 등을 기대하기 어려우며, 스포츠팀이 추구하는 지역 연고 정착에도 큰 장애물이 된다. 팬들과 시민들의 눈높이를 충족시켜야 하는 의무감을 지방자치단체와 스포츠팀 모두가 동시에 지닌 덕목이다.

그런 측면에서 볼 때 KB손해보험의 의정부 정착은 의정부뿐만 아니라 양주와 동두천, 포천 등 인근 지역 팬들에도 한 줄기 빛과도 같다. 지정학적으로 경기 북부에 위치한 위 지역들은 한강을 기준으로 하면 딱 북쪽에 자리하고 있으며, 그간 스포츠 직관을 접할 수 있는 여건이 시민들과 팬들에게는 여의치 못했던 것이 사실이다. 그러나 KB손해보험이 의정부에 입성하면서 상황은 달라졌다.

일단, 의정부라는 지역의 지리적 특성에 있다. 서울 강북과 성북, 도봉, 노원구 등 강북 지역에서 경기도 시내버스와 수도권 전철 1호선과 연동이 잘 되어 있다. 심지어 택시나 자가운전 시 동부간선도로를 타고 의정부까지 소요 시간이 얼마 되지 않는다. 의정부나 양주, 동두천, 포천 등지에서 서울 강북 지역으로 출퇴근을 진행하는 이들이 허다한 특성은 강북 지역이 주는 지리적 메리트가 한몫을 했다고 해도 과언이 아니다.

그래서 매번 KB손해보험이 홈 경기 때마다 지하철 1호선과 경기도 시내버스를 거쳐 의정부체육관을 찾는 팬들의 발길이 제법 활발한 편이며, 팬들의 편의를 위해 녹양역에 셔틀버스를 수시로 운행하면서 이동 효율성을 높인다. 체육관과 가까운 1호선 녹양역 광장과 주변 거리 곳곳에 비치된 KB손해보험 선수 개개인 홍보 포스터 역시 연고지와 호흡을 위한 노력을 엿볼 수 있는 대목이며, 각종 연고지 행사 참여와 협업 사업 참여 등에도 적극성을 보여주는 KB손해보험의 노력은 2017년 구미에서 의정부로 연고지를 이전하면서 완전히 뿌리를 내리는 잣대다.

KB손해보험의 홈 코트인 의정부체육관은 아파트 단지가 밀집된 위치와 좁은 도로에 자리하고 있지만, 팬들의 열성적인 성원과 로열티 등에 홈 경기 때마다 늘 북적북적거린다. 아파트 단지 주변 위치한 식당이나 편의점 등에는 체육관을 향하는 팬들로 가득하고, 체육관과 의정부종합운동장 내 비치된 주차장 역시 KB손해보험 홈 경기가 있는 날이면 주차 밀집도가 높다. 이는 KB손해보험이 2020-2021 시즌 준플레이오프 진출, 2021-2022 시즌 준우승을 제외하곤 성적이 좋지 못했음에도 팬들의 로열티 만큼은 굳건하다는 하나의 지표라고 해도 과언이 아니다.

녹양역 인근에서 끼니를 해결하고 체육관에 입성하니 분위기가 화사하다. 다름 아닌 노란색 색상에 있다. 노란색의 이미지 자체가 화사함과 밝음 등을 추구하는데, KB 계열사 고유 색상이 노란색을 띠고 있어 모기업과 팀의 고유 아이덴티티 구현에 있어 색상의 효과를 배가시켰다. 그뿐만 아니라 체육관 외부 LED 조명과 체육관 내외부 벽면 프린팅에 노란색을 입히면서 KB=노란색의 인식을 더 확립시켰고, 체육관 2층 선수단 라커룸을 형상화한 포토존의 색상 역시 노란색으로 뒤덮는 등 색상 통일성 또한 더했다.

의정부시 차원에서 적극적인 투자와 노력, 성원 등이 상호 '윈-윈'을 이끌어낸 대목이다. 이날 삼성화재 전에서도 KB손해보험 노란 유니폼을 착용하고 체육관을 찾은 팬들이 평일임에도 제법 많이 들어섰고, 선수들을 향한 응원 피켓 제작, 플랜카드 작성 등 정성도 마다하지 않으며 고유 색상인 노란색의 화사함과 밝음 등의 극대화를 꾀했다.

이어 체육관 측면에 가족 단위 팬들을 위한 패밀리존 설치를 통해 배구와 캠핑의 접목을 잘 이끌었고, 가족이 모여 열성적인 응원과 성원 등을 아끼지 않는 모습도 가족 간 추억 나눔, 공감대 형성 등 정서적인 효과를 부수적으로 입증했다. 비록, 올 시즌 개막에 맞게 체육관 바닥을 노란색으로 개편한 부분이 부상 위험도를 이유로 잠시 자취를 감추게 된 부분은 다소 아쉬움으로 남지만, 적어도 색상의 아이덴티티 구현을 위한 노력만큼은 그 외 곳곳에 퍼져있어 나쁘지 않은 인상을 줬다.

KB손해보험과 삼성화재의 시즌 첫 매치업은 매 세트 팽팽한 접전 양상을 띠며 쫄깃쫄깃함을 선사했지만, 끝내 집중력의 우위는 삼성화재의 몫이었다. 삼성화재는 범실이 다소 많았던 경기 양상에도 에이스 요스바니의 공격 폭발력이 불을 뿜으면서 KB손해보험 리시브 라인을 초토화시켰고, 세터 노재욱의 패스웍을 통해 전체적인 공격 효율에서 우위를 점하면서 세트스코어 3:0(25:22, 25:22, 25:23) 승리를 따냈다.

삼성화재는 이날 의정부 원정 승리와 함께 지난 10월 15일 우리카드와 개막전 1:3 패배 이후 4연승을 내달리며 녹록지 않은 위용을 나타냈고, KB손해보험은 지난 10월 17일 한국전력과 수원 원정 개막전 3:2 승리 이후 4연패의 늪에 빠지면서 씁쓸함을 남겼다. 고대하던 홈 첫 승은 또 한 번 무산됐으나 KB손해보험 팬들의 로열티는 인상적이었다. 매 세트 선수들의 호쾌한 스파이크와 몸을 날린 수비, 현란한 디그에 아낌없는 박수를 보내면서 연패 탈출을 위한 핵심 에너지원을 자처했고, 8점과 16점 이후 테크니컬 타임아웃 때 장내 이벤트 참여에 적극성을 줄곧 보여주며 끼와 열정 분출에 온몸을 다했다.

이처럼 KB손해보험이 연패에 빠질 때도 의정부체육관을 한결같이 지켜오면서 팀의 희로애락을 함께한 팬들의 존재는 지역이 스포츠에 가져다주는 핵심 가치이며, 이는 돈 주고도 못 살 소중한 씨앗이다. 지역 연고의 진정한 의의라고도 할 수 있으며, 스포츠 직관이 팀의 연고지뿐만 아니라 국가적으로 엄청난 가치 창출을 도모하는 수단이라는 것을 다시금 일깨워준다.

팬들의 로열티는 팀 아이덴티티와 팀과 선수 향한 애정 등에서 만들어진다. 그렇기에 모든 스포츠팀과 지방자치단체가 로열티 확립을 토대로 '팬 퍼스트'를 지속적으로 해야 하는 사명감과 의무감을 가미해야 하며, 그래야 지역과 국가의 이미지가 더 밝아질 수 있다. 이 말은 즉슨, 곧 시민과 국민의 행복이 국가적 자산과도 직결됨을 의미하는 바이다. 이러한 요소들이 지켜져야 지역 발전과 스포츠 발전 등의 '윈-윈'을 더 효과적으로 실현할 수 있을 것이다.

60여만 수험생들이여,
배구장으로 오라!

-2023년 11월 16일-

　　　　　　나이가 한국 나이로 서른이 되면 '달걀 한 판'이 됐다는 얘기를 현대인들 사이에선 종종 하곤 한다. 그렇게 대학입학 수학능력시험이 도입된 지도 벌써 30년을 맞았다. 이 말은 즉슨, 부모와 자녀 간의 대학 입시 공통분모가 수능으로 형성된다는 것을 의미한다. 1975년생 토끼띠들이 고교 3학년이던 1993년 2회 시범 운영을 시작으로 시대·사회적으로 많은 환경적 변화를 겪으면서 현재까지 이르렀는데 매년 60여만 수험생(N수생 포함)들이 그간 갈고 닦은 역량을 마지막으로 표출할 수 있는 주 무대라는 상징적 가치가 많은 현대인들의 일대기에 한 페이지로 자리하고 있다.

　매년 선선한 날씨 속에 고사가 치러졌던 예년과 달리 이번 2024학년도 수능은 추적추적 내리는 가을비가 하루를 적신다. 점수 하나하나에 일희일비할 수밖에 없는 강박관념이 모든 수험생들의 어깨를 짓누르지만, 적어도 기형적인 입시 제도 속에서 3년간 담금질을 끝내고 학창시절의 피날레 장식의 일념만큼은 확실하다.

사실 필자는 이러한 부분을 달가워하지 않는다. 수능 성적이 수험생 각자 인생에 있어 행복을 보장하는 지표는 절대 아니며, 기형적인 입시 제도의 폐허로 모든 영혼을 갈아 끼우다시피 수험생 신분을 겪어온 터라 중장기적인 안목에서 각자 로드맵 수립, 발전 모티브 구현 등을 기대하는 것도 어불성설이다.

10대 시절은 저마다 진로와 적성 등을 찾는 데 있어 가장 중요한 시기라고 해도 과언이 아니다. 그런데 대한민국은 입시 위주의 교육 풍토가 언제 호흡기를 떼도 이상하지 않을 정도로 곪을 대로 곪아있다. OECD 국가 중 청소년들의 창의성이 가장 떨어지는 국가로 손꼽히는데 이러한 풍토가 결정적인 몫을 담당한다. 학부모들의 극심한 교육열과 그릇된 사고방식 등 역시 교육 병폐를 야기하는 요소이며, 국가적 이미지와 발전 방향 수립 등에 있어 마이너스가 잔뜩 초래된다.

수능 시험의 종료는 응시 유형에 따라 다르지만, 사회-과학탐구 영역까지 응시생들로 범위를 좁히면 4시 50분이다. 위 시간이 일몰 직전에 해당하며, 시험 종료 이후 저마다 시간을 장만하는 코스로 배구 코트를 삼기에는 고사장이나 자택 등의 거리에 따라 충분히 가능하다. 가을비를 머금는 거리의 풍경에 대한민국 연중행사 중 하나와 같은 수능일이 그렇게 저물어가기 시작했고, 종료 시간이 지나고 입시 문화에 찌들어 육체·정신적 피로도가 상당했던 수험생들 모두 저마다 3년 동안 흘려온 땀방울에 노고의 뜻을 전하고 싶다.

현대건설과 IBK기업은행의 시즌 2차전이 펼쳐질 수원체육관에는 궂은 날씨에 빗방울을 뚫고 오로지 배구 직관을 위해 발걸음을 마다

하지 않은 배구 팬들이 속속히 늘어나며 '배구 앓이'를 표출했다. 장내로 들어서니 가장 눈에 띈 것이 수험생 팬들의 직관이었다. 경기전 장내 이벤트에 수험생 팬들이 참여하는 모습이 전광판을 통해 송출됐는데, 퀴즈 참여로 경품 취득을 이루면서 각자 묵혀있던 때를 벗겨 내는 기분을 느끼게 하지 않나 생각된다. 중대 기로와 마주하는 시기임에도 배구에 대한 애정을 잃지 않고 오히려 굳건함을 보인 수험생 팬들의 모습은 개인적으로 보기 좋았다. 그렇게 해서 개개인의 팬심 인증, 팬덤 확보 등이 이뤄지는 것이며, 현대인들의 문화 활동 창구로서 스포츠 직관이 한 축이라는 증거가 된다.

수험생 팬들의 직관과 함께 장내 분위기는 경기 전부터 화색이 돌 궜고, 두 팀의 2차전의 휘슬도 그렇게 울렸다. 지난 시즌까지 현대건설에서 활약하다가 FA를 통해 IBK기업은행으로 이적한 황민경의 친정 방문으로도 관심을 끈 이날 매치업은 뚜껑을 열어보니 싱거웠다. 현대건설이 세터 김다인의 안정된 볼 운반 속에 공격의 다채로움이 진한 맛을 더하면서 경기 칼자루를 쥐었다.

모마가 폭발적인 공격력으로 상대 블로킹벽을 파괴하자 양효진-이다현 '트윈타워'의 높이는 덩달아 시너지를 냈고, 아시아쿼터로 V리그에 입성한 태국 출신 아웃사이드 히터 위파위와 비시즌 발목 부상을 털고 합류한 정지윤의 공격력도 모마에 쏠린 견제 분산을 성공적으로 도모했다. 상대 공격 포지션 때 유효블로킹을 활발하게 만든 덕분에 수비 뒤 2단 연결로 IBK기업은행 체력 부담을 가중시켰고, 리베로 김연견을 필두로 리시브와 디그 등 수비 안정감까지 더해지면서 경기 운영의 묘를 더했다. 사방에서 쉴 새 없이 터지는 현대건설의 다채로운 공격은 공격 밸런스가 얼마나 중요한지를 입증하는 대목이다.

IBK기업은행은 해결사 아베크롬비에 쏠린 단조로운 옵션에 태국 국가대표 센터인 폰푼의 토스웍이 흔들리면서 경기운영에 어려움이 뒤따랐고, 황민경과 표승주 등 아웃사이드 히터들의 활약상도 미비하는 등 공수 양면에서 답답함을 감추지 못했다. 결국, 현대건설이 세트스코어 3:0(25:19, 25:13, 25:22) 완승을 따내며 지난 12일 흥국생명 원정 풀세트 혈전 끝 패배의 아쉬움을 치유했고, IBK기업은행은 지난 11일 도로공사 전 3:0 승리의 기세를 잇지 못하면서 시즌 6패째를 떠안았다.

수능을 치르고 직관 행렬에 동참한 수험생 팬들을 보면서 느낀 부분이 있다. 바로 수험생 신분이라도 소소한 행복을 추구할 수 있는 수단이 있어야 한다는 것이다. 아침 일찍부터 등교해 반나절이 넘는 기간 동안 학교에서 책상에 앉아 학업을 소화하는 것도 모자라 방과 후에는 학원 등원을 통해 학습량을 더 채우는 일과가 다람쥐 쳇바퀴 돌듯이 반복된다.

저마다 성향이나 특성 등이 판이한 부분의 존중과 극대화 등을 위한 노력은 안중에도 없이 오로지 학습권만을 강요하면서 입시 실적에 목매는 고질적인 폐허이며, 이러한 학교나 교육 당국의 정책은 변화하는 사회적 동향 속에서도 이미 동떨어지게 자리한 지 오래다. 물론, 이게 개인의 욕구가 뚜렷하면 크게 문제 될 것은 없어 보이지만,

대부분 부모들의 극성과 욕심 등에서 빚어지는 경우들이 허다한 점에서 청소년기 육체·정신적 피로도 상승, 삶의 욕구 저하 등을 불러오는 결과를 부인하기 어렵다.

그렇게 보면 배구와 같이 스포츠 직관은 수험생들에게 일상의 무료함을 채울 수 있는 수단이다. 스포츠 직관을 통해 자신이 좋아하는 선수와 팀을 목청껏 응원하면서 팬심 증명, 팬덤 확대 등을 도모할 수 있고, 또래 집단과 커뮤니케이션 빈도를 높이면서 친밀도 향상과 공감대 형성 등도 함께 가미할 수 있다.

그뿐만 아니라 최근 사회적으로 큰 이슈가 되고 있는 학교폭력과 왕따 문제를 해소하는 데 있어 스포츠 직관은 엄청난 효과를 가져온다. 매일 반나절이 넘는 시간 동안 학교라는 울타리 안에 묶여있으면서 동급생들과 시간이 많을 수밖에 없는데 스포츠 직관을 함께 호흡하면서 관계 개선을 꾀하면 학급과 학교 분위기는 물론, 대내외적인 학교 이미지의 깨끗함 형성 등에도 엄청난 영향을 미친다.

또, 스포츠 직관에서 선수들의 땀과 열정은 수험생들에게 동기부여가 되기에 부족함이 없고, 선수와 팀의 활약에 기뻐하고 슬퍼하는 모습들도 살아가는데 크나큰 교훈으로 손꼽힌다. 이게 학업으로 지친 심신을 어루만지고 달랠 수 있는 핵심 수단이며, 성인이 되어서도 각자에게 여가 활동의 한 창구가 될 수 있는 이유다. 수능이 끝나는 시점에서 V리그는 수험생들의 군침을 절로 돋군다. 매년 팀별로 진행되는 일정 기간 수험생 무료 입장을 비롯한 각종 프로모션 진행은 수험생들의 배구 직관 욕구를 자연스럽게 당기게 만들고, 선수단과 하이파이브를 비롯, 이벤트 참여에 있어서도 메리트가 크기에 더 그렇다.

수험생이라는 신분적 특성이 일생에 한 번 밖에 오지 않는 만큼 훗날 찐 배구 팬으로서 확실하게 자리매김하는 것은 물론, 배구 직관을 문화 활동 주요 수단으로 자리할 수 있는 복선이 되기도 하며, 심신 안정과 욕구 충족 등을 동시에 꾀할 수 있는 하나의 놀이터가 되기도 한다. 스포츠 직관이 문화, 사회, 교육적 가치 등을 추구하는 데 중요 지표라는 범주 아래 수험생들의 비중도 결코 작지 않다는 것이 입증되는 바이며, 향후 수험생 대상의 프로모션과 이벤트 등의 다양화를 V리그와 14개 구단 차원에서 꾀한다면 더 큰 시너지 효과가 나지 않을까 개인적으로 기대한다. 이쯤에서 한 번 고한다. 수험생들에게 배구장은 교육의 한 장이라는 것을.

깐부의 유쾌한 게미, 그래서 존재가 특별하다

-2023년 11월 22일-

2021년 최고의 인기를 끌었던 넷플릭스 드라마 오리지널 시리즈 「오징어 게임」을 통해 빅히트 친 용어는 바로 '깐부'다. 본래 어린이들이 구슬치기나 딱지치기를 하면서 동맹을 맺을 때 깐부 하자는 식으로 사용됐는데 「오징어 게임」 흥행 이후에는 친한 친구나 동반자, 짝꿍을 뜻하는 은어, 속어로 현대인들에 급속도로 전파됐다.

서로 격의 없이 대화를 나누면서 모든 부분을 공유할 수 있는 관계다 보니 티격태격하거나 아웅다웅하는 모습도 관계의 재미를 더하는 요인이고, 각자 인생에서도 떼려야 뗄 수 없는 매개체 중 하나가 '깐부'의 용어에 숨어있다고 해도 과언이 아니다.

단편적으로 배우 신현준과 정준호를 보면 유추가 가능하다. 대한민국 충무로를 대표하는 배우들인 신현준과 정준호는 1살 터울(신현준: 1968년생, 정준호: 1969년생)로써 20년이 넘는 세월 동안 끈끈한 관계 형성을 이뤄왔고, 서로 가족들끼리도 두터운 친밀도를 자랑할 만큼 케미가 돋보인다. 서로를 향한 애칭을 '영감'으로 칭하는 부분은 충무로 대표 코믹 연기의 대가들답게 웃음 폭탄을 절로 양산하고, 각종 프로그램에 동반 출연할 때마다 서로를 향한 인신공격(?)을 스스럼없이 주고받는 등 재미와 입담 모두 많은 대중들에 즐거움을 아낌없이 선사하고 있다. 마치 톰과 제리의 복사판과도 같다.

몇 년 전 한 예능 프로그램에 동반 출연해 이들의 지난날 회상은 '깐부'의 하이라이트였다. 다름 아닌 2000년 개봉한 영화 「싸이렌」 출연이다. 30년이 넘는 기간 동안 충무로와 스크린을 왕성하게 누비며 커리어를 쌓아온 이들이 동반 출연한 작품은 「싸이렌」이 유일한데 신현준의 적극적인 추천에 정준호가 당시 캐스팅된 '친구'를 포기하고 동반 출연을 했기 때문. 그런데 이게 참 속쓰리다. 흥행 참패를 이룬 '싸이렌'과 달리 '친구'가 흥행 대박을 이루게 된 것이다.

제아무리 초호화 캐스팅과 막대한 제작비 충당 등이 가미되어도 영화의 핵심인 재미와 몰입 등이 받쳐주지 못하면 그 영화의 흥행은 불 보듯 뻔하며, 영화 제작자나 감독 등의 이미지 타격도 엄청나다. 거기에 배우들에게 영화 흥행은 배우로서 가치를 높이는 데 핵심적인 수단이라 더 그렇다. 이후 신현준은 「가문의 위기」와 「맨발의 기봉이」, 정준호는 「투사부일체」 등을 통해 스크린 흥행을 이루면서 톱배우의 건재함을 뽐냈지만, 「싸이렌」 당시를 떠올리면 웃픈 상황이 아닐 수 없다. 「싸이렌」 출연 이후 오랜 세월이 흘렀음에도 방송에 나올 때마다 「싸이렌」 얘기에 티격태격하며 아웅다웅하지만, 서로의 존재만으로도 웃음꽃이 터지는 이들의 케미는 '깐부'의 진정한 우정이자 삶을 살아가는 데 있어 한 가치를 몸소 보여준다.

배구에서도 신현준-정준호에 버금가는 '깐부' 케미를 보이는 이들의 존재가 매년 '꿀잼'을 양산하고 있어 흥미롭다. 그것도 선수가 아닌 감독들의 '케미'라 더 세간의 관심이 집중된다. 여자부 GS칼텍스 차상현 감독과 한국도로공사 김종민 감독은 배구판 신현준-정준호로 전혀 손색없는 관계다. 울산 출신으로 1974년생 호랑이띠인 두 감독의 인연은 중학교 1학년이던 1987년부터 시작됐다.

나란히 울산중앙중에 입학하면서 본격적으로 연을 맺은 두 감독은 중학생 코흘리개 시절부터 서로 동고동락하며 관계의 깊이를 더했고, 중학교 졸업 이후 마산중앙고로 동반 진학하며 일생의 '희로애락'을 함께했다. 구타가 당연시됐던 당시 운동부의 문화에서 6년을 함께 한 시간은 서로에게 '찐친노트' 페이지를 늘렸고, 대회 출전과 숙소 생활 등으로 쌓인 추억물들은 무뚝뚝하고 화끈하기로 유명한 경상도 사나이들의 우정을 엿볼 수 있는 부분이다.

1993년 고교 졸업 이후 서로 행선지(차 감독- 경기대-삼성화재, 김 감독- 인하대-대한항공)가 달랐어도 상무(국군체육부대)에서 함께 군복무를 하며 전우애를 쌓았고, 현역 은퇴 이후 코치로서 지도자 수업을 착실하게 쌓은 내공과 경험 등을 토대로 감독직 수행의 영예를 안았다. 감독직 수행과 함께 두 감독의 역량은 더 탄력이 붙었다. 차 감독이 2020-2021 시즌 V리그 사상 첫 '트레블(정규리그+챔피언결정전+컵대회)'을 지휘하면서 역사 한 페이지를 새롭게 썼고, 김 감독 역시도 부임 2년차인 2017-2018 시즌 팀의 창단 첫 통합 챔피언과 함께 지난 시즌 흥국생명과 챔프전 때 V리그 사상 첫 '리버스 스윕'으로 팀의 2번째 챔피언결정전 트로피를 선사하는 등 어느새 장수 사령탑의 냄새가 철철 풍긴다.

V리그 여자부 역사에 있어 전인미답의 업적을 세운 두 감독의 커리어는 그간 남자팀 지도자로 오랜 시간을 보내다가 감수성과 성향 등이 예민한 여자들의 세계 적응을 위해 많은 노력과 땀방울을 쏟아내면서 이뤄낸 결과라 더 의미가 깊다. 농구와 마찬가지로 여자 프로리그가 있는 배구에서 두 감독의 존재는 '남초'에서 '여초'로 이직할 때 좋은 교보재이자, 선구자로 손꼽히기에도 부족함이 없다. 이는 사회 각계 분야에서 모두 해당된다고 해도 과언이 아니다.

2016-2017 시즌부터 한국도로공사의 지휘봉을 잡은 김 감독과 2016-2017 시즌 도중 GS칼텍스 새 사령탑으로 부임한 차 감독의 '깐부' 케미는 감독직 수행과 함께 더 절정을 이뤘다. 백미는 매년 진행되는 V리그 미디어데이에 있다. 서로를 향한 디스전(?)을 스스럼없이 주고받은 것은 물론, 티격태격하고 아웅다웅하는 모습이 마치 '톰과 제리'를 자연스럽게 연상케 했고, 미디어데이 분위기를 한껏 고취시키는 유쾌한 입담으로 감칠맛을 더했다. 냉혹한 스포츠의 세계에서 서로에 질 수 없다는 승부욕을 불태우면서도 동업자 정신을 통한 스포츠맨십의 모토는 '깐부'의 케미를 더 흥미롭게 만드는 잣대다.

2018-2019 시즌 막판에는 두 감독의 모교인 마산중앙고 16회 동창회에서 두 감독을 응원하기 위해 두 감독 간 매치업을 찾았을 정도로 동업자 신분을 가진 '깐부'들의 수싸움은 관심도가 늘 지대하

며, V리그 여자부의 대표 재미 보증수표로 불리기에 부족함이 없다.

매년 매치업 때마다 피 튀기는 레이스를 거듭한 두 팀, 두 감독의 시즌 2번째 매치업은 1차전과 마찬가지로 팽팽했다. 1차전 매치업 당시 GS칼텍스가 먼저 2세트를 내주고도 3세트를 내리 따내며 뒤집기를 연출했는데 2차전 역시 1, 2세트를 GS칼텍스, 3, 4세트를 한국도로공사가 각각 따내며 또 한 번 파이널 세트 매치를 완성했다. GS칼텍스는 실바와 강소휘, 유서연의 양 날개들의 공격 폭발력을 통해 한국도로공사에 으름장을 놨고, 이에 한국도로공사 역시 아포짓 스파이커 부키리치의 전방위 공격과 미들블로커 배유나의 중앙 공격으로 GS칼텍스 수비를 공략하며 용호상박을 이뤘다. 두 팀 모두 상대 공격을 유효블로킹으로 제어하면서 2단 공격에 이은 분위기 장악을 꾀했고, 몸을 아끼지 않는 디그와 견고한 수비를 통해 상대 공격 옵션 봉쇄에 분주함을 잃지 않는 등 물러섬이라곤 찾아보기 어려웠다. 볼 하나하나에 모든 집중력을 다 쏟아내면서 두 팀 모두 체력적인 부담이 극에 달했고, 양 팀 센터 김지원(GS칼텍스)과 이윤정(한국도로공사)의 볼 운반과 경기 운영 등이 5세트 승부의 크나큰 열쇠로 작용했다.

서로 2세트씩을 주고받으며 장군멍군을 부른 두 팀이지만, 열쇠의 매듭을 푼 쪽은 GS칼텍스였다. GS칼텍스는 경기 내내 좋은 모습을 보였던 실바, 강소휘, 유서연의 양 날개 공격을 적극적으로 활용하며 한국도로공사의 전위 블로킹과 리시브 라인을 무너뜨렸고, 리베로 한다혜를 필두로 수비에서 집중력을 잘 유지하며 기나긴 승부(25:19, 25:23, 23:25, 23:25, 15:10)의 종지부를 찍었다. GS칼텍스는 귀중한 승점 2점과 함께 연패 위기를 벗어나며 한시름을 덜었고, 한국도로공사는 페퍼저축은행(3:1), 정관장(3:2)으로 이어지는 홈 2연전 승리의 기세가 한풀 꺾이면서 승점 1점에 위안을 삼아야 했다. 쫄깃쫄깃한 레이스로 장충의 밤을 더 풍요롭게 만든 '깐부' 감독들의 매치업은 우리네 삶에 있어 '깐부'의 가치를 몸소 일깨워준다.

모든 현대인들은 서로 각기 다른 이유로 만병의 근원인 스트레스에 시달린다. 대인관계와 업무, 일터 등 스트레스 범위는 광범위하며, 범위와 대상군 등에 따라 저마다 높은 불쾌지수와 체감 온도 등에 벙어리 냉가슴을 앓는 일들이 허다하다.

특히 배구뿐만 아니라 스포츠 감독은 엄청난 고독함을 늘 안고 살아야 하는 직업적 숙명이 가혹하다. 팀 전반적인 살림의 모든 책임자로서 성적에 대한 압박감, 선수들의 심신 관리 사명감 등에서 무거운 중책을 쥔 나머지 스트레스와 고독함 등이 감독직 수행의 떼려야 뗄 수 없는 요소다.

이러한 부분은 '레임덕(정치 용어로 임기 말 증후군, 권력 누수 현상을 일컫는다.)'에 걸린 시즌일수록 더 심화되며, 결과가 좋지 못할 시에는 모든 책임을 지고 밥줄을 내놓아야 하는 등 어깨에 쥔 중책의 무게감이 어마어마하다. 주변 참모라고 불리는 코치들과 스태프 등이 있어도 모든 일에 결단을 내리는 것은 감독의 몫이라 스트레스 지수가 상상을 초월한다. 매년 감독들의 재계약 불발, 중도 하차 등이 비일비재한 이유도 스트레스와 압박감 등에서 비롯되는 바이다.

그렇게 보면 동일 업계에 종사하는 '깐부'의 존재는 특별하다. 아니말하지 않아도 안다. 동업자로서 서로의 스트레스와 고충 등을 깊이 공감하고 어루만지는 부분에서 마음의 위로를 찾기도 하고, 힘들고 어려울 때 조언이나 격려 등을 아끼지 않으면서 근로의 동기부여를 끌어올리는 동력을 장만한다. 제아무리 동일 업계의 비즈니스적 경쟁 관계를 띄고 있다고 한들 서로를 향한 우애와 우정만큼은 '깐부'의 멋짐을 폭발시킨다.

이처럼 두 감독의 '깐부' 케미는 냉혹하고 잔인한 승부의 세계 속에서도 서로에 대한 애틋함과 특별함 등을 가지고 있기에 자연스럽게 이뤄진다고 봐도 무방하고, 혼자가 아닌 함께 걸어가는 동반자로서 지도자 인생과 한 인격체로서 인생을 더 멋있게 입혀줄 노트의 페이지와 같다.

우리네 인생에서도 '깐부'는 특별하다. '깐부'의 범주는 제법 광범위하다. 가족, 지인, 친구, 선후배 등 다양한 카테고리에서 형성되는데 형성 과정의 시간과 노력 등을 바탕으로 서로 친밀도가 허물없이 쌓였을 때 그 효력이 배가된다. 이게 저마다 가지고 있는 '깐부'의 특별함과 애틋함이 각자 관계 형성을 통한 믿음과 신뢰 등의 형성은 물론, 사회인으로서 내실을 더 입혀주는 밀알이라고 보는 이유다.

'깐부'라는 용어에 걸맞게 현대인들 모두 한 인격체로서 발전적인 방향을 가미한다면 분명 좋은 열매가 맺어질 수 있다. 개인 커리어나 탤런트 등의 존중은 물론, 저마다 성향이나 가치관 등에 있어 플러스 효과가 크다. 두 '깐부' 감독들의 노트 페이지 장만이 '깐부'의 용어를 더 멋있게 만들지 않나 생각되는 바이다.

어느덧 20번째 시즌을 맞은 V리그도 선수들 못지않게 감독들도 상품적 소장 가치가 크다. 두 '깐부' 감독들처럼 감독들 간 얽혀있는 스토리는 팬들에 보는 재미를 또 다른 관점으로 선사할 수 있으며, 팬들의 로열티 강화에 있어 결코 적지 않은 비중을 차지한다. 만날 때마다 명승부 연출과 케미 폭발 등의 스토리텔링이 양산되고 있는 두 '깐부' 감독들에 팬들의 열광적인 도가니는 보너스고, 서로에 절대 질 수 없다는 프로 의식 속에서도 서로 간 우정을 잃지 않는 모습은 V리그의 역사를 다채롭게 만들면서 팀 대 팀으로서 매치업을 바라보는 한 콘텐츠로 자리하는 동력으로도 손색없다.

두 감독 모두 한국 나이로 지천명이 되면서 어느새 V리그 대표 장수 사령탑 반열에 올라섰기에 차후 스포츠 감독은 물론, 리더 자리를 꿈꾸는 일반인 모두에게도 동업자 정신이 기반이 된 '깐부'의 의미를 일깨워주지 않나 생각된다. 이 세상 모든 '깐부'들이여 영원하라는 말을 전하고 싶다.

겨울

지역 이미지와 브랜드,
그리고 다양한 스토리의 크나큰 희열

앙숙이 동지가 되는 법!
V-클래식 매치

-2023년 12월 1, 5일-

       어느덧 한 해 마지막 달이다. 여름날을 방불케 하는 이상기온은 온데간데없이 급격히 차가워진 공기와 거센 바람이 마치 한 해 마지막이 도래했음을 암시하는 복선과 같다. 현대인들 모두 12월이 되면 다사다난했던 한 해를 돌아보면서 마무리를 어떻게 할지에 대한 구상이 머릿속을 맴돌곤 하는데 그 안에는 중·장기적인 구상이나 지난날의 소회 등의 다양한 감정들이 밀려오지 않나 생각된다.

       필자가 서울역에 입성하니 주말 임박을 맞아 역사 안이 열차 탑승객들로 인산인해를 이뤘다. KTX와 일반 열차를 막론하고 캐리어를 싣거나 짐 보따리를 싸 들고 객실 칸에 입성한 탑승객들의 분주한 움직임에 객실 짐칸과 좌석 등도 열차 시간과 임박해 빈자리를 찾아보기 어려웠다. 필자가 대전발 무궁화호 열차에 탑승하면서 선택한 호차와 객실 칸에도 예외가 아니었고, 정차역 하나하나를 지나면서도 크게 다르지 않았다. 높은 열차 밀집도에 발 디딜 틈조차 여의치 못했을 정도였다.

그래도 열차에 탑승하면 하나의 백미는 있다. 바로 열차 창틀을 바라보면서 감성을 나타내는 것이다. 창틀을 바라보고 음악을 듣거나 다양한 감정을 느끼는 감수성의 다양화는 현대인들이 나름 연말을 맞이하는 한 광경이 아닐까 생각되며, 필자 역시도 한 해를 돌아보고 마무리하면서 나름의 구상을 채워가려는 계산을 창틀을 바라보면서 하게 되는 것 같아 '낫배드'라고 볼 수 있다. 쉼 없이 달리는 열차의 소리와 함께 어느새 목적지인 대전이 가까워졌고, 조치원역과 신탄진역을 거쳐 약 2시간의 운행 끝에 대전에 입성했다. 항상 대전에 오면 필자는 은행동 로데오거리를 주요 방문 '플레이스'로 삼는다.

세대를 막론하고 즐길 수 있는 공간이 은행동에 밀집되어 있고, 로데오거리의 분위기나 풍경 등을 개인적으로 좋아하는 편이라 늘 방문 도장을 찍게 되는 것 같다. 전국적으로 유명세를 떨치고 있는 '성심당' 본점이 은행동 로데오거리 안에 있기에 늘 전국 각지에서 발길이 쇄도하는 영향이 맞물린 부분도 부정하기 어렵다. 추운 날씨에 역시 따뜻한 것이 제격이다.

필자는 따뜻한 차를 한잔하면서 나름의 맛을 음미했다. 요즘 커피 전문점들의 메뉴가 다양해지고 소비자들의 니즈를 많이 강조하고 있고, 커피 이외 차 메뉴도 다양성을 띄면서 입맛을 절로 돋우지 않나 생각된다. 차 한 잔을 하니 추위를 절로 녹이게 됐고, 커피 전문점 안에 작동되는 히터 열 역시 차 한 잔의 묘미를 덧칠해준다. 차 한 잔을 하고 저녁 식사까지 해결하니 로데오거리 부근 사거리 버스정류장을 향했다.

러시아워 시간과 맞물려 버스 정류장은 탑승 대기 인파로 북적였고, 배차 시간을 맞추려는 움직임 또한 분주함을 확인할 수 있었다. 버스 안을 가득 메운 인파들 속에 필자도 버스에 탑승해 목적지로 이동했다. 목적지는 대전충무체육관이다. 마침 은행동 로데오거리에서 대전충무체육관까지 접근성이 좋다. 대전은 일반 간선 버스와 급행 버스가 버스 운행의 핵심이다. 여기서 파란색을 띠고 있는 일반 간선 버스와 빨간색을 띠고 있는 급행 버스의 구분을 잘하는 것이 중요하다. 이게 타 지역에서 대전을 방문하는 이들이 헷갈려하는 부분이라 그렇다. 대전충무체육관을 향하는 버스는 급행버스 2번이다. 급행버스 2번이 대전복합터미널, 대전역, 은행동 로데오거리와 같이 대전에서 유동이 많은 지역들의 운행이 이뤄지는 노선인데 대전충무체육관까지 불과 3정거장 밖에 되지 않아 야구 시즌에는 바로 옆에 위치한 한화생명이글스파크, 배구 시즌에는 대전충무체육관을 각각 찾는 팬들의 이동이 제법 수월하다.

급행버스 2번을 타고 3정거장을 지나 대전충무체육관에 하차하니 배구 팬들의 설렘이 가득한 것을 확인했다. 기발한 아이디어를 통한 응원 피켓 제작, 유니폼 착용 등으로 '배구 앓이'를 뽐내는 모습을 보니 팬들에게 배구라는 콘텐츠가 삶의 한 부분이자 동력이라는 것을 엿볼 수 있고, 배구 코트의 뜨거운 열정 속에 분출되는 에너지 역시 팬들에게는 큰 엔돌핀이다.

대전은 2005년 프로 원년부터 남자부 삼성화재와 여자부 정관장이 대전충무체육관을 홈 코트로 사용하면서 연고지 남매 지역을 이루는 도시다. 이날은 남자부 삼성화재의 홈 경기가 있는 날이다. 마침 판이 좋다. 맞상대가 다름 아닌 라이벌 현대캐피탈이기 때문. 올 시즌 환골탈태한 모습을 보여주고 있는 삼성화재와 기대와 달리 고전을 면치 못하는 현대캐피탈의 리듬이 상극을 띄고 있지만, 오랜 라이벌 의식에서 나오는 라이벌전의 상징성은 승부의 추를 쉽사리 가늠하기 어렵게 만드는 지표이기에 흥미로움이 배가된다.

대전충무체육관에 들어서자마자 삼성화재의 휘황찬란한 업적을 전시해놓은 히스토리 존 앞에 잠시 섰다. 1995년 창단해 9년 연속 챔피언 타이틀(1997~2005, 실업배구 슈퍼리그 포함), 슈퍼리그 시절 77연승과 함께 국내 프로스포츠 최초 7년 연속 챔피언 타이틀(2007-2008 ~ 2013-2014), 3년 연속 통합 챔피언(2011-2012 ~ 2013-2014)의 업적은 '명가(名家)' 위엄을 절로 회상하게 만들고, 휘황찬란한 업적 속에서 활약한 스타플레이어들의 화려한 활약상 역시도 전무후무한 대업적을 진하게 물들이는 주 동력이었다.

스포츠팀은 물론, 어느 기관이든 제아무리 구성원이 좋아도 이를 하나로 묶지 못하면 '모래알'이라는 혹평이 뒤따르기 마련이다. 어떠한 업무를 진행할 때 구성원들의 특색을 유지하면서 기관마다 추구하는 방향에 맞게 나아가야 시너지 효과가 연출되는데 사회 각계 분야에서 업무나 과업 추진 때 불협화음이 허다하게 발생하는 이유도 여기서 비롯된다.

그래서 중요한 것이 구성원 개개인 간의 동화고, 이를 보면 삼성화재는 초대 신치용 감독의 조련 속에 화려함과 실속을 동시에 움켜쥔 대표적인 팀이다. 기본기와 팀 플레이에 입각한 배구 컬러를 구성원들이 잘 흡수되면서 시스템의 원활함이 입혀졌고, 축적해놓은 '승리 DNA'의 아우라도 상대에 어마어마한 공포감을 조성하며 '명가'의 위엄을 입증했다.

수비와 리시브 등이 배구의 승패를 가늠하는 중요 지표인데 배구의 기초 요소들인 수비와 리시브 등의 기본기를 잘 표출한 삼성화재의 특색에 나머지 팀들은 추풍낙엽처럼 쓰러지기 일쑤였을 정도다. 2013-2014 시즌 통합 챔피언 이후 팀 성적이 곤두박질치며 과거의 포스가 많이 사라졌지만, 올 시즌은 팀의 황금기를 지휘한 김상우 감독 체제로 2년차를 맞아 공수에서 환골탈태한 경기력을 뽐내며 팀의 무게감과 짜임새 등을 더하고 있다.

지난 시즌 최하위를 비롯, 최근 저조한 팀 성적에 선수들 못지않게 마음고생을 심하게 했던 삼성화재의 팬들 역시 삼성화재의 변화를 통한 승수 쌓임에 안색의 웃음을 되찾는 모습이 스포츠에서 성적이 주는 상징성을 나타나게 한다.

이날 경기 전 특별한 행사가 개최됐다. 다름 아닌 삼성화재 블루팡스 배구단과 대전 대표 시장 중 하나인 문창전통시장의 상생협력 협약 체결이다. 지역 경제 활성화를 통한 전통시장의 홍보로 배구 팬들에 양질의 상품 판매의 저렴성을 더하는 전략은 마케팅적인 부분이나 스포츠를 통한 관광 프로모션 등에 있어 상호 '윈-윈'을 꾀하는 플러스 효과가 크다.

개인적으로 이러한 업무 협약은 굉장히 바람직하다고 본다. 최근 MZ세대들 사이에서 불고 있는 '레트로' 감성은 문화 활동이나 인테리어 등 광범위하게 퍼져있고, 이를 통한 소비 빈도도 분야를 막론하고 제법 높다. 이러한 특색은 전통시장의 아이덴티티 결합과 함께 더 배가될 수 있는 동력으로 충분하다는 증거가 되며, 시장 상인들의 푸근한 인심과 따뜻함 등은 세대를 막론하고 전통시장 방문 심리를 자극한다. 가뜩이나 치솟는 물가로 인한 식자재 가격 상승, 경기 불황 등에 의해 애로점이 가득하지만, 최근 젊은 세대들의 전통시장 방문이 등불처럼 번지고 있는 부분은 시장 상인들에게는 배구를 비롯한 스포츠 팬들의 방문이 어두운 안색에 활기를 돋구게 하는 매개체로 자리할 공산이 크다고 볼 수 있다.

더군다나 최근 전통시장 방문이 하나의 관광 코스로 각광 받고 있는 부분에서 지역 경제 활성화를 명목으로 한 스포츠 관광의 시너지 극대화는 필수 아닌 필수라고 느낀다. 전통시장의 인테리어와 외관, 내부 공간 등 자체가 관광 상품 중 하나로 자리하고 있는 상황에서 기본 아이덴티티 골격을 유지하면서 맞춤형 상품 개발, 가격 인하 등을 도모할 수 있는 관광 플랫폼의 개발은 지역 경제 활성화와 관광 산업 확충 등에 있어 절대적인 수단으로 자리한다고 봐도 무방하고, 지역 이미지 제고와 홍보 효과 배가 등 파급력도 결코 무시할 수 없다.

거기에 배구를 비롯한 스포츠와 결합은 동반 시너지를 낼 수 있는 촉매제다. 스포츠를 좋아하는 팬 중 상당수가 거리를 가리지 않고 즐기는 이들이 많은 특성에 관광적 요소의 가미는 스포츠와 관광을 성공적으로 움켜쥘 수 있는 핵심 모토이며, 스포츠 팬들 방문을 통한 전통시장 분위기 쇄신, 관광 코스와 상품 소비 등의 다양화도 스포츠 관광의 가치를 높여준다. 이번 삼성화재와 문창전통시장의 협약 체결뿐만 아니라 앞으로도 많은 업무 협약을 통해 지역 경제와 소상공인 간 상호 '윈-윈'을 거듭하는 전략이 나오길 바라며, 이를 위해서는 지역 차원에서 소비 성향 분석과 최근 흐름 파악 등을 잘 가져가면서 상품 개발에 많은 노력을 쏟아야 함을 인지해야 한다.

업무 협약과 함께 문창전통시장 많은 상인들이 체육관을 찾은 가운데 체육관 안으로 들어서자 경기 전 양 팀 선수단 워밍업 모습을 담으려는 팬들의 사진 셔터가 쉼 없이 눌렸고, 구령 소리와 함께 이날 매치업 필승의 의지도 뜨겁게 불타올랐다. 경기 전 모든 팀이 팬들을 대상으로 응원단장 주도하에 각 팀 응원 구호와 율동 등에 대한 교육을 한다. 이는 배구장을 처음 찾은 라이트 팬들과 기존 팬 모두 응원 분위기 조성을 위한 한 방법이며, 팬들 모두 저마다 율동과 구호 등을 따라 하면서 끼와 흥을 폭발시키는 부분에서 참맛을 얻는다.

삼성화재 응원 분위기는 시작부터 뜨거웠다. 응원계에서 화끈한 쇼맨십과 유머 등으로 유명한 김상헌 응원단장의 열정적인 응원 지휘가 팬들의 이목을 자연스럽게 사로잡았고, 김 단장의 지휘 아래 정엔터테인먼트(삼성화재의 2023-2024 시즌 이벤트 대행사가 정엔터테인먼트다.) 소속 치어리더들이 팬들과 함께 호흡하며 응원 소스의 양념을 입혔다. 팬들 모두 응원 데시벨을 크게 달구면서 장내 온도를 높였고, 응원 호흡에 따라 사인볼 증정 등의 선물을 보너스로 움켜쥘 수 있는 행운은 하루의 한 페이지에 있어 잊지 못할 추억이다.

달궈진 체육관 열기에 선수들이 뽐내는 라이벌전의 퍼포먼스도 남달랐다. 두 팀 모두 센터 노재욱(삼성화재)과 이현승(현대캐피탈)의 손끝에서 양 날개와 중앙의 공격이 적절한 하모니를 연출하면서 상대수비 방어벽 타개에 골몰했고, 몸을 아끼지 않는 디그와 파이팅 넘치는 플레이 등으로 팬들의 환호성을 자아내며 라이벌전의 묘미를 아낌없이 선보였다. 1차전 삼성화재 3:0 승리로 싱겁게 끝났던 것과 달리 이날은 4세트까지 서로 2:2(삼성화재 1, 4세트, 현대캐피탈 2, 3세트)로 용호상박을 이루면서 스릴을 선사한 것은 자연스러운 수순일지도 모른다. 용호상박의 대혈전 속에 5세트 모두 해결사 요스바니(삼성화재)와 아흐메드(현대캐피탈)의 공격 점유율을 높이면서 경기 패턴을 가져갔지만, 삼성화재가 '안방 깡패'의 진면목을 드러내며 승부의 추가 기울었다.

이날 현대캐피탈과 라이벌전까지 안방에서 5전 전승을 구가했던 삼성화재는 5세트 상대 잦은 범실과 함께 해결사 요스바니의 폭발적인 공격력이 상대 진영을 강타하며 칼자루를 쥐었고, 아웃사이드 히터 김정호와 김우진, 미들블로커 김준우의 서포터가 요스바니의 견제까지 분산시키며 승점 2점의 열매(25:21, 21:25, 22:25, 25:21, 15:11)를 맺었다. '안방 깡패'의 진면목과 함께 삼성화재는 홈팬들 앞에서 승리의 기쁨을 마음껏 만끽하면서 서비스를 제대로 선물했고, 지난 11월 28일 한국전력 원정 1:3 패배의 쓰라림도 훌훌 털어내며 일거양득을 누렸다. 현대캐피탈은 해결사 아흐메드와 전광인의 양 날개 공격력, 미들블로커 페이창의 중앙 공격을 통해 삼성화재와 접전을 벌였으나 승부처에서 세터 이현승의 토스 불안과 함께 공격 결정력과 효율 등이 삼성화재보다 못 미치는 모습을 나타내며 5연패의 늪에 빠지게 됐다.

2시간 30여 분의 대혈전을 뒤로하고 필자는 귀갓길에 몸을 실었다. 참 대전이라는 지역이 교통 이동에 좋다. 한반도 정중앙에 위치한 지리적 특성으로 인한 교통 요충지라는 것이다. KTX, SRT 열차가 상·하행 모두 자정 직전까지 운행되고 있는 데다 대전복합터미널로 이동해 고속버스를 이용해도 자정 전후로까지 프리미엄 버스 운행이 원활하다. 고속버스 이동은 강남 센트럴시티 터미널 경부선 노선을 타면 2시간이 소요되며, KTX나 SRT 열차(경부선 기준)를 타고 귀갓길에 오를 시에는 운행 시간 역시 1시간이 채 되지 않는다.

교통 요충지의 편리함에 의해 전국 각지에서 모이는 배구 팬들의 귀갓길 걱정은 수도권을 제외한 타 도시에 비해 적은 편이며, 실제 당일치기로 배구장 직관을 통한 대전 관광을 하는 이들이 적지 않을 정도다. 그뿐만 아니라 상·하행선 하차 이후 지하철 역사로 이동도 굉장히 용이하며, 이 말은 즉슨, 대전의 잘 갖춰진 교통 인프라가 배구 팬들의 방문을 덧칠한다고 해도 과언이 아니다.

그렇게 필자는 대전복합터미널과 대전역 두 개 노선 중 대전역에서 열차를 이용하는 노선을 귀갓길 수단으로 택했고, 서울발 KTX 열차에 몸을 실으면서 다음을 기약하게 됐다. 객실 안 고요함과 히터 열기에 추위를 느낄 새가 없었고, 광명역을 거쳐 서울로 향하는 타이밍에 한강의 야경이 멋짐을 연출하면서 심야 절경 감상의 묘미를 맛봤다. 이게 매번 봐도 질리지 않는 것 같다. 약 1시간여의 운행시간을 거쳐 서울역에 하차했고, 나름대로 한 해의 마지막 달의 첫날 지난 한 해를 복기할 수 있어 좋지 않았나 생각된다. 12월 첫날의 밤이 잘 저물어갔다.

대전에서 여정을 뒤로하고 나흘이 지났다. 매서운 칼바람과 추위는 여전하지만, 맑은 하늘이 활짝 펴진 모습을 보니 한편으로 다행이라는 양면성도 지니는 것 같다. V리그는 매년 라운드 마지막과 시작을 연전으로 편성되는 경우가 나온다. 이를 통해 저마다 순위 싸움에서 계산법을 세우게 되며, 매치업 결과가 시즌 말미 농사를 가늠하는 지표로도 자리하기에 각 팀 모두 라운드 마지막과 시작의 연전 편성 시 신경을 더욱 조인다. 그런 와중에 서로 3라운드 시작이 라이벌전이라는 점이 굉장히 흥미롭다. 2라운드까지 2번의 매치업 모두 삼성화재가 승리를 낚아챘지만, 직전 매치업에서 접전 양상을 띤 터라 3라운드 시작 길목의 '동상이몽'을 띤다고도 볼 수 있다.

이번에는 장소를 옮겨 천안이다. 대전과 마찬가지로 천안 역시 접근성이라고 하면 둘째가라면 서러울 지역이다. 경부-호남을 향하는 고속도로 노선이 잘 갖춰진 데다 한반도 딱 정중앙에 위치한 지리적인 특성까지 교통망 완비가 최고 수준이다. 경부-호남선을 향하는 일반열차와 함께 고속버스 운행 또한 다이렉트로 가능하고, 수도권 1호선 노선이 연결된 부분 역시 수도권은 물론, 영·호남권에서 방문을 용이하게 만드는 잣대다. 매년 배구 팬들의 천안 방문이 쇄도하는 영향이 좋은 접근성에서 비롯된다는 것을 정립시키는 핵심이기도 하다.

이번 두 팀의 시즌 3번째 라이벌전 역시 예외가 아니었다. 서울역이나 용산역에서 무궁화호 열차를 타고 천안역까지 소요시간은 약 1시간 내외에 불과한 데다 '배구특별시'라는 타이틀에 걸맞게 높은 로열티와 열성적인 응원 등을 자랑하는 현대캐피탈의 팬덤 등은 천안뿐만 아니라 수도권이나 타 지역에서도 발걸음을 재촉하기에 충분한 싹을 지녔다. 마침 현대캐피탈이 올 시즌부터 KTX 천안아산역과 천안역 서부 광장에 셔틀버스를 운행하게 되면서 체육관까지 오는 루트가 한결 편해졌고, 추위를 뚫고 기꺼이 천안에 몸을 실은 팬들의 열정과 정성 등 역시 추위를 잊게 했다.

영등포역에서 일반 무궁화호 열차를 타고 약 1시간가량 운행 끝에 천안역에 하차한 필자는 천안역 서부광장에 마련된 현대캐피탈 셔틀버스 승강장으로 이동했다. 스포츠팀뿐만 아니라 일반 관공서나 기관 등에서도 셔틀버스 운행 시 안내와 입간판 설치 등이 원활해야 불편을 최소화할 수 있는데 셔틀버스 운행에 있어 입간판 설치로 불편함을 없앤 현대캐피탈의 배려는 분명 박수 쳐줄 만하다. 승강장 이동과 함께 일부 팬들의 승차가 하나둘씩 이뤄졌고, 셔틀버스로 약 10여 분 운행 끝에 천안유관순체육관에 입성했다.

현대캐피탈의 최근 성적이 좋지 못한 와중에도 라이벌전의 묘미를 만끽하기 위해 찾은 팬들의 설렘은 제아무리 추위라도 당해낼 재간이 없었고, 체육관 입구 페인팅과 랩핑을 고유 색상으로 물들이며 일체감 형성을 도모했다. 이를 토대로 체육관 입구를 배경으로 사진 촬영 러시가 이어졌고, 타 체육관에 비해 넓은 MD샵 공간 역시 다양한 굿즈와 유니폼 등의 대기 시간을 최소화하면서 탄력적인 구매를 이끌어내는 모습도 엿보였다. '팬 퍼스트'를 기반으로 확고하게 뿌리를 내린 현대캐피탈의 배려는 배구특별시 타이틀이 단순히 열성적인 응원과 관중 동원 등으로만 얻어지는 것이 아님을 몸소 보여준 격이다.

체육관 안은 배구 라이프의 완결판이라고 해도 과언이 아니었다. 이마트존, 뉴발란스존 등 특별 좌석이 대표적인데 마치 안방에서 배구를 즐기는 편리함을 안겨다 주기에 딱이었고, 현장의 생동감과 열정 등까지 가까이서 체감할 수 있는 일거양득을 얻는 부분은 소비 구미를 절로 당기게 한다. 특별 좌석 착석과 함께 각종 식음료 혜택까지 제공받는 서비스가 고객 중심 마케팅에서 소비를 유연하게 가져오는 매개체이며, 팬들 저마다의 배구 라이프 구축의 플러스 알파를 가져온다고 해도 어색하지 않다.

체육관 전체 암전을 통한 화려한 인트로 영상 상영과 함께 홈팀 현대캐피탈 선수 소개 차례가 되면서 팬들의 환호성이 서서히 달궈졌고, 시즌 3번째 라이벌전의 서막도 힘차게 열어젖히게 됐다. 2차전과 마찬가지로 이번 3차전 역시 엎치락뒤치락하는 양상으로 스릴과 재미가 더해졌다.

먼저 삼성화재가 1세트를 따내며 승기를 잡는 듯했지만, 현대캐피탈이 2, 3세트를 내리 가져오면서 경기 분위기를 완전히 뒤집은 것.

3세트를 듀스 접전 끝에 따내면서 고조된 분위기와 함께 천안 팬들의 열광적인 응원 데시벨이 더해지면서 연패 탈출에 대한 기대감을 높였다. 하지만, 화력의 세기에서 삼성화재가 앞서면서 다시 추가 뒤집어졌다. 삼성화재는 해결사 요스바니의 폭발적인 공격력과 함께 아웃사이드 히터 김정호와 김우진, 미들블로커 김준우의 공격 서포터가 적절히 이뤄지면서 현대캐피탈의 높은 전위 블로킹을 무력화시켰고, 강한 서브를 통해 현대캐피탈 리시브 라인을 공략하는 패턴이 먹혀들면서 4, 5세트를 챙겨왔다.

결국, 2시간 40여 분의 기나긴 혈투 끝에 삼성화재가 2차전과 데칼코마니(25:20, 21:25, 24:26, 25:21, 15:13)를 연출하면서 승점 2점을 챙겼고, 승점 23점(9승 4패)으로 3위에 올라서며 기분 좋은 3라운드 출발을 열게 됐다. 현대캐피탈은 아흐메드와 허수봉, 전광인의 양 날개 공격과 페이창의 중앙 공격, 블로킹 등으로 풀세트 접전을 벌였으나 승부처 화력의 열세와 함께 상대 강한 서브를 효과적으로 제어하지 못한 부분이 발목을 잡으면서 어느덧 6연패의 수렁에 빠지게 됐다.

올 시즌 삼성화재 전 3전 전패의 열세와 함께 중위권 도약의 찬스도 날려 보내며 씁쓸함이 더하게 됐다. 풀세트 접전의 재미와 스릴을 느낄 여운이 없이 곧바로 셔틀버스 귀가 대열 합류에 발걸음을 재촉했다. 그도 그럴 것이 경기 종료 이후 1대밖에 운행되지 않기 때문. 천안시 시내버스 운행이 22시 30분 전후로 종료되는 데다 10시 이후 택시 할증요금 부과 등의 정책은 팬들이 셔틀버스 귀갓길을 분주하게 재촉하는 주 이유로 자리한다.

셔틀버스 승강장 이동하자마자 버스 안은 귀갓길에 몸을 실은 팬들로 가득했고, 필자 역시 빠른 걸음 재촉으로 셔틀버스에 몸을 실으면서 KTX 천안아산역으로 향했다. 천안아산역 승강장으로 옮기니 이날 라이벌전 명승부에 대한 여운이 가득한 팬들의 배구 얘기가 쉼표 없이 이어졌고, 이러한 부분들이 배구의 묘미와 함께 배구 앓이에 더 푹 빠지게 한다.

저마다 라이프에 있어 배구를 빼놓을 수 없다는 징표가 아닐까? 그래서 라이벌전의 상징성이 여느 매치업보다 크다는 방증이며, 발전적인 방향에도 좋은 시너지가 되리라 기대하는 바이다. 2번의 치열한 명승부로 '꿀잼'을 선사한 두 팀 라이벌 구도를 보면서 느낀 바가 있다. 다름 아닌 앙숙이 동지가 되는 것이다. 앙숙과 동지, 두 개 단어만 놓고 보면 상극을 띄면서 절대 합쳐질 수 없는 평행선이 딱 그어진다.

그도 그럴 것이 삼성과 현대는 오랜 세월 재계 라이벌로서 치열한 자존심 싸움을 벌였기 때문. 오너 중심으로 형성된 대한민국 대표 양대 기업의 라이벌 구도는 자동차와 전자 제품뿐만 아니라 각종 사업의 수출, 판매 등에서 서로에 질 수 없다는 의식을 더욱 고착화시켰고, 이러한 부분들이 스포츠로도 고스란히 이어지면서 '전투 게이지'를 높였다. 삼성화재와 현대캐피탈의 라이벌 구도 역시 재계 라이벌로 형성된 라이벌 구도의 산물이다.

V리그 출범 이전 대통령배와 슈퍼리그에서 고려증권(現 해체)과 쌍벽을 이뤘던 현대캐피탈(대통령배와 슈퍼리그 당시 팀명은 현대자동차서

비스다.)의 야성에 삼성화재가 1995년 창단과 함께 본격적으로 넘보게 된 것이 시작점이다.

1980~1990년대만 해도 선수 스카웃 과정에서 과열 양상을 보인 경우가 허다했는데 삼성화재와 현대캐피탈은 시대별로(1980년대 - 현대캐피탈, 1990년대 - 삼성화재) 대학배구 최고의 스타플레이어들을 대거 끌어모으며 라이벌의 골격을 맞췄다. 골격 형성과 함께 라이벌 의식이 서로에게 강하게 확립되면서 각자 전투력은 한껏 더해졌고, 만날 때마다 숱한 명승부로 세간의 이목을 한껏 고조시키며 배구 역사를 차곡차곡 쌓아 올렸다.

2005년 V리그 출범과 함께 두 팀 모두 충청도를 연고지로 삼으면서 라이벌전의 판을 더 키웠고, 두 팀의 매치업은 팬들의 구름관중을 몰고 오는 흥행 보증수표 0순위로도 입지를 공고히 했다. 자동차로 50여 분밖에 걸리지 않는 천안과 대전의 거리에 두 팀의 매치업 때마다 관중석에 발 디딜 틈이 없었다는 부분이 이를 뒷받침한다.

단순히 결과만 놓고 보면 삼성화재가 전무후무한 9연패, 77연승의 업적을 세우면서 현대캐피탈에 우위에 있지만, 삼성화재의 당시 10연패와 78연승을 가로막은 팀이 현대캐피탈이라는 점에서 라이벌이 스포츠에 주는 가치를 엿보게 한다. 2009-2010 시즌까지 서로 4번(삼성화재), 2번(현대캐피탈)의 챔피언 타이틀을 나눠 가진 두 팀의 라이벌 역사는 2010년 현대캐피탈 해결사였던 박철우의 FA 삼성화재 이적을 통한 보상선수로 삼성화재 대표 '원 클럽 맨'인 최태웅이 지목되면서 더 흥미롭게 쓰여졌고, 3년 뒤에는 삼성화재 리베로 여오현의 FA 현대캐피탈 이적에 따른 보상선수로 현대캐피탈 대표 '원 클럽 맨'인 이선규가 지목되는 등 쇼킹함과 소용돌이도 강하게 몰고오는 파급력을 낳았다.

두 팀 모두 프랜차이즈 스타의 FA 이적과 보상선수 지목이라는 스 토리텔링 양산에 2010년대 초·중반(삼성화재), 중·후반(현대캐피탈) 각각 4번(삼성화재), 2번(현대캐피탈)의 챔피언 타이틀을 품에 안으며 '명가(名家)'의 맥을 이어가고 있고, 순위와 관계없이 만날 때마다 용 호상박의 명승부와 스릴로 팬들의 설렘을 이끌면서 라이벌전의 역사 와 전통을 다채롭게 써내리는 중이다.

서로에게 칼날을 강하게 겨누는 앙숙들처럼 두 재계 라이벌의 지 난날 세월의 발자취와 역사를 체감하게 하지만, 격세지감이라고 했 다. 오너 중심의 라이벌 구도가 반세기 넘는 기간 동안 뿌리내려온 양대 기업들이 3대 이병철 회장(삼성전자)과 정의선 회장(현대자동차) 체제에서 지난해부터 자동차 사업을 비롯한 각종 사업에서 협력 체 계를 구축하게 되면서 경쟁이 아닌 동반자로서 발전을 꾀하기 시작 된 것이다.

두 기업의 협력 체계 구축이 사회적으로 많은 관심을 집중시키고 있 는데 스포츠는 이보다 좀 더 빠르게 이뤄진 편이다. 특히 삼성화재와 현대캐피탈의 V-클래식 매치 지정은 스포츠를 통한 협력의 시발점이 다. V리그 발전과 상호 협력 등이라는 명목 아래 2016-2017 시즌부 터 두 팀의 매치를 'V-클래식 매치'로 지정됐는데 양 구단 합동 이벤 트와 사회공헌활동, 비시즌 시범경기 개최 등 경기 내외적으로 다채로운 레퍼토리를 선보이며 협력을 통한 상생의 길을 걸어가고 있다.

V–클래식 매치 출범 초창기 스포츠 팬들에 인지도가 높은 양 팀 대표 치어리더 박기량(당시 삼성화재. 現 대한항공)과 김연정(당시 현대 캐피탈. 現 OK금융그룹)의 합동 응원전과 함께 구름관중을 몰고 오며 스포츠 팬들의 이목을 더 집중시켰고, 양 팀 선수들의 승리 시 공약 역시도 선수들에게 동기부여 확립, 팬들에게는 재미와 관심 증대 등을 이끄는 결과를 낳은 것만 봐도 라이벌로서 으르렁거렸던 지난날의 세월은 온데간데없다. 2010년대를 기점으로 FA 제도 보급과 함께 양 팀 간 선수 트레이드가 활발하게 이뤄지는 것만 봐도 '원 클럽 맨'이라는 순혈주의의 퇴색을 불러왔다고 볼 수 있다.

사실 사회적으로 감정이나 성격 등의 대립을 이유로 앙숙 관계가 형성된다. 이것은 개인과 개인, 개인과 집단, 집단과 집단 간의 관계에서 심화된다. 서로 쌓일 대로 쌓인 앙금에 관계는 돌이킬 수 없는 평행선을 걷게 되며, 주변에서 아무리 어르고 달래도 소용없는 경우 또한 다반사다. 어쩌면 서로 꼴 보기 싫어 안달 난 원수보다 더하면 더했지, 덜하지 않을지도 모른다. 비즈니스적인 부분도 마찬가지다. 집단과 집단 간의 비즈니스적 관계에서 상호 간 코드가 맞지 않을 때 주로 발생하는데, 전체가 아닌 집단만을 바라보다 보니 앙숙 관계의 고착화를 불러온다. 마치 숲이 아닌 나무를 보는 격과도 같다.

결과적으로 이러한 부분은 개인과 집단 모두에게 전혀 도움되지 않는다. 내면의 응어리를 담아둘 것이 아니라 서로 미진함을 개선하면서 관계 회복의 노력을 도모하는 것이 협력 체계 구축에 있어 지상 과제라고 해도 과언이 아니고, 독단성이 아닌 유연성을 가지고 접근법을 가미해야 상생과 협력을 모두 구현할 수 있다. 개인과 개인, 개인과 집단, 집단과 집단 간 관계에 다 해당하는 얘기다.

어차피 개인이든, 집단이든 100% 완벽은 이뤄질 수 없다. 추구하는 방향이나 전략, 성향, 코드 등 모두가 판이하다. 각기 다른 관계 속에서 맺어진 연도 다 사람 사는 세상의 범주이며, 인간 모두 완벽함을 안고 태어난 이들이 없기에 더 그렇다. 물론, 이 안에서 상당한 시행착오는 불가피하다. 그간 응어리진 부분이 한 번에 풀리지도 않는다. 그렇기에 제아무리 앙숙 관계라도 개선점을 찾아가면서 실타래를 찾아간다면 각자 삶의 그래프와 비즈니스를 더 다채롭게 하지 않을까 생각된다. 삼성화재와 현대캐피탈의 라이벌 구도를 통한 상생이 현대 사회에서 개인, 집단, 조직 간 관계 형성에 한 울림을 줬다고 자부하는 바이다.

포지션의 변화,
발전의 한 자양분

-2023년 12월 6일-

　　현대 사회를 살아가는 모든 이들에게 포지션의 변화는 숙명과도 같다. 세상에 나와 신분, 환경 등에 따라 포지션의 변화가 일어나는 이러한 특성은 현대인들이 유년기-청소년기-성인기-노년기 등으로 이어지는 생애 주기 속에서 어쩌면 자연스러운 현상이다. 직장 내에서 이직과 승진, 부서 이동은 물론, 학생들의 학년 진급, 상급 학교 진학 등 역시 포지션 변화의 범주 중 하나다.

　이처럼 포지션의 특성에 맞게 롤을 부여받으면서 적응력 배양과 역량 및 특색 등의 극대화 등을 꾀하는 부분은 생애 주기 그래프를 써내려가는 한 축으로 삶에 자리하고 있다.

　운동선수에게 있어 포지션 변화는 각자 특색과 환경적인 요인 등에 맞물려 이뤄진다. 그중 타의로 이뤄지는 경향이 짙다. 운동선수로서 가지고 있는 특색과 역량 등의 배가를 위해 포지션 변화를 코칭스태프나 팀으로부터 요청받는 경우가 대부분이며, 많은 출전 시간 확보의 일념과 동 포지션 대체불가 자원 존재 등의 요인들도 일부 운동선수들의 포지션 변화를 부채질한다.

　사실 운동선수에게 많은 출전 시간은 생명이다. 많은 출전 시간을 소화하면서 개개인의 역량과 특색 등을 표출했을 때 개개인의 시장 가치가 치솟는 이치가 그렇다. 운동선수의 직업이 개인사업자 신분인 만큼 시장 가치의 증가는 곧 상품성의 배가로 직결되며, 개인이 추구하는 방향성에서도 플러스 알파를 누린다.

　용병 선수들의 의존도가 높은 V리그 특색에 아포짓 스파이커 포지션은 용병 선수들의 몫이다. 이로 인해 국내 토종 공격 자원들이 윙업존을 지키는 현실적인 장벽이 더 커지고 있으며, 개인과 팀은 물론, 국가에도 마이너스다. 제아무리 역량과 특색 등이 출중해도 출전 시간 저하로 인한 폼 저하 등을 피할 수 없다는 점이 출전 시간의 중요성을 역설하는 부분이다.

　포지션 변화라는 옷에 적응하는 과제는 그리 녹록지 않다. 단순히 부여받는 롤만 바뀌는 것이 아니라 포지션별로 어깨에 짊어진 무게감, 바뀐 스타일과 환경 등의 적응이라는 난제가 포지션 변화를 맞이하는 현대인들에게 도사리고 있다. 개개인의 특색이나 역량 등과 함께 새 포지션의 특성이나 업무 성향 등을 얼마나 잘 녹여내느냐가 핵심이라고 해도 어색하지 않고, 개인과 집단의 중·장기적인 방향에서도 미치는 영향이 크다.

　한 번 입은 옷을 벗고 새로운 옷을 입을 때 어색한 것처럼 포지션 변화의 시행착오는 불가피하다. 사람마다 성향, 특성 등이 제각각이고, 주어진 환경이나 여건 등 역시 천차만별이다. 이에 따라 시행착오가 클 수도, 줄 수도 있다. 분명한 것은 포지션이 변화됐다고 해서 한 번에 모든 것이 바뀌지 않는다는 점이다. 그렇기에 각자 특색이나 성향 등을 토대로 발전적인 방향을 잘 이끌어낸다면 새 포지션에서 입지 향상, 개개인의 업그레이드 등의 좋은 자양분으로 이어진다는 것이다.

올 시즌 여자부 주요 백미 중 하나가 바로 IBK기업은행 최정민의 미들블로커 전향이다. 수원 한봄고 시절부터 각종 대회에서 발군의 활약상으로 팀에 숱한 챔피언 타이틀을 안기면서 범상치 않은 싹을 드러냈고, 180cm의 작은 신장에도 빠른 몸놀림과 스피드 등의 특색을 어김없이 표출하며 단신 아포짓의 진면목도 함께 가미했다. 2020-2021 시즌 신인드래프트 전체 3순위로 IBK기업은행에 지명된 최정민에게도 프로 입단 이후 커다란 장벽이 기다리고 있었다. 다름 아닌 아포짓 스파이커라는 포지션이 V리그에서는 용병 선수들의 전유물로 자리했기 때문이다.

피지컬과 파워 등이 국내 선수들보다 월등한 용병 선수들의 공격력은 단신의 핸디캡 극복으로도 채워질 수 없는 요소고, 경기 템포와 움직임 등이 훨씬 빠른 프로 세계의 특성도 고교 때와는 상상을 초월한다. 고교 시절 팀의 주 옵션으로서 활약하던 선수들이 프로의 냉혹함 앞에 일찍이 방출의 칼바람을 피하지 못하는 이유가 여기서 비롯된다. 그런 최정민에게 프로 입단 후 미들블로커 전향은 선수로서 특색과 역량 등을 꽃피우는 전화위복이 됐다.

프로 2년차인 2021-2022 시즌부터 본격적으로 팀 전열의 핵심 자리를 꿰차면서 미들블로커 포지션에 힘을 실었고, 탁월한 위치선정과 고무줄 같은 탄력 등으로 블로킹 수치 향상도 이뤄내며 새 옷에 빠르게 스며들었다. 올 시즌은 최정민의 포텐이 제대로 폭발하는 무대가 연일 계속되고 있다. 지속적인 경기 출전을 통해 경험치가 붙으면서 플레이의 완숙미를 더하는 모습이고, 경기를 읽는 시야와 블로킹 리딩 등의 향상도 함께 이뤄내며 블로킹 수치가 상승했다.

최정민의 꾸준한 성장세와 별개로 IBK기업은행의 시즌 초반 동향은 썩 좋지 못하다. 널뛰기 식 경기력에 의해 전체적인 팀 밸런스가 맞지 않는 모습이 역력하고, 리시브 불안과 집중력 저하 등이 승부처마다 고스란히 드러나면서 코칭스태프의 속을 태우는 모습이다. 하지만, 3라운드 첫 경기였던 지난 2일 정관장 대전 원정길을 풀세트 접전 끝에 3:2 역전승으로 장식하며 팀 분위기를 재정비했고, GS칼텍스와 정관장 등과 격차도 크지 않아 반격의 동력은 충분하다.

참 종을 잡을 수 없다. 기상 이변의 심화로 인해 현대인들이 옷차림의 갈피를 잡기 애매모호해지는 날이 계속된다. 이날도 딱 그랬다. 전날 맑은 하늘은 온데간데없이 먹구름이 드리우면서 빗방울이 추적추적 떨어진다. 추적추적 내리는 빗방울이 기온 하강의 징조와도 같은 느낌이며, 한편으로 본격적인 연말연시의 닻을 올리는 징조로도 부족하지 않다고 본다.

항상 수원, 화성 등을 방문할 때 사당역을 꼭 거치게 되는데 사당역에서 IBK기업은행 셔틀버스를 타고 홈 코트인 화성종합경기타운까지 향하는 길이 러시아워 시간과 빗길 안전운행 등과 맞물려 평소보다 혼잡도가 더해졌고, 이로 인해 평소 소요 시간보다 약 20여 분 더 지체됐다. 더해지는 혼합도에 사고 발생 시 차량 통행에 적지 않은 불편이 초래되는 것은 너무나 당연한 것이기에 안전하게 체육관 정차를 하는 것이 중요했고, 경기 시간과 임박해 화성종합경기타운에 입성하면서 IBK기업은행과 GS칼텍스의 1주일 만에 '리벤지'의 서막도 힘차게 열어젖혔다.

이날 이전까지 서로 매치업 전적은 GS칼텍스가 2전 전승의 우위를 점했지만, 최근 동향만 놓고 보면 정반대. IBK기업은행이 정관장 원정길 역전승을 통해 3라운드 기분 좋은 스타트를 끊은 반면, GS칼텍스는 지난 3일 2023년 마지막 홈 경기에서 현대건설에 0:3 참패를 당하며 기세가 한풀 꺾인 것. 더군다나 GS칼텍스의 경우 이날을 시작으로 연말까지 지옥의 원정 6연전을 맞이하게 되는 터라 봄 배구 전선에서 농사를 가늠하는 척도로 불리는 시기이기도 하다.

두 팀 모두 승리를 위한 필요충분조건은 이미 갖췄다고 볼 수 있다. 양 날개의 화력이 강점으로 손꼽히는 두 팀의 매치업은 중앙이 승부를 가늠하는 중요 지표라고 해도 과언이 아닌데 이는 이날 여과 없이 드러났다. 특히 지난 11월 29일 GS칼텍스 전에서 엄청난 블로킹쇼를 선보인 최정민의 퍼포먼스는 1주일 만에 리벤지에서도 단연 압권이었다. 블로킹 리드와 위치 선정을 알맞게 가져가면서 상대 공격에 이은 유효블로킹을 적절히 만들어냈고, 정확한 타이밍과 스텝을 통해 상대 실바와 강소휘 등의 강타를 잇따라 막아내며 중앙의 단단함을 입혔다.

유효블로킹 이후 2단 공격의 효율, 상대 범실 유발 등 세부 지표에서도 최정민의 공이 상당한 지분이 있었을 정도로 활약상이 쏠쏠했다. 최정민이 중앙에서 방어벽을 단단하게 세운 덕분에 IBK기업은행은 세터 폰푼의 손끝에서 해결사 아베크롬비와 표승주, 황민경 등의 날개 공격이 호조를 보였고, 서로 듀스 상황을 1번씩 주고받는 레이스(IBK기업은행- 1세트, GS칼텍스- 2세트) 속에 3, 4세트를 내리 가져오며 승리의 종지부(26:24, 26:28, 25:21, 25:20)를 찍었다. IBK기업은행은 이날 승리와 함께 2연승을 구가하며 상승 무드에 시동을 걸었고, GS칼텍스는 2연패의 늪에 빠지며 상위권 수성 전선에도 비상이 걸리게 됐다.

배구에서 블로킹은 야구의 도루와 같다. 야구에서 발 빠른 선수들이 도루 개수를 많이 쌓는 것은 정설에 가까운데 이는 단순히 발만 빠르다고 수치가 쌓이는 것이 아니다. 기본적인 주력에 도루 리드와 스타트, 상대 배터리 버릇 파악 등이 종합적으로 이뤄져야 도루 성공 확률이 높아진다. 배구의 블로킹도 마찬가지다. 시계 방향으로 돌아가는 서브 포메이션 속에 전위로 나서는 선수들의 블로킹 리드와 위치 선정, 타이밍 등에 대한 박자가 잘 맞아야 블로킹 수치 상승을 불러올 수 있다. 이는 단순히 키가 크고 작고가 중요하지 않다는 얘기이며, 피지컬과 높이 등이 중요한 배구라는 종목의 특성에 있어 어쩌면 흥미로운 모순점이지 않나 싶다.

이날 최정민의 활약상은 배구에서 블로킹이 절대 키만 커서 잘할 수 없는 부분임을 몸소 입증했다고 해도 과언이 아니다. 본래 빠른 몸놀림과 스피드, 공격적인 부분 등의 특색을 극대화하면서 고무줄 같은 탄력과 위치 선정 등을 바탕으로 블로킹에서 발군의 활약상을 이어가는 모습은 상대 공격 코스 연구와 선수 개개인 움직임 간파 등이 결과로 고스란히 드러나는 바이며, 미들블로커 포지션 적응력 향상을 위한 노력과 학습 등이 빚어낸 산물이라고 해도 과언이 아니다.

피지컬과 높이 등의 중요성에도 단신 미들블로커로서 싹을 화려하게 피어오르게 하는 최정민의 성장기는 소속팀 IBK기업은행과 여자배구 전체에 있어서도 한 센세이션을 일으키기에 충분하며, 본연의 특색 극대화와 새 포지션의 적응력 배양 등에 있어서도 프로 진출을 꿈꾸는 많은 유망주들에게 좋은 교보재로 불려도 손색없다.

현대 사회를 살아가는 현대인들에게도 마찬가지다. 새 포지션을 마주할 때 단순히 개인의 역량이나 탤런트 등만 좋다고 해서 새 포지션에 젖어드는 것은 절대 아니다. 어느 한 요소에서 새 포지션의 특성과 성향, 환경 등이 판이하며, 이러한 부분들에 너무 의존하게 되면 난관이 닥칠 때 금세 효력이 떨어진다. 개인의 특색 실종과 집단과 조직이 추구하는 방향과 엇박자 등의 초래가 자연스럽다.

물론, 새 포지션에서 시행착오는 어쩌면 당연한 얘기다. 첫술에 배부를 수 없다는 말처럼 어느 한 개인의 새 포지션의 적응력과 흡수 등에서 개인과 조직, 집단 모두 상당한 시간이 소요된다. 이는 관공서와 공공 기관 등은 물론, 일반 기업에서도 공통적으로 자리한다. 이러한 시행착오는 상호 발전의 '윈-윈'으로 자리하는 한 프로세스에 가깝다.

여기서 중요한 것이 바로 조바심을 내지 않는 부분에 있다. 우리네 세상만사에서 뜻대로 잘 풀리지 않으면 개인과 집단, 조직 모두 조바심을 내는 경우가 허다하다. 이는 오히려 역효과만 잔뜩 낳는다. 더군다나 포지션 변화에서 조바심은 개개인의 역량이나 특색 등을 무색무취로 만들 수 있고, 발전 방향 구현에도 마이너스다. 새 포지션 적응력과 흡수 등이 개인마다 천차만별에 가깝다고 하더라도 말이다.

포지션 변화는 한 개인이 살아가는 데 큰 지분을 담당한다. 그렇기에 너무 조바심을 내지 않고 본연의 역량과 특색 등을 새 포지션 변화와 함께 잘 펼쳐 보이면 분명 좋은 열매를 맺을 수 있다. 개인과 조직, 기관 등 모두의 조바심이 포지션 변화에 따른 적응기와 흡수 등을 가로막을 수 있다는 것을 인지해야 한다.

쏟아지는 겨울비와
그리고 지명의 흥미로움

-2023년 12월 15일-

　　　　　　겨울이라곤 믿기 어려울 정도로 겨울비가 거세게 쏟아진다. 제아무리 이상기온이 계속되고 있다고 해도 겨울에 장마철을 방불케 하는 강수량을 퍼부으는 기상 상태가 굉장히 이례적이다. 전날부터 쏟아진 거센 빗방울에 지반 약화, 농작물 피해 등에서 우려가 큰 날들이 양일에 걸쳐 전국을 뒤흔들었다. 이 말은 달리 얘기하면 쏟아지는 겨울비가 곧바로 시베리아를 방불케 하는 '북극한파'의 징조와도 같다. 한반도를 휘몰아감은 '겨울 폭우'에 시민들의 옷은 흠뻑 젖기 일쑤였고, 장대비를 피해 서둘러 발걸음을 재촉하는 모습들도 뭔가 낯설기 짝이 없다. 겨울비의 역습이라고 해도 과언이 아니다.

　　겨울비와 함께 한 해의 마지막 달이 어느새 중반을 향해 치닫는다. 2023년 한 해가 전 세계적으로 날씨 때문에 몸살을 앓는 날들이 허다했는데 한 해 마지막까지 지속되는 모습에서 겨울이 더 무르익는 모순점을 안고 있다.

거센 장대비에도 터미널이나 기차역에는 저마다의 요인들로 시민들의 발길이 끊이지 않는다. 이날 강남 센트럴시티 터미널도 예외가 아니었다. 경부, 호남, 영동선 등 할 것 없이 연말연시 각각 행선지를 향해 하행 노선을 밟는 시민들로 북적였다. 필자의 노선인 센트럴시티발 광주행 노선도 마찬가지였다. 천안-논산 고속도로를 밟고 정안 휴게소를 거쳐 광주 시내까지 진입하는 광주행 노선은 시민들의 선호도가 높은데 마침 금요일을 맞아 오전부터 버스 이용객들의 탑승과 탑승 대기로 대합실이 가득 찼다. 운행 시간과 횟수가 들쭉날쭉한 열차와 달리 고속버스는 운행 시간과 횟수 등이 일정하게 갖춰진 영향이 이날 역시 어김없이 드러난 바이다.

또, 광주종합버스터미널이 시내 한복판에 위치해 있는 접근성 역시 고속버스 이용 선호를 부채질하는 이유이기도 하다. 그렇게 필자는 광주발 버스에 탑승하기에 이르렀고, 날씨에 관계없이 매번 안전한 운행과 시민들의 귀가 등에 신경을 곤두세우는 버스 회사와 기사님 등의 노고에 박수가 절로 쏟아졌다.

빗길을 뚫고 고속도로를 밟으면서 안전하게 운행된 고속버스의 편안함과 빗길 창밖을 바라보는 자연 감상, 정안휴게소 정차 후 15분 휴식 등을 하다 보니 어느새 광주 시내에 들어섰고, 약 3시간 40분 운행 끝에 광주종합버스터미널에 하차했다. 참 매력적이다. 광주종합버스터미널의 얘기다.

그도 그럴 것이 터미널 구조가 터미널과 신세계백화점, 유스퀘어 문화관, 이마트까지 이어지는 문화 공간으로 이어졌기 때문이다. 노후된 시설을 리모델링하고 2006년 재개장되면서 '유스퀘어'라는 명칭이 붙었는데 터미널 소유주인 금호아시아나그룹에서 '당신의 광장', '젊음의 광장'이라는 브랜드를 만들면서 지역 대표 랜드마크의 틀이 갖춰졌다. 여기서 명칭도 경기도 광주시 광주종합터미널과 혼동을 막기 위해 표기됐다고 볼 수 있으며, 시외버스와 고속버스 통합을 통해 지역의 교통 인프라 확충과 터미널 운영 효율성 강화 등에 있어서도 시너지가 크다.

실제로 인구 절벽이 무너질 대로 무너진 최근 사회적 동향에 중소 도시와 읍면 지역 등의 많은 터미널들이 운영 적자와 경영난 등을 이유로 역사의 뒤안길로 사라지는 추세임을 감안하면 광주시의 노력은 분명 의미 있다고 볼 수 있다. 매년 서울뿐만 아니라 전국 각지에서 시민들의 방문이 즐비한 곳 중 하나인데 터미널 규모나 면적 등이 문화 공간 장만에도 제격인 특성도 이러한 부분이 한몫을 했다고 해도 어색하지 않다.

터미널 하차와 함께 신세계백화점으로 자리를 잠시 옮겼다. 터미널과 노선 연결을 통해 백화점으로의 이동이 다이렉트로 이어지는 메리트는 광주 시민뿐만 아니라 전국 각지에서 광주를 찾는 이용객들의 쇼핑 욕구를 끓어오르게 하기에 제격이며, 의식주의 일사천리 해결도 가능하게 만드는 등 효율 또한 '갑(甲)'이다. 신세계백화점 안 구석구석을 둘러보니 휘황찬란한 의류들과 장식품 등이 눈을 사로잡았는데 필자는 이를 뒤로하고 지하 식음료 코너에 입성했다. 그런데 식음료를 보니 또 한 번 입이 떡 벌어진다.

광주 대표 브랜드인 양동시장 치킨과 궁전제과 신세계점이 백화점 지하에 위치한 것이다. 양동시장 치킨과 궁전제과 신세계점 모두 광주시민들과 그 이외 이용객들에 많은 사랑을 받고 있으며, 다양한 메뉴와 맛 등까지 어느 하나 빠질 것이 없는 지역 대표 상품 중 하나들이다. 이에 매장 시식 코너와 메뉴 등에 어떤 제품을 소비할지 고심하는 시민들의 모습은 백화점 이용과 의식주 소비 등의 플러스 효과를 자연스럽게 덧칠하고 있고, 광주 지역명을 가지고 영역 확장을 도모하는 브랜드화 역시 맛의 고장인 남도의 타이틀이 괜히 얻어진 것이 아니라고 본다.

두 상호의 메뉴를 한 공간에서 소비할 수 있다 보니 궁전제과 시그니처 메뉴인 공룡알빵과 나비파이 이외 다른 제과 종류, 양동시장 간장치킨을 각각 구매하게 됐고, 모처럼 맛을 보니 그 맛은 어디 가지 않았다. 백화점 안에 의식주와 문화 공간이 주는 묘미가 딱 들어맞았다. 백화점 안에서 지역 대표 브랜드 상호를 맛본 여운을 뒤로하고 곧장 시내버스 승강장으로 자리를 옮겼다.

광주 시내 버스 노선은 타 지역과 차별성이 존재한다. 바로 대부분 일반 노선에 지명이 포함된 것이다. 버스 노선번호를 출발지역+번호로 부여하는 방식인데 지선과 급행, 간선 할 것 없이 이를 구현하면서 버스 운행에 있어 지역 아이덴티티를 나름 생성했다. 이에 버스 노선 인지에 있어 혼선이 적지 않다고 볼 수 있지만, 광주와 인접 지역인 나주, 화순, 담양, 장성, 함평까지 환승 체계가 가능하도록 만든 부분은 시내버스를 통해 광주로의 러시아워를 원활하게 만드는 플러스 요인도 담고 있다.

필자의 목적지는 여자부 막내 구단인 페퍼저축은행 AI페퍼스의 홈 코트인 페퍼스타디움(광주염주체육관)이다. 광주종합버스터미널에서 페퍼스타디움을 향하는 버스를 탑승하려면 매월26번 버스를 탑승해야 한다. 매월26번 버스는 광주 서구에서 북구를 아우르는 노선인데 노선 자체가 전남대를 비롯한 학교들을 많이 지나는 터라 이용 빈도가 많다. 매월26번 버스 탑승과 함께 기아자동차 본사를 거쳐 화정동 방면 좁은 차로에 진입하니 차량이 꽉 들어찬 느낌이 짙었고, 가파른 오르막길에 진입하면서 더 부채질되지 않나 생각된다.

오르막길 진입과 함께 주변 주택가를 향하면서 조금씩 목적지에 다다르기 시작했고, 약 15분가량 운행 끝에 페퍼스타디움 정류장에 하차하게 됐다. 지명의 흥미로움은 정류장 하차와 함께 또 한 번 피어올랐다. 다름 아닌 페퍼스타디움의 네이밍이다. 2021년 페퍼저축은행이 V리그 여자부 제7구단으로 창단되면서 연고지를 광주로 정하게 됐는데 창단과 함께 홈 코트 네이밍을 페퍼스타디움으로 사용하게 된 것. 페퍼저축은행 창단과 함께 광주시와 페퍼저축은행의 네이밍 라이츠 협약이 체결되면서 V리그 홈 코트 중 최초의 네이밍 홈 코트의 타이틀이 붙게 되었고, 이는 지역 연고제 정착에도 상당한 플러스 알파와 같다.

사실 본래 페퍼스타디움의 명칭은 광주염주체육관이다. 1987년 체육관 준공 당시 지명이 염주동이라는 점에서 착안돼 붙었는데 현재까지 쭉 고수되면서 광주염주체육관의 명칭이 붙여졌다. 대부분

시도 체육회들이 체육 시설이 집합된 체육 복합 단지의 틀 안에 사무처가 운영되는 곳이 많고, 광주시 역시도 예외는 아니다. 이러한 특성에 광주 역시 염주체육관을 필두로 광주월드컵경기장, 광주축구전용구장, 염주종합수영장 등 체육 시설들이 대거 완비되면서 시민들의 각종 대회 유치와 시민들의 여가 선용 등을 지탱하고 있다.

다만, 하나 옥의 티가 있었다. 다름 아닌 광주라는 지역이 겨울 스포츠 불모지 지역이라는 것이다. 과거 남자프로농구(KBL) 광주 나산 플라망스(現 수원 KT의 전신)와 여자프로농구(WKBL) 신세계 쿨캣(現 해체)의 홈 코트로 사용됐지만, 일부 부대 시설 미비화로 인해 연고지 이전과 타 지역 홈 경기 진행 등을 감행하면서 실질적으로 겨울 스포츠와 연이 닿지 않았다.

프로야구 KIA타이거즈와 K리그1 광주FC가 춘-하-추 절기에 광주시민들의 홈 경기 직관을 통한 여가 소비의 한 축을 도맡는 것과 달리 겨울 스포츠와 닿지 않는 연은 사시사철 스포츠 직관과 소비를 고대하던 광주시민들에 뭔가 허전함을 안겨다 줬다고 해도 어색하지 않다. 하지만, 2021년 페퍼저축은행의 광주 입성과 함께 비로소 겨울 스포츠 직관과 소비 등의 여건이 마련되면서 한 줄기 빛이 내리쬐게 됐고, 마침 V리그 연고지가 수도권에 밀집된 특성을 적극적으로 활용하는 역발상 역시 수도권 쏠림 최소화라는 일거양득을 누리게 했다.

짧은 팀 역사에 지난 2년간 최하위를 면치 못했지만, 광주와 호남권을 중심으로 많은 배구 팬들이 페퍼스타디움을 찾으면서 인지도가 조금씩 쌓인 부분은 분명 긍정적이다. 마침 2023년 8월 KBL KCC 이지스가 연고지를 전주에서 부산으로 이전하게 되면서 호남 지역 유일의 겨울 스포츠팀으로 자리하게 됐고, 페퍼스타디움 가변석 설치와 함께 이디야커피, 푸마 등 스폰서 체결 업체와 프로모션으로 팬들의 직관 만족도를 끌어올리며 네이밍 특색 구현에 분주함을 잃지 않는 모습이다.

최근 전국 각지에서 육교가 많이 사라졌지만, 페퍼스타디움을 향하는 길목은 육교로 연결되어 있다. 육교 연결과 함께 산책과 도보 이동 등의 광경이 저마다 라이프스타일의 한 축이 되는 모습이고, 과거 감성을 절로 떠오르게 하는 면에서도 하나의 향수로 자리하지 않나 싶다. 육교로 페퍼스타디움 입구에 딱 들어서니 체육관 사이즈에 입이 또 한 번 떡 벌어진다.

대개 배구 코트가 아담하고 아기자기한 맛이 짙은데 페퍼스타디움의 경우 대규모 인원을 수용할 수 있는 구색이 딱 맞춰졌기 때문. 타 지역과 달리 체육관 내 넓은 주차 공간이 주차 대란으로 몸살을 앓는 최근 사회의 동향을 완전히 비웃게 하기에 딱이고, 체육관 스케일이나 관중석의 면적 등 또한 V리그 홈 코트 중 단연 최고 수준이라는 평가가 아깝지 않다.

페퍼스타디움 입성과 함께 눈을 집중시킨 부분이 하나 존재했다. 바로 크리스마스트리로 덮은 내외부 포토존이다. 마침 시기가 크리스마스를 앞두고 있는 데다 입구부터 흘러나오는 음악이 크리스마스 분위기를 벌써부터 체감하게 한다. 크리스마스라는 스페셜 기간이 되면 V리그 팀들 모두 크리스마스 분위기 구현에 많은 안간힘을 쓰는데 내·외부 포토존 설치를 비롯해 전광판 영상 크리스마스트리 비치, 산타 모자 착용 등을 꾀하는 부분에서 크리스마스 특색이 잘 묻어나는 느낌이다.

팬들이 포토존에 모여 사진 촬영을 하는 모습이 각자 추억몰이 장만과 크리스마스 분위기 구현 등에 있어 공간적 효과를 더 배가시키는 것 같고, 페퍼스타디움의 색인 빨간색이 산타 색과 부합하는 부분 또한 크리스마스 색상과 일체감 형성을 도모한다. 마침 경기 시작 전 장대비가 그친 날씨가 이에 날개를 달아줬고, 페퍼저축은행 응원단 크리스마스 복장 착용과 함께 광주뿐만 아니라 여수를 비롯한 호남 지역 배구 팬들의 발길이 하나둘씩 이어지면서 열기가 더 달궈졌다. 페퍼저축은행의 크리스마스 분위기 구현과 함께 원정팀 GS칼텍스가 연말 크리스마스 스페셜 유니폼을 착용하는 부분 또한 크리스마스 분위기의 다채로움을 입혔고, 그렇게 두 팀의 시즌 3차전이 막을 올렸다.

1세트부터 팽팽한 접전 속에 경기 패턴도 엇비슷했다. 두 팀 모두 양 날개들의 공격적인 부분을 극대화하면서 상대 공격에 이은 유효 블로킹으로 찬스를 엿봤고, 공수에서 집중력을 최대치로 가져가며 한 치의 물러섬을 보이지 않았다. 페퍼저축은행은 해결사 야스민과 박정아의 양 날개에 미들블로커 필립스의 중앙 효율이 나쁘지 않았고, GS칼텍스 역시 실바와 강소휘의 화력쇼가 유서연의 서포터로 시너지가 더해졌다. 서로 쫓고 쫓기는 레이스 속에 20점 이후 승부처에서 추를 가늠하기가 더욱 어려웠던 이유다.

그러나 화력의 세기는 GS칼텍스가 앞섰다. 이는 20점 이후 승부처를 넘고 세트를 가져오는 잣대였다. GS칼텍스는 실바와 강소휘의 폭발적인 공격력이 페퍼저축은행 수비 라인을 파괴하면서 1, 2세트를 모두 접전 끝에 따냈고, 3세트 역시 공수에서 직전 2세트의 리듬을 그대로 이어가며 3:0(25:23, 25:23, 25:15) 승리의 퍼즐을 끼워 맞췄다. GS칼텍스는 지난 9일 흥국생명 전 3:1 승리에 이어 2연승의 휘파람을 불며 3위 자리를 굳게 지켰고, 페퍼저축은행은 또 한 번 20점 이후 집중력 부재에 발목이 잡으면서 기나긴 연패의 사슬을 끊는 데 실패했다.

1, 2세트 접전과 달리 3세트가 싱겁게 끝나면서 경기 소요 시간도 짧았다. 그러다 보니 즉시 육교를 건너 버스 승강장으로 이동했고, 매월26번 버스에 탑승하면서 광주종합버스터미널로 이동길을 재촉했다. 참 이게 아이러니하다. 짧은 경기 소요시간이 오히려 귀갓길 걱정을 덜어줬다. 그도 그럴 것이 광주발 동서울행 버스 막차 시간이 21시 20분이기 때문. 센트럴시티 터미널과 달리 동서울터미널 운행 횟수가 적음에도 시간상으로 볼 때 막차 탑승이 충분히 가능했던 시간대였다는 점이 호재 아닌 호재였다.

육교를 건너 정류장에 들어서자 배구 직관을 한 팬들로 붐볐는데 매월26번 버스도 예외가 아니었다. 막차 탑승을 위해서는 빠른 움직임을 가져가는 것이 중요하기에 어떻게 해서든 탑승에 신경을 곤두세웠다. 다행히 화정동 방면 매월26번 버스에 몸을 싣는 데 큰 무리는 없었고, 약 15분여의 운행 시간 끝에 광주종합버스터미널에 비교적 여유롭게 도착하면서 막차 탑승에 골인했다. 3시간 20여 분을 달려 동서울터미널에 다다르자 시간대는 자정이 훌쩍 넘었고, 지하철 막차 탑승까지도 일사천리로 이뤄지며 '불금'의 밤이 그렇게 무르익어 갔다.

깊이 무르익는 밤과 함께 지역 브랜딩의 중요성은 모든 지자체들이 한 번 깨달을 필요가 있지 않나 생각된다. 유무형 할 것 없이 모든 제품들에 차별성을 꾀하면서 브랜딩 노출 효과를 극대화하는 것이 중요하다. 브랜딩 노출 효과는 곧 지역의 이용객 증가뿐만 아니라 지역 경제와 이미지, 사업 추진 등에 있어서도 미치는 파급력이 엄청나기에 그냥 지나칠 수 없는 대목이다. 이는 지역의 생명줄로도 직결될 여지가 높기에 지역 차원에서 브랜딩 효과 배가를 위한 지속적인 노력이 분명 가미되어야 한다.

그런 측면에서 광주는 터미널의 문화 공간 장만과 지역 대표 제품들의 확실한 아이덴티티 등이 제법 잘 구현되는 지역이 아닐까 생각된다. 터미널의 문화 공간 장만으로 터미널에서 백화점 등까지 소비 코스를 다이렉트로 완비시킨 노력의 싹이 광주시 차원에서 열매를 맺었다고 볼 수 있으며, 양동시장 치킨, 궁전제과 등과 같이 지역 대표 제품들의 소비에 따른 홍보와 노출이 결정적인 디딤돌이 되고 있다는 것을 부정하기 어렵다. 맛의 고장이라는 남도의 컬러, 유스퀘어라는 네이밍의 브랜드 구축 등과도 일맥상통하는 바이기도 하다.

그뿐만 아니라 페퍼저축은행의 광주 연고지 지정과 함께 광주염주체육관 네이밍 라이트 부착은 지역 차원에서 적극적인 자세와 협조 등이 없었으면 성사되기 힘든 과업 중 하나고, 지역 연고팀을 보고 꿈을 키워가는 광주지역 배구 꿈나무들에게 하나의 동기부여 수단을 마련했다는 점에서도 의미가 크다. 이러한 부분들이 곧 지역의 밑알이 되는 것은 너무나 당연하며, 배구를 통한 소비 루트의 다변화에 있어서도 플러스 알파를 누릴 수 있다. 지역 대표 제품의 소비와 배구 팬들의 광주 방문의 코드 일치를 가져올 수 있는 잠재능력이 무한하다. 이러한 부분들이 하나하나 쌓이면서 지역 대표 문화 수단으로 자리한다면 지역과 V리그 지역 연고의 내실이 더해지리라 기대한다.

꿈과 날갯짓,
그리고 '히든카드'

-2023년 12월 20일-

　　종목을 막론하고 모든 선수들은 학창시절 프로 경기를 보면서 각자 꿈을 키워간다. 가까이서 생생하게 프로 선수들의 활약상을 지켜보는 학습 효과는 돈 주고도 못 살 소중한 자산과도 같으며, 꿈을 향한 동기부여 촉진에 있어서도 안성맞춤이다. 감독이나 코치의 가르침 못지않게 미치는 영향력이 학생 신분에 있는 선수들에게 얼마나 큰지를 자연스럽게 입증하는 대목이다.

　학창시절 배우는 입장에서 운동선수로의 직업군 형성을 도모하는 선수들에게는 프로 선수들이 각자의 워너비라고 해도 과언이 아니다. 동경의 대상이었던 선수, 팀 그리고 홈 코트를 밟겠다는 일념과 설렘 등은 피라미드 구조의 살벌함과 냉혹함 등에도 많은 꿈나무들이 꿈을 저버리지 않게 만드는 원동력이다.

　V리그는 남녀부 모두 홈 경기 때마다 볼 리트리버(선수에게 볼을 건네는 사람을 말한다.)를 비롯한 진행 요원을 연고지 내 배구부 학생들이나 지역 관내 대학교 배구 동아리 학생들로 구성한다. 이 중 연고

지 내 배구부 학생들에게 V리그 볼 리트리버 투입은 말 그대로 횡재 중 횡재다. 자신들이 동경하는 대상들을 코앞에서 바라볼 수 있다는 자체만으로도 크나큰 설렘을 안기고, 플레이 하나하나를 세심하게 관찰하면서 학습 효과를 높이는 일거양득까지 짭짤하다. 프로 진출이라는 지향점을 바라보는 선수들에게는 V리그 직관에서 볼 리트리버 투입 등 진행요원 소화와 같은 학습 환경이 없다. 특히 연고 지역 꿈나무들에게 연고 팀 입단은 그야말로 '성골'이다. 진행 요원을 소화하면서 꿈의 크기를 키워왔던 노력의 흔적을 연고 팀 입단으로 열매가 따라올 때 희열은 이루 말할 수 없으며, 주변 지인들과 가족 등의 기쁨 역시 더욱 배가된다.

현대건설의 연고지인 수원은 여고 배구 명문 한봄고가 오랜 역사와 전통으로 맥을 지탱하고 있다. 최근 각종 대회에서 숱한 챔피언 타이틀을 거머쥔 것뿐만 아니라 많은 스타플레이어들을 배출하며 재학생과 졸업생들의 'PRIDE'를 높이고 있고, 매년 졸업생들의 프로 진출도 성공적으로 이뤄지면서 대내외적인 입지를 단단히 하고 있다.

저출산 여파로 운동부 내 선수난이 갈수록 심해지고 있는 현실에 한봄고의 이러한 업적은 한국 여자 배구의 든든한 젖줄로 불리기에 부족함이 없다는 평가가 자자하다. 수일여중에서 곧바로 넘어오는 연계 시스템이 제법 잘 이뤄지고 있는 와중에 한봄고 출신 선수들 대부분이 수일여중 출신들이다. 현대건설 홈 경기 때마다 수일여중 배구부 선수들이 경기 진행요원을 맡는데 한창 사춘기에 TV로만 우러러봤던 동경의 대상들을 직접 가까이에서 볼 수 있다는 것만으로도 학습 효과가 만점이다. 진행요원으로서 본분을 소화하는 것과 동시에 선수 신분에서 움직임이나 패턴 등을 면밀하게 관찰할 수 있는 부분은 일과의 연장선으로 손꼽히고, 이는 피라미드 구조로 향하는 시점에 새싹들에게 커다란 꿈을 위한 날갯짓의 수단이 되기도 한다.

현대건설 세터 김사랑은 로컬 '수원 걸'이다. 수원 파장초-수일여중-한봄고를 거쳐 2022-2023 시즌 신인드래프트 2라운드 1순위로 현대건설에 호명되며 프로 선수로서 항해를 열었고, 고교 시절부터 숱한 챔피언 경험과 남다른 탤런트 등을 토대로 프로 무대 출격을 위한 스파이크 끈을 연신 동여매는 중이다. 워낙 김다인의 존재가 뚜렷한 탓에 지난 시즌에는 단 한 번도 출격 기회를 얻지 못했지만, 미래의 주자로서 역량만큼은 어느 누구에게 뒤지지 않는다.

이처럼 지역 출신 선수들에게 지역 연고 팀 지명은 꿈과 날갯짓 실현에 있어 가장 좋은 루트다. 어린 시절부터 직관하고 동경하던 선수들과 함께 한솥밥을 먹는 설렘과 주변 지인들과 동료, 스승 등의 기대치를 충족해야 한다는 부담감 등이 공존하지만, 특정 종목을 좋아하는 팬들과 주변인들에게는 인지도를 알리면서 상품의 희소가치를 향후 더 끌어올릴 수 있는 모토가 된다. 이를 두고 '~성골'이라는 수식어가 절로 붙게 되는데 지역 연고 출신이면서 연고 팀에 뛰는 선수들의 활약상이 지역 연고에 대한 이미지 제고와 브랜딩 노출 등에 미치는 파급력 또한 어마어마하다.

시장 논리에서 자유 경쟁과 비즈니스의 코드 일치가 이뤄져야 가능한 부분이긴 해도 말이다. 반환점을 향해 치닫는 열띤 레이스 속에 크리스마스 분위기가 점점 무르익는다. 커피숍이나 식당가 할 것 없이 크리스마스트리 비치로 분위기를 내면서 시민들의 발걸음이 삼삼오오 모여드는 모습에서 분위기 향이 더 진하다. 인천삼산월드체육관에서 시즌 3차전을 치르는 흥국생명과 현대건설의 3차전은 양 팀 모두 사생결단이었다.

흥국생명은 지난 17일 김천 원정에서 한국도로공사에 풀세트 접전 끝에 2:3 뼈아픈 역전패를 당하며 선두 탈환 찬스를 놓쳤고, 현대건설은 막강한 선수단 뎁스와 공수 밸런스 등을 토대로 8연승을 구가하며 어느새 선두 자리에 진입했다. 이날 경기 전까지 두 팀의 승점 차는 겨우 1점(현대건설– 승점 37점, 흥국생명– 승점 36점)에 불과하고, 서로 최근 리듬이 상극을 띄고 있어 전투력 또한 'MAX'였다.

두 팀 중 이날 매치업에 대한 리스크가 크게 존재한 쪽은 현대건설이었다. 그도 그럴 것이 부동의 세터 김다인이 감기몸살로 결장하게 됐기 때문. 배구라는 스포츠의 특성상 주전 세터의 부재는 팀 경기 리듬이나 분위기 유지 등에 있어 치명적인 데다 패스 구질이나 패턴 등 심리적인 부분에서 미치는 영향력도 어마어마하다.

그런 현대건설에게 이날 예비 챔프전의 큰 열쇠는 2년차 세터 김사랑이었다. 지난 1년간 웜업존에 머무르다가 첫 프로 무대 출전의 중압감과 부담감 등의 난제가 양 어깨에 무거운 짐을 짊어진 것과 같고, 일천한 경기 경험과 공격수와 호흡 등에서도 걱정이 앞섰다. 이번 흥국생명 전까지 8연승의 고공행진을 이어가던 현대건설에게는 예상치 못한 암초를 마주한 것을 부인하기 어려우며, 유일하게 흥국생명에게만 2전 전패로 열세를 보이고 있는 상성 또한 결코 간과할 수 없다. 흥국생명이 선두 전선의 최대 적수이기에 김사랑의 김다인 공백 최소화, 경기 리듬 및 분위기 유지 등에 물음표 투성이일 수밖에 없는 이유다.

그에 반해 흥국생명은 김연경과 옐레나의 양 날개 공격 의존도가 커진 상황에 김수지와 이주아의 중앙 지원이 다소 아쉬움으로 남고 있으며, 세터 불안에 따른 저조한 리시브 효율과 승부처 잦은 범실 등이 발목을 잡으면서 '어우흥(어차피 우승은 흥국생명의 줄임말)'의 위용이 온데간데없다. 세터 포지션을 이원정, 박혜진 등이 번갈아 뛰고 있지만, 누구 하나 확실한 안정감을 심어주지 못하다 보니 상위 팀답지 않게 승부처에서 삐걱거리는 경우가 짙다.

서로 각기 다른 리스크를 안고 있는 두 팀이기에 이날 매치업은 어느 팀이 리스크를 최소화하느냐도 승부의 척도가 된다. 그렇게 두 팀의 시즌 3차전 막이 올랐고, 팽팽한 레이스 속에 흥국생명이 먼저 1세트를 가져왔다. 흥국생명은 김연경과 옐레나의 양 날개 폭발력이 현대건설 전위 블로킹을 파괴하며 화력의 세기를 높였고, 유효블로킹에 이은 수비 집중력도 높은 모습을 나타내며 기세를 올렸다. 1세트와 마찬가지로 2세트 역시 두 팀은 공수에서 엎치락뒤치락하며 공수 집중력을 끌어올렸고, 본연의 페이스와 리듬 유지를 통해 상대 틈새 겨냥에 골몰하는 등 기 싸움 또한 남달랐다.

하지만, 2세트를 기점으로 현대건설이 리스크를 느낌표로 바꾸기 시작하면서 팽팽하던 레이스의 추가 급격히 기울었다. 2년차 세터 김사랑의 경기 운영과 패스웍 등이 안정감을 찾으면서 모마의 전방위 공격 파괴력이 더해졌고, '트윈타워'인 양효진과 이다현의 중앙 높이도 김연경과 옐레나의 화력을 효과적으로 제어하며 경기 칼자루를 쥐었다. 특히 김사랑은 그동안 경기에 나서지 못한 분풀이를 하듯이 대담한 경기 운영과 패스웍 등으로 모마와 위파위의 양 날개 공격, 양효진과 이다현의 중앙 공격을 고루 섞었고, 상대 전위 블로킹의 허를 찌르는 배포 또한 2년차라곤 믿기 어려울 정도로 돋보였다. 김사랑이 심리적으로 안정감을 찾자 전체적인 경기 리듬과 페이스 등을 자연스럽게 가져왔고, 리베로 김연견을 필두로 몸을 아끼지 않는 디그와 수비로 상대 공격에 이은 유효블로킹을 만드는 패턴 또한 효력이 배가됐다. 이를 토대로 김사랑의 활약에 대한 우려를 말끔히 불식시키기에 충분했고, 현대건설이 2세트를 접전 끝에 가져온 이후 3, 4세트 상대를 초전박살 내는 밑천이 됐다. 그렇게 이날 두 팀의 매치업은 현대건설의 3:1(23:25, 25:23, 25:16, 25:20) 승리로 종결됐고, 현대건설은 9연승의 쾌속 질주를 이어가며 흥국생명과 격차를 4점으로 벌렸다. 흥국생명은 김연경과 옐레나가 공격에서 고군분투했으나 잦은 범실과 리시브 불안 등에 발목이 잡히면서 2연패의 늪에 빠지게 됐다.

이날 '예비 챔프전'의 X-FACTOR는 단연 김사랑이다. 세트를 거듭할수록 경기 운영과 패스웍 등의 안정감이 더해지는 비범한 '싹'은 김다인의 그림자를 걷어내기에 딱이었고, 모마와 양효진, 이다현 등 공격수들과 호흡이 2세트를 기점으로 궤도를 찾은 부분도 경기 운영에 있어 미래의 옵션 하나를 건진 것과 같다.

학창시절 현대건설의 경기를 보고 꿈을 키우면서 기어이 '성골'이 된 김사랑처럼 우리네 모두 학창시절 저마다 로망 하나쯤을 품고 살아봤을 것이다. 그중 핵심이 바로 동경의 대상물이다. 스포츠뿐만 아니라 사회 각계 분야에서 각자 동경하는 대상들의 존재는 삶의 가치관 형성과 심신의 건강함 등을 입히는 데 있어 한 축으로 자리할 여지가 높고, 꿈을 향한 날갯짓과 희망의 싹 등이 피어오르는 밑천이 되기도 한다. 그뿐만 아니라 동경하는 대상들과 함께 호흡하겠다는 동기부여는 삶의 지향점이자 정진하는 동력이고, 배움의 모토 구현 등에서도 교육적 가치가 크다. 이를 놓고 보면 현대인들의 삶에서 저마다 얻는 교훈이 가까이에 있는 것뿐만 아니라 먼발치에서도 존재한다는 것을 말한다.

이게 운동선수와 단체뿐만 아니라 모든 현대인, 현대 사회 등에서 공인 신분과 공공 기관이 가져다주는 사회적 책임 중 한 일환이라는 증거이며, 공인들과 공공 기관 등 모두 언행과 품위 등이 학생들에게 있어 배움의 가치가 된다는 것을 결코 간과해서는 안 된다. 동경하는 대상들을 바라보고 꿈을 실현시키는 로망을 가지고 동기부여 촉진, 지향점 수립 등을 바라보는 만큼 중요성 또한 배가된다.

지역 연고에 따른 프랜차이즈화가 그래서 스포츠팀과 유관 단체 등에 중요한 요소 중 하나이며, 이를 위해 서로 지속적인 노력을 게을리하면 안 된다는 메시지가 분명하게 내포된다. 이게 지역 연고에 대한 전반적인 인식의 확립과 전환 등에도 미치는 영향력이 지대하기에 그렇다. 운동선수뿐만 아니라 많은 현대인들이 각자 동경의 대상을 바라보고 삶을 개척하면 각자 가치관이나 성향 등의 형성에도 플러스 효과가 크리라 생각된다. 이 과정에서 숱한 시행착오와 각기 다른 노력 등이 수반되어야 한다는 전제조건이 있지만, 적어도 추구하는 로드맵에 따라 일대기를 다채롭게 그려가는 베이스가 되기에 충분하다.

동경의 대상물과 직업이 일치되면 좋겠지만, 설령 그게 아니더라도 가치관이나 품위 등의 기본적인 부분만 흡수되어도 도덕성이나 윤리 등이 크게 발전할 수 있다고 본다. 그게 비즈니스 코드와 부합되면 금상첨화다. '~성골'이라는 단어 실현이 그래서 어느 한 개인에게 의미가 깊은 이유가 아닐까 싶다.

랜드마크와 배구의
콜라보레이션

-2023년 12월 21일-

동지(冬至), 1년 중 낮이 가장 짧고 밤이 가장 긴 날이다. 1년 24절기 중 22절기에 해당한다. 양력에서는 12월 21일 혹은 22일이며, 음력에서는 동지가 드는 달을 11월로 한다. 태양 황경이 270도 되는 때이자 이날 팥죽을 먹는 것이 오랜 관습으로 자리 잡았다. 대한민국은 매년 동지를 기점으로 추위의 강도가 훨씬 더 강해지는데 이번 동짓날 역시도 예외가 아니었다. 며칠 전부터 한반도를 덮친 시베리아 한파에 옷을 꽁꽁 싸맨 시민들의 모습만 봐도 추위의 강도가 얼마나 위력적인가를 새삼 실감하게 했고, 차가운 바깥 공기에 마스크 차림으로 건강 관리에 주력하는 시민들의 빈도 역시 제법 존재했다는 것이 동짓날 특성을 대변해주지 않나 생각된다.

서울발 대전행 열차 탑승을 위해 발길을 나서는 과정에서 동짓날 특성은 시민들의 옷차림에서부터 여과 없이 드러났고, 추위에 덜덜 떨다가 안으로 들어오면서 체온을 녹이는 부분 또한 이날의 주 광경 중 하나였다. 서울발 대전행 열차 탑승을 위해 몸을 싣고 객실 안으로 들어서니 확실히 딴 세상이다. 승객들을 위해 히터가 빵빵하게 가동되면서 추위가 자연스럽게 녹인 것이다. 오히려 히터의 열기에 겉옷을 짐칸에 올려놓는 승객들의 모습이 더러 있었고, 금세 목적지 도착 이전까지 잠시나마 숙면을 취하기 딱 좋은 여건이 마련됐다. 안과 밖의 천차만별이 열차 객실에서 체감으로 확 와 닿는 대목이다.

대전행 무궁화호 열차를 타고 약 2시간여의 운행 끝에 대전역에 입성했다. 항상 대전역에 하차하면 성심당 2호점을 향하는 시민들의 발길이 끊이지 않는데 이날 역시도 예외가 아니었다. 성심당 빵을 맛보기 위해 입구부터 대기 행렬이 가득했고, 성심당 특유의 각기 다른 빵 제품의 맛과 디자인 등 또한 소비 군침을 절로 자극하는 모습이 엿보였다. 늘 문전성시인 은행동 본점 못지않게 2호점의 인기 또한 본점 못지않은 이유도 이 때문이다.

그런데 참 아이러니하다. 그도 그럴 것이 대전이라는 지역이 대전 시민뿐만 아니라 타지인들 사이에서도 '노잼 도시'라는 이미지의 고착화에서 이러한 현상이 초래된다. '노잼 도시'의 이미지 고착화는 바로 지역의 랜드마크 부재에서 비롯된다. 랜드마크란 어느 지역을 대표하거나 다른 지역과 구별되는 지형, 시설물을 가리키는 것인데 주위 경관 중 두드러지게 눈에 나타나는 것에서 국가와 지역 대표 랜드마크로 생성되는 루트가 일반적이다.

그러나 대전은 타 광역시보다 광역시 지정의 역사가 짧은 데다 자연 환경의 특색마저 떨어진다. 그러다 보니 지역을 대표하는 관광 자원이 부족할 수밖에 없을 뿐더러 내륙에 위치한 지리적 특성 역시

'노잼 도시' 이미지 고착화에 따른 랜드마크 부재를 야기했다. 지역 대표 랜드마크가 부족한 나머지 지역적 상품 가치를 끌어올리는 동력이 떨어지는 것은 자연스러운 수순과도 같았고, 부산-해운대, 광주-무등산 등의 랜드마크 지정으로 현지인뿐만 아니라 타지인들의 많은 발길이 끊이지 않는 타 광역자치단체와 사뭇 대조되는 바이다. 성심당을 제외하면 지역을 대표하는 랜드마크가 전무한 것을 일반적인 관점이나 인식 등에서 부정하기 어려운 바이다.

그럼에도 하나의 랜드마크로 각지에서 발길이 쇄도하는 부분은 다행이다. 이는 다름 아닌 성심당 빵집이다. 성심당은 1956년 원조받은 밀가루를 통해 대전역 앞 작은 찐빵집을 개업하면서 70년에 가까운 세월 동안 대전을 기반으로 명맥을 이어왔고, 튀김소보루와 부추빵 등 독특하고 개성 있는 제품과 맛으로 많은 대중들의 사랑을 한 몸에 받으면서 대전을 대표하는 랜드마크로 전국적 인지도를 굳건히 하고 있다. 1년 365일 전국 각지에서 대전을 찾는 방문객들이 성심당을 대전 방문 코스 중 하나로 삼는 것은 굉장히 자연스러운 루트고, 대전이라는 아이덴티티를 현재까지 쭉 지키는 'PRIDE' 또한 대전=성심당의 방정식 성립을 덧칠한다.

보문산메아리와 대전부르스 등 대전의 대표 명소와 지명을 본뜬 상품 출시는 대전 시민뿐만 아니라 대전 방문객들 모두에게 신선함을 절로 이끌어냈고, 지역 대표 향토기업으로서 은행동 본점뿐만 아니라 대전 시내 일부 점포를 내놓는 등 지역 특색 구현을 위해 분주함을 잃지 않는 노력도 성심당 방문 루트의 분산과 상호 시너지 창출 등에 큰 플러스가 되고 있다. 이러한 성심당의 존재는 은행동 골목 상권뿐만 아니라 지역 전반적인 경제에서도 한 줄기 빛을 내리쬐게 만들고, 기나긴 웨이팅 속에서도 성심당 빵 맛을 보려는 소비자들의 욕구가 결합되면서 매장 입구는 매일 문전성시를 이룬다.

동짓날인 이날 역시 예외는 아니었다. 대전역사 안 2호점 방문을 뒤로하고 도보로 약 10분가량 이동을 거친 끝에 성심당 본점에 다다랐고, 평일임에도 성심당 특유의 아이덴티티와 시그니처 메뉴 등을 맛보기 위한 방문객들이 줄을 가득 메웠다. 빵 구매와 함께 성심당만의 건물 외관과 메뉴 등을 휴대폰 사진첩에 담아 소장하려는 욕구가 끓어오르면서 사진 셔터가 바삐 눌렸고, '빵지순례'의 퍼즐을 끼워 맞추는 모습으로도 손색없었다. 금강산도 식후경이라는 말이 딱 부합한다. 대형 프랜차이즈 상호들의 체인점, 분점 오픈이 늘어나는 현실에 오로지 대전에서만 영업하면서 소비 루트 개발, 고객 확보 등에 힘쓴 성심당의 정성 어린 노력이 빚어낸 산물이라는데 이의를 달기 어렵다.

필자도 성심당 대표 시그니처 메뉴인 튀김소보루, 부추빵을 맛보니 역시 맛과 비주얼이 진국이었고, 포장해서 싸 들고 가고 싶은 욕구 또한 자연스럽게 컸다. 항상 성심당 방문 이후 메뉴 포장을 통해 직관과 먹거리의 조합을 이루는데도 말이다.

무엇보다 주목할 부분은 성심당 방문하는 방문객들 중 스포츠 팬들이 상당하다는 것이다. 대전에는 프로야구 한화 이글스, K리그1 대전하나시티즌, V리그 남자부 삼성화재 블루팡스, 여자부 정관장 레드스파크스가 연고지로 삼고 있는데 사시사철 스포츠를 직관하기 위한 팬들의 성심당 방문과 제품 구매 등이 끊이지 않는다. 봄에서 가을까지는 한화 이글스와 대전 하나시티즌, 가을에서 봄까지는 삼성화재 블루팡스, 정관장 레드스파크스 홈 경기를 직관하는 투어 코스의 한 일환이 성심당인데 홈, 원정팬 가릴 것 없이 직관과 먹거리의 조화를 다채롭게 만들면서 지역 상품성을 더욱 높이는 촉매제가 되고 있다. 스포츠와 랜드마크의 콜라보레이션 효과를 덧칠해주는 바이기도 하다.

이날도 성심당 방문을 토대로 대전충무체육관을 향하는 팬들의 모습이 많았다. 여자 배구 팬들 중 남성 못지않게 여성팬들의 빈도가 높은 편인데 빵 구경과 구매 등을 거쳐 각자 개성을 표출하는 모습이 엿보였고, 성별과 연령을 막론하고 방문객층이 광범위하게 분포되며 가히 대전 '랜드마크'가 아니라는 것을 스케일로 입증했다.

최근 랜드마크와 함께 앙상블을 이루고 있는 콘텐츠가 바로 스포츠다. 그중에서도 스포츠 직관은 핵심 중의 핵심이다. 스포츠 직관과 랜드마크의 콜라보레이션은 지역 홍보 효과를 끌어올리는 것뿐만 아니라 상품성 극대화, 연고 인식 강화 등 부수적인 부가 가치가 엄청나다.

스포츠 직관의 핵심은 바로 홈 경기장 시설이다. 홈 경기장 시설의 핵심은 편의시설 구비다. 편의시설 구비는 홈 경기장뿐만 아니라 스포츠 시설 이용에 있어 대단히 중요하다. 각종 편의시설이 잘 갖춰져야 향후 재방문 의사와 욕구가 높아지는 것은 물론, 스포츠 소비자들의 니즈 충족과 고객 관리 등에 있어서도 차지하는 비중이 크다. 그런데 대한민국은 해외와 달리 모든 시설 소유주가 지방자치단체라 매점 이용은 물론, 편의시설 확충 등에 제약이 많다. 프로스포츠 연고지 팀들이 매년 지자체에 사용료를 납입하는 현실에 날이 갈수록 치솟는 임대료는 결코 쉽게 볼 산이 아니고, 각종 행정절차, 상호 코드 결합 등을 꾀하는 부분에서도 녹록지 않다. 실제로 연고지 이전의 상당수가 이러한 요인들의 불일치로 이뤄지는 경우들이 많다는 것이 그대로 대변한다.

그럼에도 대전은 성심당이 가뭄의 단비다. 팬들 모두 저마다 레시피와 취향 등을 토대로 빵 구매를 하면서 배구장을 향하는 발걸음을 경쾌하게 내디뎠고, 투어 레퍼토리 다변화를 각자 알맞게 이끌어내며 랜드마크와 배구 직관의 시너지 효과를 덧칠하지 않았나 생각된다.

자연스럽게 이날 시즌 3차전을 치르는 정관장과 GS칼텍스를 응원을 위한 데시벨 작동 채비도 끝마쳤다. 이전 2차례 매치업 모두 GS칼텍스가 3:0 셧아웃 승리를 따냈는데 두 팀의 분위기가 사뭇 대조된다. 어느덧 '지옥의 원정 6연전'에 반환점을 돈 GS칼텍스는 연패 뒤 연승 행진을 재개하며 3위 자리를 공고히 하고 있고, 정관장은 지난 16일 현대건설과 홈 경기에서 먼저 2세트를 따내고도 내리 3세트를 내주며 역전패를 당한 터라 분위기 쇄신이 절대적이다.

특히 정관장은 GS칼텍스, IBK기업은행 등과 봄 배구를 놓고 격전이 본격적으로 베일을 벗은 만큼 현대건설 전 패배 충격 극복은 이날 GS칼텍스 전은 물론, 향후 레이스에서도 미치는 영향이 지대하다. V리그 각 구단 모두 크리스마스 분위기 장만에 한창이다. 구단마다 크리스마스 상징성을 유지하면서 각기 다른 크리스마스 유니폼 디자인 출시, 코트 안팎 크리스마스트리 설치 등의 레퍼토리로 배구 팬들의 직관 설렘을 절로 자극한다. 연인, 가족, 지인 등의 관계에서 크리스마스 이전 배구장 직관으로 한 해를 마무리하면서 연말연시의 따뜻함을 간직하려는 심리 또한 크리스마스의 멋을 내는 요인이다. 홈팀 정관장 응원단의 크리스마스 복장 착용도 팬들과 크리스마스를 함께 호흡하면서 장내 분위기를 더 끌어올리는 잣대 중 하나로 불린다.

올 시즌 '메가 열풍'에 인도네시아와 동남아 국가 팬들의 정관장 응원 러시는 이날도 어김없이 이어졌고, 원정팀 GS칼텍스도 이윤승 응원단장의 지휘 아래 홈팀 못지않은 생목 열창으로 홈팀 못지않은 응원 열기 조성을 점화시켰다. 정관장이 크리스마스 스페셜 유니폼을 착용하면서 GS칼텍스가 본래 홈 유니폼인 민트색 유니폼을 입고 경기에 나섰는데 두 팀은 2세트까지 서로 1세트씩을 주고받으며 장군 멍군을 불렀다. GS칼텍스는 해결사 실바가 폭발적인 화력쇼를 선보이며 정관장의 높은 전위 블로킹을 허물었고, 정관장은 메가와 지아의 양 날개 화력으로 GS칼텍스의 '실바 GO'에 맞받아쳤다. 이에 두 팀의 경기 중반은 화력 싸움이 승부를 가늠하는 지표가 됐다.

장군멍군을 부르는 양상 속에 3세트 일진일퇴의 공방을 거듭했지만, 무기의 위력은 GS칼텍스가 우위에 있었다. GS칼텍스는 3세트를 접전 끝에 가져오면서 다시 리드를 가져왔고, 4세트 실바의 굳건한 화력에 유서연, 강소휘 등의 서포터가 적절히 어우러지며 세트스코어 3:1(25:19, 22:25, 25:23, 25:17) 승리의 퍼즐을 끼워 맞췄다. GS칼텍스는 최근 3연승의 휘파람과 함께 3위 자리를 공고히 지켰고, 정관장은 잦은 범실과 메가, 지아의 저조한 공격 효율 등에 발목이 잡히면서 패배의 쓴잔을 들이켰다.

　1년 중 밤이 가장 긴 동지의 날이 그렇게 저물어 갔고, 추위와 함께 하늘에 뜬 달을 보니 추위 또한 더 절정을 향하는 느낌이 피부로 크게 와 닿았다. 가족, 지인 등과 일생의 한 페이지를 함께 장만하려는 모습은 동짓날 연말연시 분위기를 더 물들이는 느낌이고, 세상살이에 있어 낭만을 각기 다른 의미로 연출하는 모습도 짙다. 낭만이라는 단어 자체가 거의 멸종 수준에 가까워진 현 사회 동향에서 배구장 직관뿐만 아니라 서로 다른 콘텐츠를 소비하면서 낭만을 즐기는 부분이 각자 삶을 더 안락하게 만드는 잣대가 되지 않나 생각된다.

　또, 한 지역의 랜드마크와 배구의 콜라보레이션 연출도 스포츠를 통한 관광적인 요소를 더 발전시켜야 될 필요성이 크다고 본다. 랜드마크 방문 소비는 곧 지역 경제의 기반이자 생명줄이기에 더 그렇다. 이를 스포츠와 결합하면 더 큰 시너지가 난다. 스포츠가 주는 가치와 상징성 등이 단순히 금액으로만 환산할 수 없기에 그렇다. 대도시와 중소도시를 막론하고 매년 스포츠를 통한 방문객은 무수히 많다. 단순히 스포츠 직관만 하는 것이 아닌 지역을 대표할 수 있는 상품 개발을 통해 지역의 관광적 가치를 높이는 노력을 지자체 차원에서 적극적으로 장려해야 한다.

　그런 측면에서 볼 때 대전을 대표하는 랜드마크인 성심당 방문을 통한 스포츠 직관의 콜라보레이션은 나름의 의미가 있다고 볼 수 있으며, 향후 많은 지역들로 각기 다른 특색을 살린 더 좋은 그림이 그려지길 기대한다.

인구 절벽 붕괴,
중소도시가 사는 법!

-2023년 12월 29일-

　　2023년 '계묘년'의 한 해도 끝이 보인다. 크리스마스 전후까지 기승을 부렸던 추위의 농도 또한 다소 낮아졌다. 예년과 마찬가지로 2023년 한 해 역시 사회 각계 다양한 사건 사고들이 끊이지 않았다. 그뿐만 아니라 최근 연예계를 넘어 사회 전체를 떠들썩하게 만들었던 톱배우 이선균의 자살은 많은 대중들에게 크나큰 충격을 안겨줬고, 지구촌의 기상 이변 현상 심화를 비롯, 환경적인 부분의 진통 또한 상당했던 한 해였다.

　그럼에도 현대인들의 움직임은 매일같이 분주하다. 연말연시 각자의 방법을 통해 한 해 유종의 미를 이루면서 다가올 새해 새로운 출발을 위한 다짐을 내면에 깊이 담아두기에 혈안이고, 가족이나 지인 등 각기 다른 관계로 맺어진 이들과 못다 한 담소를 나누는 모습도 연말연시의 주요 코스임을 입증하고 있다. 경제 불황에 의해 연말 분위기가 전혀 나지 않는 동향임에도 세상 살아가는 부분에서 한 해 유종의 미를 위한 싹 만큼은 모락모락 피어오른다.

현대인들 모두 저마다 다사다난한 한 해 마무리에 분주함을 나타내는 12월 마지막 주 기차역은 어김없이 북적였다. 12월 마지막 주 주말에서 새해 첫날의 사흘의 연휴가 완성되면서 밀집도는 더했다. 한 해 마지막 고향 방문, 투어, 개인 용무 등 다른 요인들로 열차 탑승에 몸을 싣는 이들의 모습이 객실 밀집도 향상을 불러왔고, 연말~신년으로 이어지는 연휴의 홀가분함과 설렘 등의 감정이 각자 존재하지 않나 생각된다.

필자도 그렇게 김천발 무궁화호 열차에 몸을 실었다. 김천까지 소요시간은 약 3시간이 조금 넘는다. 워낙 김천이라는 지역이 경부고속도로 노선이 잘 갖춰지면서 교통의 편리함을 불러오고 있고, 대전이나 대구 등에서 접근이 용이한 플러스 효과까지 짭짤하다. 그런데 교통의 편리함 뒤 모순점이 하나 발생하는 점이 너무 안타깝다.

이는 다름 아닌 사회적으로 큰 이슈 중 하나인 중소도시 인구 감소 문제에 있다. 사회가 저출산, 고령화 시대에 접어든 영향은 중소도시에 엄청난 부메랑으로 돌아오고 있다 해를 거듭할수록 심화되는 중소도시 인구 감소는 사회 전반적으로 큰 이슈로 자리하고 있으며, 수도권 쏠림 현상의 악재까지 겹치면서 지역 기반이 크게 휘청거리고 있다. 산업적 인프라가 수도권에 집중된 나머지 젊은 세대들의 유출과 지역 고령 인구 증가 등이 가속화되는 부분이 중소도시 인구 감소를 자연스럽게 부채질한다.

시장성의 규모와 스케일에서 수도권과 지방의 차이가 현저하게 벌어지고 있는 와중에 산업적 인프라나 여건 등 모든 면에서 수도권의 우월함은 선호도와 인식 등을 더 고착화시킨다. 이러한 현실에 중소 도시들이 아예 손을 놓고 있는 것은 아니다. 지역 차원에서 인구 유출을 막기 위해 각계 분야에서 다양한 정책을 내놓으며 안간힘을 쓰고 있다. 하지만, 수도권 쏠림 현상에 따른 유출을 막기에는 분명 한계가 있다는 부분을 지우기에는 역부족이다.

그런 와중에 김천은 상당히 흥미로운 지역이다. 최근 중소도시들의 인구 유출에 따른 역풍에서 자유롭지 못하지만, 사시사철 활기만큼은 잃지 않는 모습에서 어둠 속의 희망을 내리쬐게 한다. 그 핵심은 스포츠다. 마침 스포츠는 김천시의 생명줄이다. 2006년 제87회 전국체전 개최를 기점으로 스포츠 산업의 인프라 확충에 본격적으로 탄력을 냈는데 잘 갖춰진 교통 인프라와 접근성, 최신식 시설 완비 등의 효과가 극대화되면서 시너지는 더욱 배가됐다.

이에 각 급 아마추어 대회 연이은 유치로 선수단과 학부모 등의 김천 방문 러시는 해를 거듭할수록 늘어나고 있고, 대회가 있는 날 김천역을 축으로 김천 시내 일대가 대회 출전 선수단으로 장관을 이루는 모습은 한 줄기 빛을 내리쬐게 한다. 서울 기준 경부고속도로를 타고 약 3시간여밖에 걸리지 않는 데다 잘 갖춰진 시설과 환경, 인프라 등 스포츠 산업에 있어 갖춰야 할 조건을 충족시키는 것이다. 인구가 약 13만 명에 이르는 중소도시에 스포츠를 지역 경제의 생명줄로 타개하는 김천시의 발상이 굉장히 신선하게 다가오는 바이다.

더 흥미로운 것은 각 급 아마추어 대회의 연이은 유치로 끝나지 않는다는 것이다. 작은 중소도시에 프로스포츠 연고 팀을 2팀이나 보유하고 있는 부분도 스포츠 팬들의 김천 방문을 탄력적으로 지탱한다. K리그1 김천 상무와 V리그 여자부 한국도로공사의 존재는 매년 김천 시민뿐만 아니라 타 지역에서 스포츠 직관을 위한 김천 방문을 쇄도하게 하며, 사시사철 스포츠 팬들의 에너지와 열정 등이 지역 전체에 생기를 절로 돋군다. 항상 김천스포츠타운(김천은 종합운동장, 실내체육관, 실내수영장 등이 한 곳에 있다.)을 향하는 차량들의 행렬은 연고 팀 홈 경기 때마다 가득한 것이 이를 말해준다.

2023년 한국도로공사의 마지막 홈 경기인 이날도 배구 팬들의 김천 방문 러시는 김천역에서부터 일찍이 체감할 수 있었다. 그도 그럴 것이 한국도로공사의 배려가 한몫을 했다. 한국도로공사가 매번 홈 경기 때마다 배구 팬들의 편리한 방문을 위해 가까운 대구, 구미 등지에서 코스 분산을 이룰 수 있도록 셔틀버스 운행 체계를 만들어놓은 것이다. 아무래도 대도시와 달리 중소도시들은 대중교통 운행이 긴 배차 간격과 적은 운행 횟수 등으로 애로점이 많을 수밖에 없는데 팬들의 방문 편리함을 이끌어내기 위한 셔틀버스 운행은 분명 긍정적이다. 이를 토대로 김천역 광장에 마련된 셔틀버스는 배구 팬들의 직관을 위한 탑승이 주를 이뤘고, 김천스포츠타운 내 넓은 주차 공간에 안전하게 정차되면서 설렘과 흥분 등은 더욱 고조됐다.

김천실내체육관 입구로 들어서니 허기를 채우려는 팬들의 모습이 눈에 띈다. 체육관 입구 조성된 푸드트럭과 스포츠타운 안 매점을 이용해 끼니 해결, 간식 구매 등을 하는 광경을 보니 이미 끼니를 채우고 체육관에 들어섰음에도 배고픔이 절로 밀려왔고, 푸드트럭에 마련된 오뎅이나 떡볶이, 순대 등의 냄새 진동은 그야말로 고문에 가까웠다. 배고픔 앞에 장사 없다는 말이 여기서 나오지 않나 싶다. 배고픔을 뒤로하고 체육관에 들어섰다. 체육관 입구 비치된 한국도로공사 선수들의 현수막이 하나하나 걸리면서 팬들 저마다 좋아하는 선수 앞 사진 촬영과 담기에 바빴고, 현수막과 별도로 박스 모양의 선수 포스터 또한 개개인의 앞뒤, 양옆으로 팬들의 사진 맛집을 써 내리기 좋은 구조였다. 구장마다 포토존의 다양한 개성이 팬들의 이목을 절로 끌고 있는데 김천은 박스 모양 선수 포스터가 자연스럽게 눈이 가는 느낌이다.

스포츠를 지역 생명줄로 삼는 지역답게 체육관 규모는 어느 지역에 뒤지지 않는다. 2006년 제87회 전국체전 유치를 앞두고 2005년 완공된 체육관으로서 종합대회와 프로 경기 유치를 위한 필요충분조건은 다 갖췄고, 체육관 입구와 관중석의 연결 구조도 나름의 차별성을 꾀하는 요소로 생각된다. 이는 입장 시 팬들이나 관계자 등의 이동 편리함을 자연스럽게 덧칠하는 대목이기도 하다. 체육관 완공 시부터 설계와 도면, 동선 등의 디테일함을 잘 입힌 김천시의 노력이 김천실내체육관 시설 활용 폭을 매년 늘리는 잣대로 손색없는 바이다.

또 하나 눈에 띈 대목이 있다. 다름 아닌 체육관 입구 비치된 전시물들이다. 이 전시물들은 다름 아닌 김천시의 전국체전 유치와 경북도민체전 입상 등의 업적을 전시해놓은 메달과 트로피 등이다. 체육관 안에 지역 스포츠 유산물들을 전시하면서 스포츠 도시라는 지역적 브랜드를 끌어올리면서 산업적 발전을 도모하려는 복안으로도 볼 수 있는데 결과적으로 김천시 홍보 효과에 있어 큰 플러스 알파를 누리게 했다. 프로스포츠 비수기 때는 생활체육 동호인들의 대관이 활발하게 이뤄지는데 이는 김천시민들의 생활체육 참여 장려로도 이어졌다는 점에서도 부수적 가치가 짭짤하다고 볼 수 있다. 한국도로공사 본사의 김천 혁신도시 이전과 함께 김천에 뿌리를 내리면서 지역 연고와 모기업 아이덴티티 통일성을 꾀한 한국도로공사의 연고 정착도 김천시의 노력과 투자 등과 절묘한 하모니를 이루면서 더 빛을 냈다고 봐도 무방하다.

공교롭게도 이날은 라운드의 끝과 시작의 동일 대진이다. 한국도로공사와 GS칼텍스의 시즌 4번째 깐부 감독들의 매치업이다. 어느덧 반환점을 돈 시점에 매치업 전적은 GS칼텍스가 3전 전승의 우위를 점하고 있지만, 지난 크리스마스 김천에서 3:0 승리를 제외하면 2차례 매치업 모두 풀세트 접전을 벌여온 터라 쉽사리 승부의 추를 예측하는 것은 넌센스에 가까웠다. 2023년 마지막 경기로 한 해 유종의 미를 이루려는 공통분모 또한 양 팀 모두 뚜렷하다.

추운 날씨도 배구 팬들의 흥과 열정 앞에서는 무용지물에 가까웠던 이날 두 팀은 1세트부터 용호상박의 혈전을 거듭했다. 한국도로공사는 해결사 부키리치와 태국 출신 아웃사이드 히터 타나차의 양 날개 공격에 미들블로커 배유나와 김세빈의 중앙 공격이 적절한 하모니를 이루면서 GS칼텍스의 허약한 중앙을 파고들었고, GS칼텍스는 실바와 강소휘의 화력을 통해 한국도로공사에 으름장을 놨다. 양 날개들의 활용 빈도를 높인 양 팀 센터 이윤정(한국도로공사)과 김지원(GS칼텍스)의 패스웍은 랠리 상황에서 승부의 핵심 포인트였고, 서로 상대 공격을 유효블로킹으로 제어하고 반격 찬스를 엿보는 기밀함 또한 물러섬을 보이지 않았다. 이에 한국도로공사는 실바와 강소휘의 공격 때 김세빈과 배유나, 전세양의 블로킹 타이밍이 알맞게 나오면서 예봉을 끊었고, GS칼텍스는 3세트부터 유서연 대신 조커로 투입된 권민지의 공격 효율이 높은 모습을 보이면서 한국도로공사의 수비 타이밍을 적절히 현혹시켰다.

매 세트 용호상박의 혈전에 팬들의 시선은 한시도 떼기 어려웠고, 양 팀 사령탑들의 입술도 바짝바짝 말라 갔다. 실제로 두 팀의 이날 스코어 추이는 쫓아가면 달아나는 패턴의 반복이었고, 마치 도망 노비를 쫓는 추노꾼들의 모습을 비유하게 한다. 매 세트, 랠리마다 긴장감 'MAX'였던 두 팀의 레이스는 다름 아닌 20점 이후 집중력이 갈렸다. 한국도로공사가 화력 싸움에서 GS칼텍스를 앞지른 것. 한국도로공사는 부키리치와 타나차가 양 날개에서 축을 이뤄주면서 높은 공격 효율을 나타냈고, 적재적소에 터져 나온 배유나와 김세빈, 전새양 등의 블로킹 득점, 리베로 임명옥을 필두로 몸을 아끼지 않는 디그 등이 팀 분위기와 리듬 유지에 동아줄이 됐다. 높이와 파워, 스피드 등의 조화를 잘 섞은 부키리치와 타나차의 공격 패턴에 자연스럽게 공격 효율은 올라갔고, 클러치 상황에서도 지치지 않는 폭발력을 나타내며 GS칼텍스의 진을 뺐다. 결국에는 매 세트 접전 끝에 세트스코어 3:1(25:23, 25:23, 22:25, 25:21) 승리를 따내면서 나흘 전

0:3 패배의 수모를 깨끗하게 털어냈고, 2023년 마지막 홈 경기 홈팬들에 기분 좋은 선물을 선사하며 모처럼 안방 승리를 쟁취했다.

이날을 끝으로 지옥의 원정 6연전을 마무리하는 GS칼텍스는 매 세트 한국도로공사와 접전을 벌이고도 집중력 싸움에서 2% 부족함을 나타내며 최근 4연승의 기세가 한풀 꺾였다. 실바와 강소휘의 여전한 고군분투함에도 대체로 공격 효율이 한국도로공사보다 열세에 있던 부분이 GS칼텍스 입장에서는 아쉬움으로 남게 됐다.

항상 지방 중소도시는 귀갓길이 생명이다. 대중교통 막차 시간이 비교적 이른 데다 배차 간격, 횟수 등을 고려하면 더 그렇다. 김천역에서 서울발 무궁화호 열차 막차가 오후 9시 20분인데 경기종료가 오후 9시 5분경에 이뤄졌다. 셔틀버스가 하행이 경기종료 30분 경과에 탑승이 이뤄지기에 현실적으로 김천역 이동은 불가능했다.

그래서 내놓은 차선책이 바로 콜택시다. 참 여기서 노심초사한 부분이 하나 존재했다. 다름 아닌 콜택시 배차다. 최근 전국적으로 택시 요금 인상으로 가뜩이나 택시 이용이 줄어드는 판국에 택시 기사들마저 택시를 반납하는 악순환이 거듭되고 있는 것. 이게 전국적으로 차고지에 차는 많은데 기사 부재로 불편함이 야기되는 웃지 못할 상황이 반복되면서 고충이 상당하다. 경기 종료 이후 콜택시 배차를 시도하면서도 귀갓길에 나서는 팬들의 택시 호출이 불 보듯 뻔한 만큼 배차 성공 유무가 귀갓길의 향방을 가늠하는 지표다.

다행히 귀갓길의 근심은 빠르게 해소됐다. 배차 시도와 함께 한 번에 배차가 이뤄졌다. 김천실내체육관 입구는 택시 정차 시 교통 혼잡을 야기하기에 김천종합운동장 입구 동상으로 배차 요청을 했던 것이 유효했다. 그렇게 택시 탑승을 하고 행선지를 김천구미역으로 요청했다. 김천실내체육관에서 김천구미역까지 약 20여 분이 소요된다.

2023년 마지막 주 금요일 밤이 깊어가는 와중에 택시 기사님과 이런저런 담소를 나누다 보니 시간이 훌쩍 지났다. 첫 마디가 배구 얘기로 꽃을 피웠다. 택시 기사님도 스포츠를 좋아하시는 분 같아 왠지 모를 반가움이 느껴졌다. 아무래도 택시 운행을 하면서 승객들이 스포츠타운 방문 빈도가 많은 데다 연고 팀인 한국도로공사 소식을 온·오프라인으로 접하신 분 같다. 그래서 경기 결과에 궁금증이 크시지 않았나 싶다. 이를 토대로 포문을 여니 시간이 훌쩍 지났고, 이야기 주제는 배구를 넘어 전반적인 세상사의 얘기로 흘렀다. 그렇게 이야기 보따리를 풀다 보니 어느새 김천구미역이 가까워졌고, 택시 요금 계산과 함께 웃으면서 인사 나누는 것으로 마무리됐다. 클로징 멘트에 '2024년 갑진년 새해 복 많이 받으세요.'를 남기고 서로 웃으니 더 좋았다. 그렇게 김천구미역 정차까지 마무리됐다.

김천구미역에서 서울발 KTX 탑승을 하려면 시간 데드라인을 맞춰가는 것이 지상 과제인데 이 부분이 말끔히 해갈됐다. 그렇게 해서 KTX 탑승까지 원활하게 이뤄졌고, 약 1시간 30여 분의 운행 끝에 자정 이전 서울역에 도착하면서 하루의 엔딩을 맺었다. 그렇게 다음을 기약하게 되면서 확인한 부분은 연고지와 유기적인 커뮤니케이션은 연고 팀의 연고 정착을 이끄는 핵심 수단이라는 것이다.

2015년 경기도 성남시에서 김천시로 연고지를 옮긴 한국도로공사의 김천 정착은 김천시의 좋은 인프라와 투자 등이 결정타였다. 모기업 아이덴티티 통일성을 통한 지역 사회 어필은 프로스포츠 불모지였던 김천시의 위상을 한껏 드높였고, 스포츠를 통한 지역의 부가 가치 창출을 도모하는 김천시의 니즈도 시민들에 우리 지역 팀이라는 인식을 더 고취시켰다. 실제로 2010년대 후반부터 베일을 벗은 여자배구의 흥행과 인기를 등에 업고 팬덤이 이전보다 더 확대됐고, 운동에만 몰두할 수 있게 지원을 아끼지 않은 김천시의 노력 역시 한국도로공사의 성공적인 김천 정착을 이끌어냈다.

남자부 KB손해보험의 2017년 구미에서 의정부로 연고지 이전과 함께 경상권 유일의 V리그 팀이라는 'PRIDE'의 내재는 어느새 김천의 주요 자랑거리로 자리했고, 지난 시즌 '리버스 스윕'을 통한 챔피언 타이틀과 함께 최근 6년간 챔피언 2회, 준우승 1회 등 나름 짭짤하게 거둬들인 성과물과 스타플레이어들의 존재감 등도 구단 차원에서 과감한 배팅의 효과다. 이는 김천시민들과 배구 팬들의 성원이라는 앙상블로 파급 효과가 배가됐다.

이처럼 지역 사회와 시민들의 연고 팀에 대한 인식의 성공적 확립은 연고지와 팀의 상호 '윈-윈'을 도모하는 데 핵심 지표이며, 지역의 로열티 증대에서도 큰 매개체로 불려도 부족함이 없는 이유다. 그래서 한국도로공사가 인구 13여 만의 중소도시인 김천에 성공적으로 뿌리를 내린 것이 의미가 깊다.

이는 스포츠뿐만 아니라 사회 각계에서 어떤 지역에 기반을 두고 뿌리를 내리려는 부분에서도 좋은 지표나 마찬가지다. 단편적으로 수원 하면 삼성, 울산 하면 현대 등의 이미지가 단기간에 확립됐겠는가. 수십 년간 기반을 다져가면서 사업적인 방향성을 잘 구현했기에 직관적으로 이해되는 방정식(수원 하면 삼성, 울산 하면 현대 등) 성립, 산업 수단 구축 등이 부가적으로 따라온 것이다. 그러기 위해서는 정착을 위한 노력은 두말할 것도 없고, 사업 설계와 동향 분석 등을 면밀하게 가져가야 비즈니스적 가치가 더 치솟는다.

중소도시의 위기는 곧 지역을 넘어 국가 전반적인 위기와 맞닿아 있다. 그렇기에 지역별로 생명 수단을 장만해서 연명하는 것은 물론, 경쟁력과 이미지 등의 제고는 필수 아닌 필수다. 그래서 스포츠를 지역 생명 수단으로 모색한 김천시의 구상이 장기적으로 효력을 보는 대목이며, 앞으로도 각 지역이 저마다 특색과 기호 등에 맞는 상품 수단을 개발하면 분명 좋은 시너지 연출이 나지 않을까 기대한다.

2024년 갑진년의 시작! 코트의 열정은 뜨겁다!

-2024년 1월 2일-

다사다난했던 2023년 '계묘년'이 저물고 2024년 '갑진년'이 밝았다. 청룡의 해라는 상징성에 걸맞게 현대인들 모두 용처럼 힘찬 승천을 위한 한 해를 만들기 위한 여정이 본격적으로 닻을 올리는 날이기도 하다. 관공서나 기관은 대체로 이날 한 해 시무식 행사를 개최하며, 각각의 사업 계획을 토대로 한 해 청사진을 그려나간다.

관공서나 공공 기관 등의 2024년 한 해 시무식 개최, 더불어민주당 이재명 대표의 흉기 피습 테러 등 사회 각계에서 요란한 하루가 이어진 와중에 변함없이 점심시간 대 식당가나 커피숍은 손님들로 자리를 꽉 메웠다. 비즈니스에 관한 얘기, 일상생활 얘기 등 다른 키워드가 자리하지만, 식사와 차 한 잔을 통해 상호 공감대를 형성하는 공통분모만큼은 새해 벽두부터 현대인들의 삶을 관통한다. 물론, 키워드에 따라 느껴지는 감정의 온도 차는 존재하겠으나 이 부분 역시 2024년 갑진년 새해를 열어젖히는 포석이라고 볼 수 있다.

필자 또한 자주 방문하는 식당가와 커피숍을 방문하면서 사장님을 비롯해 종업원들과 새해 복 많이 받으시라는 인사와 함께 서로 웃으면서 화답하니 더 좋았다. 이게 세상을 살아가는 부분, 한 해를 열어가는 부분 등에 있어 하나의 재미다. 그렇게 좋은 기분을 얻으면 한 해 운세도 잘 펼쳐질 수 있으리라 기대하는 바이다.

단골 식당과 커피숍 방문을 통한 여운을 뒤로하고 지하철 역사로 이동했다. 늘 그랬던 것처럼 지하철 역사는 러시아워 시간을 전후해 혼잡도가 더한다. 새해 첫 평일인 이날 역시도 예외가 아니었다. 특히 지하철 2호선과 4호선 환승 노선인 사당역은 러시아워 시간대 대표적으로 높은 혼잡도를 자랑하는 역이다. 그도 그럴 것이 4호선 노선이 과천, 안양, 군포, 안산 등 경기 남부권 지역까지 쭉 연결됐고, 2호선 역시 사당역에서 외선순환을 타고 신림, 구로 등 안양, 군포 등과 가까운 노선들이 분포되어 있어 지하철 이용 부채질의 딱 좋은 구조다. 위 지역 모두 서울에서 접근성이 용이한 지역이라는 메리트가 러시아워 시간대에 효력을 발휘하는 대목이다. 사당역에서 안산까지 지하철 이동에 따른 소요시간은 약 40여 분이다.

행선지는 4호선 상록수역이다. 지하철 4호선은 금정역부터 지상 복선 구간을 지나는데 바깥 절경을 바라보고 지나니 나름의 뷰를 맛보는 것 같아 좋다. 주간 타임에 일몰이 임박하는 시간대에 감성을 더 자극하지 않나 생각된다. 추운 겨울 지하철 안의 따뜻한 히터 열이 가져다주는 하나의 묘미다. 지하철과 달리 바깥은 추위의 온도가 가득하고 요란한 하루가 일몰과 함께 점차 저물어간다.

저물어가는 하루와 함께 행선지인 4호선 상록수역에 다다랐다. 상록수역 1번 출구로 나와 5분간 도보를 거치니 남자부 OK금융그룹의 홈 코트인 안산상록수체육관이 활짝 켠 조명과 함께 보인다. 지하철을 비롯해 대중교통 이동이 용이한 좋은 접근성은 단연 V리그 홈 코트 중 최고 수준에 가깝고, 상록수역 주변 식당가와 먹거리 상권이 괜찮게 형성된 부분에서 매년 배구 팬들의 직관 욕구를 끓어오르게 한다.

이러한 직관의 맛과 멋이 좋은 접근성의 효과와 맞물려 진하게 물들여지는 것은 어쩌면 당연하다. 체육관 자체가 생활체육 인프라 확충을 위해 지어진 구조적인 핸디캡을 안고 있음에도 배구 팬들의 직관 러시를 막기에는 역부족일 정도다. 경기 남부권에 위치한 안산시가 일제강점기 대표 농촌소설인 심훈의 소설 「상록수」의 역사, 문화적 가치를 지역적으로 쭉 계승하면서 상록수체육관 네이밍 부착을 이끌어낸 독창적인 특색도 일몰을 지나 켜진 체육관 외부 조명만큼이나 돋보인다고 볼 수 있다.

그 와중에 V리그 열기는 추위를 녹이고도 남는다. 유례없는 순위 싸움의 발발과 함께 어느새 반환점을 넘었다. 자고 나면 순위가 바뀌는 하루살이에 각 팀 선수들과 코칭스태프의 피가 바짝바짝 말라가며, 팀 간 전력 차가 크지 않다. 그러다 보니 물고 물리는 양상에 의해 매 경기 긴장감은 'MAX'다.

올 시즌 남자부의 현재까지 동향이 이렇다. 어느 하나 쉬어갈 틈새라곤 찾아보기 어려운 만큼 4라운드부터 승점 관리와 부상 선수 예방 등의 중요성이 본격적으로 대두된다. 더군다나 경쟁팀들과 매치업은 한 경기 이상의 가치를 부여하기에 '수사불패'의 정신 무장이 각 팀들에게 공통분모로 적용된다. 이날 매치업은 OK금융그룹과 삼성화재다.

OK금융그룹은 3라운드 전패를 딛고 직전 대한항공과 홈 경기를 3:0 셧아웃 승리로 장식하며 분위기 쇄신의 기틀을 마련했고, 삼성화재는 지난해 12월 12일 우리카드와 장충 원정에서 풀세트 혈전 끝에 3:2 역전승의 기세를 바탕으로 5연승을 구가하며 호시탐탐 선두 진입을 엿보고 있다. 공교롭게도 3차례 매치업 모두 홈팀이 승리를 따낸 데다 삼성화재가 최근 지독한 '안산 포비아'를 안고 있는 터라 여러모로 세간의 관심도가 컸다.

두 팀의 이날 매치업 이전 OK금융그룹의 특별한 행사에 팬들의 설렘이 고조됐다. 다름 아닌 최근 삼성화재와 1:1 맞트레이드로 OK금융그룹에 보금자리를 튼 박성진의 팬 사인회 개최다. 팬들에 직접 인사를 전하고자 마련한 OK금융그룹의 팬 스킨십 행사에 시작 전 사인을 받으려는 팬들로 줄이 쫙 늘어졌고, 새로운 식구를 직접 가까이서 볼 수 있다는 황홀함은 새해 첫 홈 경기 직관 서비스의 만족도 향상의 큰 동력이었다. 팬과 선수 서로 웃으면서 팬 사인회를 진행하는 모습에 팬보다 중요한 고객이 없다는 스포츠의 통념이 다시금 입증됐고, 타이트한 스케줄 속에서도 팬 스킨십 행사를 경기 전 적극적으로 장려한 OK금융그룹의 작은 이벤트 개최에도 박수가 절로 쏟아진다. 최근 SNS로 팬들의 직관 인증을 남기는 모습은 삶의 일부다. 팬들마다 각기 다른 라이프스타일을 토대로 다양한 일상을 공유하는 메리트가 직관 열정을 불태우는 팬들의 에너지를 끌어올리며, 지속적인 팬들과 스킨십 장만은 팬 프렌들리 실현에도 엄청난 플러스 효과를 가져온다.

승리 앞에서 연승 모드 재촉과 안산 징크스 탈출이라는 동상이몽을 띄고 있는 두 팀의 매치업은 4세트까지 세트스코어 2:2로 팽팽했다. 삼성화재가 1세트를 듀스 접전 끝에 가져온 가운데 OK금융그룹이 2, 3세트를 내리 따내며 칼자루를 가져오는 듯했으나 삼성화재가 4세트를 가져오며 스릴을 높였다. OK금융그룹은 해결사 레오가 전·후위를 가리지 않고 폭발적인 공격력을 퍼부으며 삼성화재 수비와 블로킹을 무용지물로 만들었고, 삼성화재는 해결사 요스바니와 신장호, 김우진, 김준우 등이 고른 활약을 선보이며 OK금융그룹에 맞불작전을 폈다. 플레이 패턴의 대조 속에 유효블로킹에 이은 2단 연결, 리시브, 디그 등이 승부를 가늠하는 타임 대로 접어들었고, 풀세트까지 오는 과정의 체력 부담 또한 쉽게 볼 수 있는 요소가 아니었다.

그럼에도 두 팀은 5세트 역시 듀스까지 가는 대혈전을 치렀고, 달아나면 쫓아오는 용호상박의 혈전 속에 장내 심장 소리는 더욱 뛰었다. 듀스 상황에서 세터들의 패스 운반이 용병들에 치중될 수밖에 없는데 어느 팀이 이를 잘 구현하느냐가 열쇠가 됐다. 3번의 듀스 상황에서 레오와 요스바니의 화력은 멈출 기미가 보이지 않았고, 공격 점유율 또한 더 치솟았다.

한시도 눈을 떼기 어려운 양상에 끝내 OK금융그룹이 레오의 화력을 극대화하며 미소를 지었다. OK금융그룹은 레오의 공격이 삼성화재 전위 블로킹 위에서 내리꽂으면서 리듬을 유지했고, 집중력의 우위를 토대로 삼성화재 반격을 잘 제어하며 2024년 새해 첫 홈 경기 귀중한 승점 2점(25:27, 25:16, 25:14, 21:25, 18:16)을 챙겼다. OK금융그룹은 연말연시와 새해 벽두로 이어지는 홈 2연전을 기분 좋게 승리로 장식하며 중반 순위 싸움의 숨은 '블루칩'으로 떠오르게 됐고, 삼성화재는 풀세트 혈전 속에서도 레오의 화력쇼를 제어하지 못하면서 연승 행진이 마감됐다. 더군다나 지독한 안산 징크스 탈출에 실패한 터라 속은 더 쓰리게 됐다.

새해 첫 경기 두 팀의 희비는 교차됐지만, 새해 첫 경기 승점을 확보했다는 점에서 나름의 의미 부여는 확실하다. 승점제로 순위가 가려지는 V리그의 특성과 함께 추후 경우의 수를 논할 수 있는 터라 승점 1점 확보도 굉장히 소중하다. 승점 1점에 따라 한 해 각 팀의 농사를 가늠하기도 하기에 승점 관리에서 1점은 막판 엄청난 파장을 불러온다.

V리그 팀들의 새해 시작 승점 사냥과 현대 사회의 새해 시작은 의외로 접점이 존재한다. 매년 V리그 팀들이 봄 배구라는 일념하에 여름 비시즌 때부터 비지땀을 쏟아내는데, 그 땀방울의 성과와 결실이 봄에 열매를 맺는다. 물론, 여러 가지 돌발상황에 의해 땀방울에 따른 성과가 반비례하는 경우가 존재하지만, 봄 배구 진출이 각 팀의 시즌 청사진에 있어 절대적인 비중을 차지한다는 것만큼은 부인하기 어렵다. 추춘제로 진행되는 겨울 스포츠의 특성과 함께 연말에서 새

해 벽두로 접어들 때 승점 관리와 경기력 유지 등이 가미되어야 한다는 전제조건이 존재해도 말이다. 현대 사회의 새해 시작도 마찬가지다. 직전 해 구상하던 방향성과 가이드라인 등을 토대로 한 해의 청사진을 펼쳐나가기 위한 노력과 작업 등을 진행한다.

이게 개인적인 부분이든 일적인 부분이든 모든 면에서 다 해당된다. 물론, 1년 365일이 매일같이 좋을 수는 없고 각자 청사진 구현에 있어 시행착오는 분명히 존재한다. 하지만, 새해 시작을 저마다 구상하는 방향의 계획, 실현 등을 꾀하면서 각자 열매를 맺기 위한 동력으로 삼는 시작점이라는 공통분모만큼은 확실하다. 시작이 좋다고 끝이 다 좋은 것은 아니다. 한 치 앞을 내다보기 어려우면서 예측 불가능한 삶, 그리고 1년 365일을 살아가면서 오르내림은 꼭 있다.

설사 새해 시작이 좋지 못하더라도 그 과정에서 방향성과 가이드라인 등을 잘 구현하면 좋지 못한 출발을 딛고 얼마든지 좋은 한 해를 위한 반전 드라마를 써내려갈 수 있다. 그렇기에 너무 낙담할 필요가 없다는 것이다. 1년 365일이라는 시간이 짧다면 짧고 길다면 길 수 있는 시간이지만, 어느 한순간에 지나치게 일희일비하면서 옭아매는 것은 강박관념이라는 덫에 걸려들 여지를 초래한다. 실제로 너무 하나에 일희일비한 나머지 정작 다른 것을 놓치는 일이 현대 사회에 너무나 허다하게 발생하고 있으며, 이는 개인과 조직, 집단 등의 장기적인 설계에서도 굉장한 마이너스다.

외관이 화려한 건물들도 기본적인 설계를 잘 거치면서 완성된다. 기본 설계가 갖춰지지 않고 무조건 화려하게 공사하는 것에 치중하다 보면 부실공사라는 오명이 따라다니는 것처럼 말이다. 정중동의 자세를 가지고 365일 로드맵 설계를 잘 구현하는 것이야말로 매년 시작되는 새해를 좋게 장만하는 기어다. 그렇게 수확물들이 끝 무렵에는 자연스럽게 풍족하게 외관을 수놓을 것이다.

한 해 시작에 있어서도 일희일비가 아닌 장기적인 안목이 그래서 필요한 것이다. 스포츠팀뿐만 아니라 현대 사회 모든 기관, 현대인들 모두에게 적용되는 부분이다. 꽃도 물을 착실하게 줘야 활짝 피어오르듯이 연간 구상을 가꿔가면 각자 삶에 쨍하고 해 뜰 날이 분명 오리라 생각된다.

일편단심과 응원, 그리고 연패 탈출의 희열

-2024년 1월 9일-

　　맑게 펼쳐진 하늘은 온데간데없이 겨울비가 또다시 추적추적 내린다. 변덕스러운 날씨의 역습이 2024년 갑진년에도 예외가 아니다. 지난 연말처럼 많은 양은 아니지만, 겨울비가 유달리 많이 쏟아지는 부분에서 날씨 변덕이 더 부채질되고 있다. 전 세계가 극한의 한파로 몸살을 앓고 있는 만큼 삼한사온의 실종은 너무나 당연하게 와 닿는 느낌이다. 겨울비 속에서도 추위의 강도는 여전히 높다는 것이 아이러니하다.

　　그럼에도 필자는 지하철 7호선에 몸을 실었다. 지하철 7호선은 강남에서 강북을 가로지르는 노선들로 짜여 있다. 러시아워 시간 자가운전의 교통 정체가 워낙 극심한 데다 강남에서 강북까지 거리 등을 감안하면 지하철을 비롯한 대중교통은 상당한 편리함을 안겨준다. 러시아워 시간 혼잡도를 뚫어야 하는 전제조건이 붙어도 이동시간 단축을 도모할 수 있다는 점에서 여러 리스크가 최소화된다. 7호선 도봉산역에서 1호선 의정부 방면 환승 코스는 강북 지역에서 대표적인 러시아워 코스다.

자가 운행을 통해 동부간선도로를 거쳐 의정부를 향하는 노선의 소요시간은 많지 않지만, 늘 바삐 움직이는 현대인들의 특성은 대중교통 이용을 재촉한다고 해도 과언이 아니다. 실제로 매일 강북구, 노원구, 도봉구 등 강북 지역에서 의정부 방면 러시아워 지하철 이용객들로 객실 칸이 가득 들어찬 것이 하나의 방증이며, 편리한 이용을 이끈다는 부분에서도 수요가 높을 수밖에 없다.

겨울비가 추적추적 내리는 이날 역시 객실 칸을 가득 메운 승객들로 지하철 안이 가득했고, 저마다 다양한 요인들에 의해 몸을 실은 모습은 겨울비에도 하루 일상을 그려나가는 한 잣대다. 그렇게 지하철 7호선과 1호선 환승을 거쳐 녹양역에 하차했다.

녹양역 일대는 아파트 단지가 대거 운집된 지역으로서 식당가를 비롯한 각종 먹거리 형성이 제법 괜찮은 플레이스다. 따뜻한 커피와 마찬가지로 뜨끈한 국물은 겨울비와 추위가 뒤섞인 날 빼놓을 수 없는 코스가 아닐까 생각된다. 그래서 저녁 끼니를 순댓국에 모둠 순대 한 접시를 주문했다. 순댓국에 순대 한 접시면 끼니로는 거뜬한 양인데 잘 먹는 것이 추위를 녹이는데 안성맞춤이라 식사가 잘 들어간 느낌이다.

모처럼 순대국을 먹으니 황홀함이 몰려왔고, 추후 재방문 욕구까지 드높일 수 있어 일거양득을 누린 느낌이다. 끼니 해결과 함께 의정부체육관으로 이동했다. KB손해보험 측이 팬들의 편리한 이동을 위해 셔틀버스를 운행하는 배려를 아끼지 않고 있는데 이게 15분마다 쭉 배차가 이뤄져서 효율 갑이다. 마침 추위에 벌벌 떨지 않고 버스나 택시를 오매불망 기다리는 부분의 리스크를 덜어줄 수 있어 팬들의 활용 빈도가 높다. 이날도 녹양역 광장 앞에 셔틀버스 승차 대기를 위한 팬들의 모습이 제법 존재했고, 대로변을 뚫고 체육관 입구 골목에 딱 정차되면서 설렘과 흥분 등은 더 커졌다.

참 의정부에 오면 감명 깊은 면이 하나 있다. 바로 팬들의 일편단심 같은 성원이다. KB손해보험이 부진의 늪에 허덕이는 와중에도 늘 굳건하게 성원과 지지 등을 아끼지 않는 팬들의 일편단심은 선수단 전체에 큰 에너지를 공급해준다. 실제로 KB손해보험의 '희로애락'을 함께 호흡하는 모습은 어느새 삶에 있어 KB손해보험 배구단이 한 축이 되고 있을 직·간접적으로 입증하는 지표이며, 매년 홈 경기 때마다 진한 노란색 물결을 연출하는 광경은 가히 장관이다. 그뿐만 아니라 팬들이 선수단과 함께 호흡하면서 일심동체 형성을 도모하는 응원 문화는 어느새 KB손해보험의 자랑이 됐고, 가족 단위를 중심으로 굳건한 팬들의 로열티 또한 크나큰 자산이다. 올 시즌 역시 KB손해보험이 최하위를 벗어나지 못하고 있는 성적표를 안고 있지만, 굳건한 팬들의 성원과 열정 등은 성적과 반비례한다.

이날 역시도 겨울비와 추위를 뚫고 의정부체육관을 찾은 팬들이 기발한 응원 문구 제작과 굿즈 착용 등을 통해 직관 에너지를 돋궜고, 직관 인증샷 촬영 셔터를 바삐 누르면서 추억 장만에도 분주함을 나타냈다. 또, 체육관 입구에 마련된 푸드트럭에서 끼니 해결 등은 마치 겨울철 포장마차를 연상케 하는 낭만을 가져왔고, 좋아하는 선수들과 팀을 위해 온갖 정성을 마다하지 않는 팬들의 열정은 쉼표가 없었다. 이는 주요 고객이자 스포츠의 확실한 생명줄이라는데 이의를 달지 못하게 만든다.

이날은 KB손해보험과 대한항공의 4라운드 매치업이다. 현재까지 성과만 놓고 보면 무게 추가 대한항공 쪽에 기우는 것이 사실이지만, 스포츠는 언제나 뚜껑을 열어봐야 아는 법이다. 공교롭게도 지난 3라운드 매치업 당시 KB손해보험이 인천 원정에서 3:1 승리를 낚은 터라 더더욱 예측이 어려웠다. 또 하나 눈여겨볼 부분이 있다. KB손해보험이 지난 3라운드 대한항공 원정 3:1 승리 이후 6연패의 늪에 빠져있다는 점에 있다. 11연패를 끊을 당시 장소가 안방이었기에 또 한 번 안방에서 연패 탈출로 분위기 쇄신을 도모하려는 KB손해보험과 현재까지 다소 널뛰기 식의 행보를 보이고 있는 대한항공 역시 연승 모드 재촉을 위해 물러설 수 없는 입장이라 서로 동기부여는 충분하다.

각기 다른 지향점 속에 이날 매치업의 출발은 KB손해보험이 좋았다. 1세트부터 연패를 끊으려는 집념과 열정 등이 공수 양면에서 고스란히 표출됐고, 세터 황승빈의 손끝에서 비예나와 홍상혁의 양 날개 화력과 한국민, 김홍정의 중앙 공격이 적절한 조화를 이루면서 대한항공의 리시브 라인을 흔들었다. 상대 전위 블로킹을 무력화시키는 비예나의 파괴력이 알고도 못 막는 치명적인 화약고였고, 비예나에 쏠린 공격을 홍상혁, 한국민 등의 오픈과 속공 등으로 분산시키며 대한항공을 물고 늘어졌다. 그렇게 1세트를 수월하게 가져왔고,

2세트 역시 의정부 홈팬들의 성원과 지지 등을 토대로 집중력 싸움에서 대한항공에 우위를 점하며 듀스 접전 끝에 세트를 따냈다. KB손해보험의 투지와 파이팅 등에 2세트를 내리 헌납한 대한항공이 가만히 있을 리 만무했다. 대한항공은 임동혁과 정한용, 정지석이 전·후위를 가리지 않고 공격을 퍼부으며 KB손해보험 방어벽을 조금씩 균열시켰고, 세터 한선수의 경기운영 또한 빛을 내며 3세트 한숨을 돌렸다. 3세트 대한항공이 전열을 가다듬기 시작하면서 승부의 향방은 다시금 오리무중으로 빠지게 됐고, 두 팀 모두 20점 이후 범실 관리와 공수 집중력 등의 중요성이 더욱 강조되는 시점으로 들어섰다. 4세트 두 팀 모두 양 날개들의 화력을 극대화하는 패턴으로 상대 전위 블로킹과 리시브 라인을 흔들었고, 날개 공격수들의 파워와 타점 등이 체력적인 부담에도 떨어지지 않으면서 세터들의 패스 운반 역시 집중됐다.

4세트 팽팽한 공방이 이어지면서 5세트에 대한 전망이 모락모락 피어오르는 듯했지만, 승부의 추를 가늠하게 한 주요 잣대는 KB손해보험 팬들의 열성적인 응원이 포함됐다. KB손해보험 팬들은 목이 터져라 선수들에 응원을 아끼지 않으면서 에너지를 고취시켰고, 장내 울려 퍼지는 함성 데시벨 또한 높은 모습을 줄곧 이어가면서 선수단 못지않은 연패 탈출의 열망을 내비쳤다. 이러한 팬들의 성원을 헤아린 것일까? KB손해보험은 모처럼 집중력 높은 플레이로 또 한 번 안방에서 연패의 사슬을 끊었다. KB손해보험은 해결사 비예나가 폭발적인 고공강타를 퍼부으며 대한항공 블로킹 타이밍을 완전히 뺏었고, 리베로 정민수를 필두로 몸을 아끼지 않는 디그, 적재적소에 나온 블로킹, 서브 등이 빛을 내면서 대한항공의 이륙을 가로막았다 (25:14, 29:27, 14:25, 25:22). 그렇게 KB손해보험의 6연패 탈출이 안방에서 열매를 맺는 대목이다.

좋아하는 팀의 저조한 성적, 스포츠 팬들이라면 분한 감정을 지울 수 없는 것이 사실이다. 팬들에게는 좋아하는 팀의 존재가 삶에 있어 하나의 낙이자 근원이다. 이를 통해 마음의 위안과 희망을 얻기도 하며, 저마다 동기부여 촉진을 도모한다. 좋을 때나 안 좋을 때나 늘 일편단심의 마음을 잃지 않는 것도 특별함의 인식이 심어졌기에 가능하다. 솔직히 계속 지는 광경을 보고 싶어 하는 사람이 얼마나 있겠는가?

계속된 연패로 쌓이는 패배주의와 함께 선수들 못지않게 속상하고 아픈 이들도 팬들이다. 기쁘고 설레는 마음으로 직관의 맛을 느끼지만, 패배라는 결과를 안고 귀갓길에 오를 때 분노 게이지와 스트레스 지수 등이 상승하는 것을 바라는 팬들은 없다. 그럼에도 참 팬심이라는 것이 무섭다. 어쩌면 애증과도 가깝다. 등 돌리고 싶다가도 언젠가는 꼭 해내리라는 믿음과 희망만큼은 잃지 않는 모습은 팬심의 특별함을 일깨우는 요소다.

가지고 있는 '패'를 모두 꺼내서 상대 칼날을 겨눌 때 스포츠맨십이 형성되는 것이고, 진짜 스포츠의 가치인 최선을 일깨워준다. 그렇게 해서 팬들의 좋아하는 팀, 선수를 향한 일편단심의 마음이 형성된다. 사람과 사람, 집단과 집단 등의 관계에서 일편단심의 형성은 굉장히 어렵다. 아무리 좋은 감정이 있다고 하더라도 상호 간 코드가 맞지 않으면 짐짝 버리듯이 버리고 버려질 수 있는 것이 불변의 진리다. 이처럼 형성은 어려워도 폐기는 너무나도 쉽다.

현대인들이 어떠한 사물을 소비할 때도 마찬가지다. 사물의 대상이 좋지 않거나 어떠한 행동이나 행태 등이 그릇될 때 소비하는 입장에서 민심이 돌아선다. 그럼에도 KB손해보험의 연패 탈출을 위해 꿋꿋하게 응원과 지지 등을 아끼지 않는 팬들의 존재는 경의를 표하기에 충분하다. 팀의 희로애락을 함께하면서 연패로 심신이 괴로운 선수들의 버팀목이 되어준다는 것이 얼마나 소중한 일인지 모른다.

이날도 남녀노소, 가족과 지인 등의 관계없이 KB손해보험의 노란색 유니폼을 착용하고 선수단과 일심동체를 이룬 팬들의 모습은 관중 수와 무관하게 그야말로 엄지 척이었고, 선수 및 팀 응원가 동작과 제창 등을 통해 흥을 저마다 분출하며 남다른 로열티를 어김없이 뽑냈다. KB손해보험이 초반 11연패로 기존 팀들과 승점 차가 벌어진 탓에 창단 첫 최하위의 수모가 어느새 현실로 다가오는 분위기지만, 매번 홈 경기 때마다 의정부체육관을 삶의 안식처로 삼는 팬들의 일편단심과 같은 성원과 지지 등은 어느새 팀의 주 문화이자 자랑으로 자리하고 있다.

실제로 이전 기나긴 연패 때 팬들이 직접 슬로건을 제작해 선수들에 동기부여를 심어줄 정도로 KB손해보험 팬들의 'KB 앓이'는 이미 인지도가 자자하며, 선수단에 미치는 파급력도 어마어마하다. 이는 모든 스포츠팀들이 좋지 않은 성적을 기록한다고 해도 항상 최선을 다하면서 프로페셔널함을 보여줘야 한다는 메시지를 강하게 확립하는 부분이다. 성적이 좋지 않다고 맹목적인 비난의 화살을 퍼부을 것이 아니라 따뜻한 응원과 격려, 지지 등이 선수단에 힘이 된다.

그렇게 팬들의 일편단심도 빛을 낸다. 단순히 일희일비하면서 결과가 좋지 않다고 온라인상 욕설 및 댓글 테러 감행이 아닌 긴 안목을 바라보고 선수단에 지원군이 되는 것이 진정한 팬이라는 것이다. 일반적으로 모든 관계에서 상황, 결과 등이 좋지 않을 때 속상함은 너무나 당연하다. 그 속상함 때문에 심신 모두 벙어리 냉가슴을 앓기도 한다.

하지만, 이날 KB손해보험 팬들처럼 각기 다른 관계와 개개인의 삶 등에 있어 일편단심을 잘 고수하면 분명 열매를 맺는 날이 온다는 것이다. 주변의 시선이나 선입견 등의 따가움은 중요한 요소가 아니다. 얼마나 하고자 하는 방향에 있어 일편단심을 유지하면서 일관성 있게 가져가는 것이 중요하다. 우리네 삶이 추구해야 하는 방향성에 꼭 포함되는 요인이다. 안방에서 6연패를 끊은 KB손해보험의 땀과 열정, 그리고 팬들의 일편단심 같은 성원이 그래서 특별하게 기억된 하루가 아닐까 생각된다.

특정 장소 연패 탈출은 멀고도 험하다!

–2024년 1월 10일–

현대 사회를 살아가는 현대인들은 물론, 모든 집단과 국가들에게 꼭 코드가 맞지 않는 장소가 하나 있다. 이게 환경적인 부분이 될 수도 있고, 방문 심리에서 불안감, 장소 스타일과 분위기 등 범위가 광범위하다. 심지어 방문 시 좋지 않은 광경이나 상황 등을 겪을 때 추후 재방문 욕구가 사라지는 경우도 더러 존재한다. 이게 개개인의 성향이나 특성 등이 판이하게 빚어지는 현상이다. 제아무리 좋은 장소라고 하더라도 각각 느껴지는 감정의 온도가 판이한 차이를 보이는 것 역시 인식에서 불일치를 불러오는 이유다.

그런데 스포츠는 이러한 요소를 비껴갈 수가 없다. 단체 종목의 경우 기나긴 장기 레이스를 치르면서 특정 장소에서 결과가 좋지 않더라도 꼭 방문해야 하는 필연성을 지니고 있다. 결과가 좋지 않았을 때 그간 기억을 떨쳐내기 위해 모든 수단을 다 동원하며 아등바등하지만, 늪이 길어질 때는 전체 구성원의 트라우마와 포비아 현상은 장기화된다.

이날은 유독 수원만 가면 좀처럼 기를 펴지 못했던 GS칼텍스의 현대건설 원정 방문 날이다. 각 팀당 6라운드로 치러지는 V리그 여정에 각 구단 원정을 3번씩 필히 방문하지만, 최근 GS칼텍스의 수원 원정은 그야말로 악몽 그 자체였다. 이미 지난해 11월 26일 수원 원정길 1:3 패배를 포함, 최근 4년간 수원 원정에서 1승 12패로 처참한 열세를 보인 것. 더군다나 갑작스러운 코로나19의 기승으로 시즌이 조기 종료된 2019-2020 시즌 마지막 수원 원정 현대건설 전 0:3 패배가 정규리그 1위를 놓치는 부메랑을 낳았고, V리그 사상 첫 '트레블(정규리그+컵대회+플레이오프를 모두 제패하는 것을 칭한다.)'을 이뤘던 2020-2021 시즌에도 정작 수원 원정에서 3전 전패로 열세를 보이는 등 수원 원정길의 악몽이 좀처럼 해갈되지 못했다.

흔히 배구 팀과 선수들이 체육관 분위기와 바닥을 비롯한 심리적인 부분 이외 요소들까지 지대한 영향을 받곤 하는데 이게 경기력과 결과로 고스란히 직결되면서 팀 사이클이 요동친다. 특정 장소에서 부진한 결과물이 장기화되면 자칫 한 시즌 농사에도 지대한 영향을 미치는 파장 또한 간과할 수 없다. 어쩌면 한 시즌, 한 경기로 치부될 수 있는 요소가 아니라는 반증이다. 현대인들의 삶에 있어 특정 장소, 공간 등의 코드 불일치가 자칫 큰 트라우마로 이어지는 것처럼 스포츠팀에게도 마찬가지라는 것이다.

벌써 V리그 4라운드도 중반이다. 이 시점부터 승점 관리는 각 팀의 최대 지향점인 봄 배구 전선에 엄청난 비중을 차지하는 척도다. 지독한 수원 악몽에 시달리고 있는 GS칼텍스와 안방의 주인인 현대건설 모두 놓칠 수 없는 이유가 분명하다. GS칼텍스는 직전 정관장 대전 원정에서 0:3 패배로 가라앉은 팀 전열을 가다듬으면서 정관장, IBK기업은행과 격차를 벌리려는 야심이 뚜렷하고, 현대건설 역시 4라운드 전승의 기세를 그대로 이어가면서 선두 수성 박차라는 엔진 가열에 팔을 걷어붙일 태세다. 올스타 브레이크까지 얼마 남지 않은 만큼 집중 또 집중이다.

그 와중에 두 팀의 레퍼토리는 확실하다. 현대건설은 중앙에서 양효진이라는 확실한 치트키와 함께 모마와 위파위, 정지윤 등 양 날개들의 다채로운 화력과 탄탄한 공수 짜임새로 GS칼텍스에 으름장을 놓고, GS칼텍스는 이날 멀티플레이어 권민지를 아웃사이드 히터로 기용하면서 실바, 강소휘와 시너지 효과 창출로 현대건설의 높은 전위 블로킹에 맞받아쳤다. 서로 다른 성향을 지닌 두 팀인 만큼 가지고 있는 '패'의 효력이 얼마나 잘 발휘되느냐가 관건이었다.

그렇게 매치업의 닻이 올랐고, 두 팀 모두 엎치락뒤치락하며 장내 데시벨을 높였다. 1세트부터 듀스 접전을 벌이면서 명승부의 서막이 열어젖힌 와중에 현대건설이 1, 3세트, GS칼텍스가 2, 4세트를 각각 따내면서 기어이 파이널 세트를 향했고, 파이널 세트에서도 체력적인 부담에 아랑곳하지 않고 끈질긴 수비에 이은 2단 연결과 공격 효율성 극대화 등으로 손에 땀을 쥐게 했다. 핀치 상황임에도 공격 효율이 떨어지지 않는 초인적인 집중력은 숱한 랠리 상황을 더욱 스릴 있게 만들었고, 몸을 사리지 않는 디그로 파이팅을 더욱 끌어올리며 기립박수를 이끌어냈다.

그렇게 5세트도 듀스로 향하면서 긴장 기류는 더욱 조성됐고, 오리무중의 향방이 이어지면서 장내 모든 이들의 입술은 바짝바짝 말라 갔다. 4번의 듀스를 벌이면서 용호상박을 거듭한 두 팀의 매치업은 블로킹에 의해 희비가 교차됐다. 현대건설이 고비 때마다 양효진, 이다현의 블로킹이 잇따라 터져 나오며 한숨을 덜었고, 18:17에서 이다현이 실바의 공격을 가로막으며 2시간 30여 분의 긴 혈투를 매조지었다(30:28, 21:25, 25:16, 17:25, 19:17). 양효진이 중앙에서 높이와 테크닉 등의 강점을 십분 발휘하면서 모마와 위파위, 정지윤의 공격 시너지는 더 빛을 냈고, 이날 다소 주춤했던 이다현이 클로징 블로킹을 멋지게 성공시키며 승리의 하모니를 더했다.

그렇게 현대건설의 안방 GS칼텍스 전 불패 행진은 계속 이어지게 됐고, 연승 숫자를 '4'로 늘리면서 선두의 위엄도 함께 입증됐다. GS칼텍스는 해결사 실바와 강소휘가 굳건한 활약상을 보이면서 현대건설의 높은 전위 블로킹을 적잖이 곤혹스럽게 했고, 권민지와 오세연, 최은지 등 'X-FACTOR'들의 깜짝 활약이 더해지며 질적으로 좋은 경기력을 뽐냈다. 그러나 마지막 2%가 아쉬웠다. 알고도 못 당하는 양효진의 공격 치트키에 블로킹 벽이 갈피를 잡지 못한 것이 너무나 야속했고, 양효진의 중앙과 모마, 위파위, 정지윤의 날개 공격이 다채롭게 어우러진 현대건설과 달리 실바에 공격 점유율이 치중될 수밖에 없었던 부분도 승리 퍼즐을 끼우는 데 장애물이 됐다.

그렇게 수원 원정 징크스 탈출은 또 한 번 미뤄지게 됐고, 정관장 대전 원정에 이어 2연패의 늪에 빠지면서 살얼음판을 계속 걷게 됐다. 이렇게 보면 제아무리 좋지 않은 기억과 코드 불일치를 탈피하기 위한 노력과 방법 등을 수단을 가리지 않고 동원해도 다 되지 않을 때가 있다. 사실 이러한 부분도 마음의 병에서 비롯되는 것이다. 평소 스타일을 유지하면서 때가 올 때 마주하는 것이 중요한데 심리적으로 부정에 너무 옭아매는 부분이 트라우마와 악몽 등을 부채질한다.

물론, 이게 한 번에 걷어지지는 않는다. 한 번 좋지 않게 형성된 내면의 인식을 확 바꾸기 힘들기에 그렇다. 그럼에도 저마다 악순환을 끊어내는 노력의 싹을 하나하나 잘 가꿔가면 언젠가는 인식과 발상의 전환을 불러올 수 있다. 꽃도 물을 착실하게 줘야 멋있게 피어오르는 것처럼 사람이 악몽, 트라우마 등을 벗어나는 것도 차근차근 단계를 거치는 방향이 필수적이다.

그게 삶의 발전에도 큰 밑알이 된다. 자의든, 타의든 좋지 않은 기억과 코드 불일치 등은 꼭 거치기 마련이기에 그렇다. 스포츠팀들이 특정 장소에서 열세가 지독하리만치 이어지더라도 이게 영원한 것은 아니다. 끊어내는 과정이 어렵지 끊고 나면 그다음 심리는 한결 편해진다. 그렇게 해서 감정적인 부분도 변화된다. 스포츠팀들의 특정 장소에서 좋지 않은 기억과 악몽 등이 끊어지는 과정이 익숙함, 자신감 등으로 변모되는 전화위복이 되는 바이다.

현대인들의 삶도 마찬가지다. 제아무리 좋지 않고 코드가 맞지 않더라도 한 번 막히고 막은 혈을 뚫어내면 오히려 나쁨이 좋음으로 변모될 수 있다. 좋지 않은 감정이 시간이 지나면서 눈 녹듯이 사라지는 경우가 있는 것처럼 말이다. 그렇기에 사물을 대할 때 공포감, 적대감 등을 가질 필요가 전혀 없다는 바이다.

똑같은 무기의 위력,
결국 활용 극대화가 가른다!

-2024년 1월 14일-

　　　　　　　　2024년 갑진년 시작과 함께 첫 달도 어느덧 반환점을 향해 달려간다. 새해 벽두부터 대한민국을 뒤덮은 변덕스러운 날씨가 1월 둘째 주 주말의 끝 무렵에도 여과 없이 이어진다. 전날까지 맑게 펼쳐진 하늘에 먹구름이 잔뜩 드리워진 모습이 또 다른 눈비를 암시하는 징조와 같은 느낌이다. 더군다나 올겨울 강수량이 평년치를 훨씬 웃도는 상황인 만큼 시민들의 옷차림 착용에 대한 혼란도 지우지 못하는 실정이다. 그러다 보니 옷차림에서 갈팡질팡하는 부분이 예삿일로 들리지 않는다.

　이러한 변덕스러운 날씨에도 기분 좋게 올스타 브레이크를 맞이하려는 V리그 14개 팀의 계산법은 치밀하다. 타이트한 스케줄 속에 지쳐있던 심신을 잠시 충전하되 2/3 지점까지 드러난 개선점을 토대로 남은 1/3까지 착실하게 채우려는 각기 다른 방법과 방향성 등은 순위 싸움과 맞물려 더 탄력이 붙었고, 각 팀 선수들과 코칭스태프의 전투력 역시 끓어오르다 못해 넘쳐흐른다. 4라운드가 되면 각 팀이 서로 성향이나 특색 등을 손바닥 보듯이 꿰고 있다. 그렇기에 각 팀 간 매치업 때 서로 특색을 얼마나 잘 표출하느냐가 매치업의 향방을 가늠한다.

이날 매치업을 벌이는 여자부 현대건설과 정관장은 서로 같은 무기의 위력이 돋보이는 팀들이다. 다름 아닌 중앙에 있다. 미들블로커 라인이 강하면 양 날개의 화력은 자연스럽게 배가되기 마련인데 두 팀은 미들블로커 라인의 존재가 상대에 강력한 쓰나미를 낳는다. 중앙의 우월한 높이가 전위에 투입될 때 블로킹 위력을 배가시키며, 상대 블로킹 위에서 때리는 공격의 타점과 스피드 등 또한 여간 부담스러운 요소가 아니다. 현대건설의 '원 클럽 우먼'인 베테랑 양효진은 한 시대를 풍미한 한국 여자 배구 대표 미들블로커로서 30대 중반에 접어든 나이임에도 꾸준한 활약상을 줄곧 이어가고 있고, 파트너인 이다현은 2019-2020 시즌 신인드래프트 전체 2순위로 입단해 입단 첫 시즌부터 팀의 주요 미들블로커 자원으로 빠르게 자리매김하며 차세대 프랜차이즈 스타로서 입지를 탄탄히 하고 있다. 정관장 역시 2018-2019 시즌 신인드래프트 전체 2순위로 입단한 박은진이 입단 첫 시즌부터 팀의 주 미들블로커로서 입지를 다져가고 있고, 박은진과 파트너를 이루는 정호영은 2019-2020 시즌 신인드래프트 전체 1순위로 입단과 함께 아웃사이드 히터에서 미들블로커로서 포지션 전향을 성공적으로 꾀하면서 새로운 배구 커리어를 써내려가고 있다.

지난해 12월 16일 대전에서 풀세트까지 가는 치열한 명승부를 펼친 두 팀이 중앙의 강점을 살리기 위한 전제조건은 바로 세터들이다.

김다인(현대건설)과 염혜선(정관장)의 볼 운반과 경기운영이 얼마나 정밀하게 이뤄지느냐가 승부의 열쇠다. 김다인은 최근 계속된 국제 무대 경험 축적을 토대로 플레이가 더욱 무르익어가고 있고, 염혜선은 베테랑의 관록과 함께 젊은 선수들과 시너지 효과 창출에 많은 노력을 기울이는 등 팀 내 신뢰도 또한 높다. 두 세터의 팀 내 비중이 경기 내외적으로도 미치는 바가 크다는 방증이다.

두 팀 매치업의 스케일에 수원체육관은 궂은 날씨에도 많은 팬들로 가득했다. 입구부터 두 팀의 유니폼과 굿즈 착용은 물론, 다채로운 응원 문구 제작으로 선수들의 사기를 드높이려는 팬들의 열정과 정성은 직관 에너지를 더욱 끌어올렸고, 체육관 바깥 차가운 공기를 녹이는 한 엔돌핀으로도 손색없었다. 마침 대전에서 수원까지 교통이 편리한 데다 무궁화호 열차 이동도 약 1시간 30여 분에 불과한 교통 메리트에 주말이라는 골든타임은 정관장을 응원하는 대전 팬들의 발걸음 재촉에 딱이었고, 그에 못지않게 수원이라는 도시의 접근성 역시 팬들의 직관 욕구를 드높이기에 딱이었다.

V리그 흥행 보증수표와도 같은 흥국생명 이외 팀들 간 매치업의 매진 사례라는 부분에서도 나름 의미가 깊었다. 선두 수성과 3위권 진입의 동상이몽 속에 또 한 번 명승부 연출에 대한 기대감에 한껏 부풀었지만, 막상 뚜껑을 열어보니 승부의 추는 싱겁게 기울었다. 마치 앙꼬 없는 찐빵과도 같았다. 현대건설이 '트윈타워'인 양효진과 이다현의 중앙 공격을 기반으로 정관장의 전위 블로킹을 분산시키면서 칼자루를 경기 내내 쥐게 된 것. 김다인의 손끝에서 쭉쭉 뻗어가는

볼 줄기는 공격 루트의 다양성 가미를 덧칠했고, 양효진과 이다현의 높이 활용에 있어 시너지가 컸다. 그러면서 모마와 위파위, 정지윤의 공격력까지 동반 상승을 이뤘고, 이에 경기운영의 묘가 한껏 더해졌다. 상대 공격 뒤 이어지는 2단 연결과 유효블로킹 등 전반적인 수비의 안정화로 정관장의 화력을 제어하면서 세트 내내 리듬과 분위기를 잘 유지하는 모습을 나타냈다.

결국, 현대건설의 세트스코어 3:0(25:21, 25:21, 25:17) 승리로 막을 내렸고, 올 시즌 안방에서 극강의 위엄을 잃지 않는 '안방 깡패'의 면모 또한 한데 입증됐다. 정관장은 새해 시작과 함께 좋은 분위기와 페이스를 기반으로 적지에서 현대건설에 지난 3라운드 역전패 설욕에 야심을 내비쳤으나 공수 양면에서 엇박자를 지우지 못하면서 셧아웃 패배의 쓰라림을 맛봐야 했다. 중앙 싸움에서 현대건설에 열세를 보이면서 메가와 지아, 이소영의 화력이 이전보다 못 미쳤고, 상대 서브에 리시브 불안까지 덮친 것이 발목을 잡은 격이 됐다. 최근 연승 행진 또한 끊기면서 씁쓸함이 더했다.

알고도 당하는 스포츠의 특성은 지피지기면 백전백승이라는 속설을 완전히 비껴가는 맛이 있다. 이는 일반 사회라고 예외가 아니다. 실제로 모든 기관들이 어떤 사업 추진에서 우위를 점하기 위해 저마다 각기 다른 구상을 펼쳐 보인다. 이때 평가 잣대는 바로 잘하는 것을 얼마나 표출하면서 다양성을 입히는가에 있다. 어차피 기관의 특색에 대한 인지는 서로 분명하다. 그렇기에 강점 극대화를 통한 다양성 가미는 사업 추진의 우위 확보에 지대한 영향을 미친다.

이러한 부분들이 평가단의 마음을 움직이게 한다고 해도 과언이 아니다. 사업 추진하는 과정에 너무 다양성에만 매몰되면 본래 정체성을 잃는다. 그간 해온 방향성과 정체성을 등한시하는 것을 자인하는 꼴과 같다. 이는 조직이나 기관의 발전에 아킬레스건으로 자리하는 것은 물론, 이미지에도 영향을 미치기 십상이다. 그래서 잘하는 부분이 가장 확실하면서도 위력적인 무기라는 것이다. 잘하는 부분을 정밀하게 가다듬으면서 표출까지 이어지는 루트가 일종의 지름길로 여겨지는 바이다.

　우리네 삶도 그렇다. 저마다 성향과 특색 등이 판이하지만, 확실한 무기는 각자 분명하게 있다. 이를 가정이든, 대인관계든 모든 면에서 잘 활용했을 때 개인, 조직, 집단의 발전을 이끌 수 있다. 강점의 활용을 기반으로 삶을 그려가는 방향은 멋짐 폭발을 이끈다. 스포츠에서 팀의 주 무기 활용이 승리의 퍼즐인 것처럼 모든 현대인들의 삶에 있어 강점은 곧 무기라는 것이다. 이를 토대로 개인의 행복지수가 올라간다면 금상첨화와도 같지 않나 생각된다.

성취의 맛은
쉽게 지워지지 않는다!

−2024년 2월 17일−

지난 설과 달리 이번 설 연휴는 짧았다. 연휴의 길고 짧음은 음력 주기에 따라 판이한 차이를 보이지만, 그래도 짧은 연휴는 모든 현대인들에게 진한 아쉬움으로 남는다. 짧은 설 연휴를 뒤로하고 본격적인 2024년을 맞이하는 현대인들의 삶과 시계의 추가 쉼 없이 돌아가는 속도는 쏜살같이 빠르다고 해도 과언이 아니다. 아무래도 2월이 1년 12개월 중 가장 짧은 일수라 체감 온도가 더 와 닿지 않나 생각된다.

V리그의 순위 싸움도 흘러가는 시간의 속도 만큼이나 빠르게 급변하면서 재미가 더해지는 단계다. 시즌 초반부터 유례없는 순위 싸움에 각 팀 선수들과 코칭스태프의 피는 진하게 말라가는 나날이 계속되고 있고, 후반기 시작과 함께 더 절정을 이루면서 하루살이의 고착화를 불러왔다. 여기서 승점 관리가 효과적으로 이뤄지지 못하면 순위 싸움의 낙오를 의미하기에 마지막까지 전투 태세가 확고할 수밖에 없다.

5라운드 중반 우리카드와 대한항공의 '예비 챔프전'은 배구 팬들에게 짧았던 설 연휴의 아쉬움을 달래줄 최고의 '메인 스테이지'다. 우리카드는 4라운드 막판 뜻밖의 4연패를 딛고 5라운드 4연승을 구가하며 다시금 전열을 가다듬는 중이고, 대한항공도 5라운드 첫 경기 현대캐피탈 전 2:3 패배를 딛고 3연승을 구가하며 선두 탈환에 대한 야심을 강하게 내비치고 있다. 시즌 매치업 전적은 우리카드가 대한항공에 3승 1패로 우위를 점하고 있어도 직전 매치업에서 대한항공이 우리카드에 3:0 셧아웃 승리를 따낸 터라 양 팀 선수들과 팬들의 결연함과 비장함은 더할 수밖에 없다.

가는 날이 장날이라고 한다. 매치업의 상징성과 주말이라는 날짜 주기에 맞게 장충체육관 주변은 문전성시를 이뤘다. 장충동의 백미 중 하나인 족발촌은 점심시간을 맞아 직관을 위한 팬들이 테이블을 가득 메웠고, 입구부터 가득한 웨이팅에 식당 방문객들의 침샘은 절로 돋궜다. 배구 직관 전 끼니를 해결하려는 팬들과 주말 각자 여가 활동 이후 회포를 풀기 위한 시민들로 테이블이 빽빽이 들어섰는데 화창한 날 기분 좋은 주말을 위한 코스로 식사를 삼는 부분은 각기 다른 라이프스타일 속에서도 함께 스며들고 있다는 방증이다.

항상 족발 정식에 된장국을 곁들이는 메뉴를 족발촌 방문 때마다 먹는데 먹어도 먹어도 질리지 않는다. 본래 첫 만남이 뇌리에 강하게 박히는 것처럼 음식 역시도 예외가 아닌데 족발촌 방문할 때마다 느꼈던 개인적인 느낌이 메뉴를 고를 때도 딱 들어맞았다. '폭풍 식사'를 뒤로 하고 태극당으로 자리를 옮기니 족발촌과 마찬가지로 제과

류 구매와 티 타임을 위한 방문객들이 북적댔고, 제과와 티 구매의 웨이팅 카운터에도 쉼표가 없었다. 그렇게 주말 오후 동대입구역, 장충동 일대는 장충체육관과 남산타워 등의 명소 방문을 위한 시민들로 주말 기운을 물씬 풍겼다.

장충체육관에 들어서니 장내 열기는 뜨겁게 불타오른다. 홈팀 우리카드 못지않게 대한항공도 원정팬들이 체육관 좌석을 가득 메우며 만원 관중의 스케일을 키웠고, 양 팀 응원단장 지휘하에 응원 데시벨 또한 절정을 이뤘다. 선두 길목에서 최대 승부처 중 하나인 이날 매치업은 예상대로 명승부의 향연이었다.

양 팀 세터 한태준과 한선수의 손끝에서 다양한 공격 옵션이 표출되면서 경기 패턴의 다양성을 입혔고, 상대 리시브 라인을 흔들기 위한 강한 서브와 공격에 이은 디그와 유효블로킹 장만의 기 싸움도 용호상박이었다. 이에 세트 내내 엎치락뒤치락하며 매치업의 질을 더욱 높였다. 1세트 듀스 접전을 벌인 것도 모자라 2세트 역시 쫓고 쫓기는 승부 속에 20점 이후 1, 2점 승부로 치닫는 흥미진진함은 배구의 묘미를 아낌없이 선사했다. 1, 2세트 접전 상황에서 양 팀 세터들의 대범함과 과감함이 두뇌 싸움을 현란하게 입힌 부분만 봐도 두 팀 매치업의 스릴과 재미를 절로 엿볼 수 있는 대목이었다. 한시도 눈을 떼기 어려운 긴장감이 장내를 감돈 와중에 1, 2세트 우리카드가 집중력의 우위로 세트를 가져오며 홈팬들에 뜨거운 환호성을 불러왔다. 무엇보다 해결사 마테이의 부상 공백 속에서도 '플랜B'의 효력이 위력을 발휘하면서 공격 옵션의 다양화가 그대로 표출됐다. 본래 미들블로커인 잇세이가 아포짓 스파이커로 고정되면서 **빠른** 스피드와 높은 타점의 특색을 잘 녹여냈고, 미들블로커인 박진우가 중앙에서 축을 잡아주면서 잇세이, 김지한의 양 날개 시너지를 극대화시켰다. 마테이의 공백을 딛고 견고한 팀워크와 고도의 집중력을 토대로 2세트를 내리 따낸 우리카드의 기세에 승부의 추는 예상과 달리 싱겁게 기울 것처럼 보였다.

그러나 대한항공의 저력은 선두 우리카드라고 한들 만만하게 볼 요소가 아니었다. 마치 고기도 먹어본 사람이 안다는 것처럼 성취의 맛을 너무나 잘 아는 선수들과 팀 전체의 내공과 경험치는 핀치 상황에서 빛을 냈다. 이는 안갯속의 승부로 향하는 한 복선이었다. 토미 틸리카이넨 감독의 용병술과 두꺼운 선수단 뎁스의 효과는 핀치 상황의 전투력을 한껏 드높였다. 3세트부터 한선수 대신 유광우를 투입하면서 실타래 마련을 노린 틸리카이넨 감독의 전략은 우리카드의 허를 제대로 찔렀고, 임동혁과 정지석 대신 무라드 칸과 정한용을 양 날개로 3세트부터 고정시킨 용병술도 공격 효율성 배가와 상대 리시브 교란을 적절히 도모했다. 한선수와 상반된 스타일의 유광우가 무라드와 정한용의 높은 타점과 스피드를 적극적으로 살려주며 공격 리듬을 살렸고, 우리카드 전위 블로킹을 견제시키는 김규민, 김민재의 중앙 활용도 베테랑의 관록을 절로 묻어나게 만들었다.

그에 반해 우리카드는 3세트부터 급격하게 흔들린 서브리시브에 세터 한태준의 패스 운반이 1, 2세트와 달리 위력이 크게 반감됐고, 양 날개들의 공격력도 상대 블로킹에 번번이 가로막히며 심리적으로 조급증을 나타냈다. 이에 범실 개수가 급격히 불어났고, 상대 강서브에 공격 연결의 어려움이 뒤따르는 코스는 배구에서 경기가 풀리지 않을 때 전형적인 패턴을 그대로 나타냈다. 3, 4세트는 대한항공이 수월하게 가져오면서 파이널 세트로 향했고, 범실과 블로킹, 서브의 중요성이 더욱 대두되는 시점에서 양 팀 모두 체력적인 부담에도 모든 에너지를 쥐어짜 내며 연승 열망을 불태웠다.

볼 하나하나가 승패와 직결되는 만큼 장내 시선 몰입도는 'MAX' 였다. 한시도 눈을 떼기 어려운 레이스에 대한항공의 저력과 집중력은 시즌 마지막 장충 원정길에서 기어코 열매를 맺었다. 대한항공은 유광우의 손끝에서 고른 공격 옵션과 루트가 한데 어우러지며 우리카드 전위 블로킹을 제대로 무력화시켰고, 서브와 리시브 싸움에서도 우리카드에 우위를 점하면서 짜릿한 역전극의 퍼즐을 제대로 끼웠다(26:28, 23:25, 25:19, 25:17, 15:12).

이날 승리와 함께 대한항공은 다시금 우리카드 추격의 방아쇠를 당기게 됐고, 우리카드는 다 잡은 미끼를 눈앞에서 놓치면서 진한 아쉬움을 삼켰다. 약 2시간 30여 분의 대혈전 속에 대한항공의 내공과 경험치는 성취의 맛이 얼마나 중요한가를 입증했다. 사실 이는 세상사와 그대로 직결된다. 모든 현대인들은 저마다 추구하는 라이프스타일에서 나름의 방향성을 설계한다. 이게 공적인 부분이든, 사적인 부분이든 마찬가지다. 방향성의 설계를 기반으로 하나하나 착실하게 진행한다면 성취는 자연스럽게 따라온다. 그러면서 내공이 쌓이게 되고, 경험치 또한 한 뼘 자란다.

한국 사회의 고질적인 악습 중 하나가 성과주의다. 지나친 성과주의의 폐허로 인해 개인과 조직 모두 어떠한 과업을 수행하는 부분에서 성과를 이뤄야 하는 압박감이 상당하다. 단, 여기서 알아둬야 할 부분이 있다. 성과를 이루기까지 기반은 바로 방향성의 설계라는 점에 있다. 이게 성과 쟁취의 가치를 가늠하는 지표이기에 중요성이 두말할 필요가 없다. 어느 한 상황, 시점에 일희일비하지 않으면서 쓰라림을 경험치와 내공의 향상으로 승화시키면 언젠가는 똑같은 상황이 닥쳤을 때 큰 열매로 다가올 수 있다. 그렇게 해서 개개인과 조직의 역량이 배양되고, 자신감 충전과 가치 증대 등의 효과가 부수적으로 연결된다.

대한항공이 지난 시즌까지 3년 연속 통합 챔피언을 이룰 수 있었던 것도 챔피언의 'PRIDE'와 개개인의 내공, 경험치의 증가, 숙련된 플레이의 질 등이 절묘하게 결합됐기에 방향성의 설계와 성과 쟁취의 가치를 더 드높일 수 있었다. 개인이든, 집단이든 추구하는 방향에 따른 성과 쟁취 여부는 다른 부분에서 갈리지 않는다. 방향성 설계를 통해 추구하는 바를 얼마나 잘 이끄느냐다.

스포츠팀이든, 일반 조직이든 모두에게 해당하는 바이며, 어느 한 개인을 놓고 볼 때도 중요성이 더 대두된다. 이를 토대로 고기의 맛을 보게 되는 것이며, 한 번 맛을 터득하고 그다음 맛볼 때 그 맛은 더 진하기 마련이다.

'파리 목숨'의 애환,
그리고 사령탑 공백!

-2024년 2월 18일-

이 땅에 모든 비정규직 신세는 괴롭다. 기관과 개인의 관계에서 철저한 '을'의 위치에 있는 데다 처우나 복지 등도 정규직에 비하면 열악하기 짝이 없다. 정해진 근로 계약 기간 안에 저마다 원하는 성과를 쟁취해야 한다는 압박감이 늘 어깨를 짓누른다. 그러다 보니 늘 고용 불안에 시달린다. 사회 각계에서 비정규직 근로 여건 개선에 나름의 노력을 기울이고는 있다고 해도 여전히 열악함을 지울 수 없는 것은 부정하기 어렵다. 현대 사회 비정규직의 서글픈 자화상과도 같다.

특히 프로스포츠 감독은 비정규직의 모든 애환을 그대로 담고 있는 '3D(Dirty, Dangerous, Difficult)' 직종 중 하나다. 라인업 구성과 팀 운영, 시즌 승패 등 모든 면에서 비난의 총알받이를 자처해야 하는 것은 물론, 근로기간 원하는 성과를 쟁취하지 못할 때는 책임을 모두 떠안는다. 이러한 부분이 하나의 악습처럼 굳어진 관행이라 서글픔이 짙은 것이 사실이다.

이는 감독들의 계약 레임덕이 닥칠 때 더 심화된다. 더군다나 계약 마지막 시즌 결과가 재계약에 결정적인 영향을 미치기에 그렇다. 모든 스포츠 감독들이 새로운 시즌이 닥쳤을 때 나름의 판단력과 주변 구성원 간 커뮤니케이션, 특색에 맞는 지도 등을 믹스하지만, 언제 어디서 어떻게 도사릴지 모르는 돌발상황에 의해 구상이 어긋나는 경우가 허다하다. 이에 나름의 '플랜B'를 세우면서 난관 타개를 모색하지만, 주변 기대치를 감안하면 후폭풍이 크다.

장기 레이스 연패 시 발생하는 스트레스 지수는 일반 직장인들과 견줬을 때 상상을 초월할 정도고, 매 경기 준비를 위해 밤잠을 설쳐가면서 불면증에 시달릴 만큼 심신의 괴로움이 어마어마하다. 거기에 성과에 따라 얼마든지 해고될 수 있다는 압박감을 늘 안고 있기에 흰머리 증가, 탈모 증세 등 직업병 또한 수두룩하다. 이 부분만 놓고 봐도 모든 스포츠 감독들의 애환이 다 묻어 있다.

정오를 지나 오후가 되면서 빗방울의 굵기가 굵어진 날, IBK기업은행의 홈 코트인 화성종합경기타운 체육관은 빗줄기를 뚫고 찾아온 팬들의 열혈한 성원과 뜨거운 열정이 굳건했다. 도심에서 다소 떨어진 곳에 위치하고 있는 좋지 못한 접근성에도 사당역에서 체육관까지 직통 좌석버스가 운행되면서 이동 불편함을 조금이나마 덜어내고 있고, 셔틀버스를 수원역과 사당역에 2대씩 2회에 걸쳐 운행되는 부분에서 팬들의 이용도와 선호도가 높다.

체육관에 딱 들어서면서 양 팀 선수단의 워밍업이 한창인 상황에

낯선 광경이 연출됐다. 다름 아닌 GS칼텍스 수장 차상현 감독이 건강 이상 증세로 벤치에 앉지 못하게 된 것에 있다. 이 모든 게 성적에 따른 스트레스가 결정적이다. 실제로 GS칼텍스의 올스타 브레이크 이후 동향이 딱 입증된다. 올스타 브레이크 이전까지 줄곧 3위권을 유지하며 봄 배구 초대장에 대한 기대감이 점점 높았다. 세터 안혜진이 어깨 수술로 이탈되는 악재 속에서도 차상현 감독의 조련 속에 견고한 팀워크와 응집력, 투지를 기반으로 질 높은 경기력을 선보였고, 두꺼운 선수단 뎁스를 기반으로 라인업 운영의 묘를 높이는 부분이 해결사 실바의 성공적인 연착륙과 맞물려 효력이 배가됐다. 미들블로커 포지션의 취약함이라는 아킬레스건과 사실상 아시아쿼터 활용을 하지 못하는 핸디캡을 모두 뛰어넘고 이뤄낸 결과의 가치는 땀의 열정과 함께 박수갈채를 받기에 아깝지 않았다.

물론, 올스타 브레이크 이전까지 얘기다. 하지만, 올스타 브레이크 이후 팀 페이스가 급격히 떨어지면서 봄 배구 초대장에 대한 위기감이 더욱 고조되기에 이르렀다. 강소휘, 유서연의 페이스가 급격히 떨어지면서 실바에 대한 의존도가 급격히 늘어나는 결과를 초래했고, 실바에 쏠린 단조로운 공격 옵션은 상대에 좋은 먹잇감으로 전락하는 악순환을 낳았다. 실제로 올스타 브레이크 이후 지난 6일 페퍼저축은행 원정 3:2 승리를 제외하면 승점을 단 1점도 쟁취하지 못했고, 페퍼저축은행 원정 역시 경기 내용만 놓고 보면 페퍼저축은행의 기나긴 연패 탈출의 희생양이 되기에 어색함이 없었을 정도로 좋지 못했다.

그러면서 전반기 때 벌려놓은 승점을 어느새 다 까먹었고, 지난 16일 정관장이 페퍼저축은행 원정길에서 3:1 승리를 따내면서 공고했던 3위 자리도 어느새 뺏겼다. 급격한 팀 부진에 지난 14일 한국도로공사 원정길부터 차 감독이 건강 이상을 이유로 선수단 지도에 어려움을 겪으면서 예상치 못한 선장 공백을 떠안았고, 급기야 이날은 차 감독 대신 임동규 수석코치가 차 감독 대신 팀을 지휘하게 됐다.

이 부분 자체가 연패에 따른 감독 스트레스가 얼마나 무서운가를 절로 입증하는 대목이며, 수석코치가 아무리 팀 운영에 대한 이해도가 높다고 한들 라인업 구성이나 패턴 등을 짜는 부분에서 모든 것을 총괄하는 감독의 역량을 대체하기에는 아무래도 무리가 있는 것이 사실이다. 더군다나 모든 스포츠에 공통된 사항인 승부처에서 감독의 역량에 대한 중요성이 두말하면 잔소리에 가깝다.

모든 면에서 GS칼텍스는 첩첩산중이었던 이날 IBK기업은행 원정길이다. GS칼텍스뿐만 아니라 IBK기업은행도 갈 길 바쁜 것은 매한가지다. 4라운드 마지막과 5라운드 첫 경기 정관장에 연달아 패하면서 봄 배구 전선에 빨간불이 들어왔고, 널뛰기 식의 경기력이 반복되면서 김호철 감독의 속이 더욱 새까맣게 타들어 가고 있다. 고질적인 리시브 불안에 의해 달아날 흐름에서 좀처럼 치고 나가지 못하는 악순환이 반복되다 보니 매 경기 어려운 여정이 계속되는 면이 아쉽다. 지난 15일 흥국생명 원정도 풀세트 접전 끝에 2:3으로 패하는 과정에서 마지막 고비를 넘기지 못한 부분이 너무나 야속했고, 시즌 내내 뒤따라 다니는 승점 관리의 어려움 야기도 승부처 집중력의 2%

부족함이 한몫을 했다.

그렇기에 봄 배구 전선에서 이날 매치업은 두 팀 모두에게 사생 결단이라고 해도 과언이 아니었다. 그래서일까? 1세트부터 필승의 일념이 코트 안에 그대로 묻어났다. IBK기업은행은 해결사 아베크롬비의 고공 폭격과 미들블로커 최정민의 중앙 공격을 적극적으로 활용하며 GS칼텍스를 물고 늘어졌고, GS칼텍스는 해결사 실바가 전·후위를 가리지 않고 매서운 강타를 퍼부으며 IBK기업은행의 방어벽에 으름장을 놨다.

서로 핑퐁 게임을 거듭하면서 매 세트 20점 이후 집중력이 큰 열쇠로 작용했고, 서로 강점인 옵션을 적극적으로 활용하며 승점 3점에 대한 열망을 내비쳤다. 알고도 못 막는 것이 스포츠의 속성에서 20점 이후 IBK기업은행이 본래 특색을 잘 활용하며 칼자루를 쥐었다. IBK기업은행은 아베크롬비의 높은 공격 효율이 GS칼텍스 블로킹을 무력화시키며 리듬과 페이스를 잃지 않았고, 미들블로커 최정민이 고무줄 같은 탄력과 탁월한 위치 선정을 통해 상대 실바와 강소휘 등의 공격을 잇따라 차단하며 팀 블로킹 싸움의 우위를 가져왔다. GS칼텍스는 실바의 고군분투에도 공격 옵션의 단조로움을 지우지 못했고, 강소휘와 유서연의 서포터가 받쳐주지 못하면서 실바의 의존도 심화를 부채질했다. 이에 IBK기업은행은 승부처 임기응변에서 GS칼텍스에 우위를 점했고, 서브와 블로킹의 우위에서 실타래마련을 잘 도모하며 세트스코어 3:0(25:21, 25:21, 25:21) 승리를 낚아챘다.

IBK기업은행은 이날 GS칼텍스를 제물로 귀중한 승점 3점을 챙기면서 봄 배구 희망을 지폈고, GS칼텍스는 차상현 감독의 부재 속에 완패의 쓰라림을 맛보면서 3위 탈환의 찬스를 날려 보냈다. 늘 스트레스를 몸에 달고 사는 프로스포츠 감독들의 세계는 일반 사회의 스트레스와는 결이 완전히 다르다. 일단 늘 고용 불안을 지울 수 없다는 것이다. 운동선수에게 있어 은퇴 후 대부분 지도자를 제2의 인생 설계 코스로 삼는다.

배운 게 도둑질이라는 말처럼 어린 시절부터 청춘을 받쳐온 일을 은퇴 이후에 쭉 이어갈 수 있다는 것만으로도 큰 영예다. 거기에 감독직을 맡으면서 수트를 입고 선수들을 지도하는 로망은 개인 커리어에도 엄청난 자산이다. 그러나 화려함이 있으면 어두움도 있는 법. 감독직의 로망 뒤 숨겨진 이면에는 성적에 대한 압박감이 내재되어 있다. 이에 따른 고용 불안은 늘 감독들의 심신을 괴롭게 만든다. 감독직을 맡는 기간 동안 성과를 내지 못하고 실패를 맛보게 되면 구직이 쉽지 않을뿐더러 '실패자'라는 주홍글씨 또한 여간 부담스러운 꼬리표가 아니다.

일반 직장인들은 제아무리 성과가 나지 않더라도 큰 물의를 일으키지 않는 이상 최소 밥줄은 유지한다. 이는 인사 의결권이 오너에게 있다고 하더라도 오너 입맛대로 해고할 수 없다는 방증이기도 하다.

그에 반해 프로스포츠 감독은 단순히 선수들 훈련 지도와 경기 지휘뿐만 아니라 해야 할 업무가 산더미다. 그만큼 책임감과 무게감이 막중하다. 비시즌 선수단 개편, 신인 및 외국인 선수 픽, 전력 보강 위한 트레이드 등까지 눈코 뜰 새 없이 바쁜 나날이 365일 내내 이어진다. 철저한 비즈니스 세계에서 확실한 전력 보강이 팀 성패를 가늠하는 잣대인 만큼 모든 결과의 책임을 온몸으로 다 받아내야 한다. 물론, 이 부분에 대한 프런트의 책임도 적지 않지만, '을'의 위치에 있는 감독에게 뒤집어쓰는 악순환은 조직 발전이나 비전 확립에 있어 크나큰 장애물이나 마찬가지다.

이에 일반 조직도 예외가 될 수 없다. 결과에 대한 책임을 모두가 함께 떠안아야 하는 것이 불변의 진리다. 연간 사업 계획을 수립하면서 조직의 방향성, 성과를 위한 투자 등의 적절한 하모니를 이끌어내야 가치가 더 치솟는다. 만약 이 부분이 갖춰지지 않고 중간 책임자들에 책임을 뒤집어쓰는 악순환이 해갈되지 못하면 성과를 기대하기 어렵다. 그게 중·장기적인 로드맵과 방향성 등과 직결되기에 더 그렇다.

비정규직의 근로를 놓고 얘기해보자. 처우와 복지 등이 잘 갖춰져야 근로 욕구가 상승하면서 능률이 올라간다. 그러기 위해서는 비정규직 근로자에게 신뢰감을 안겨줘야 한다. 근로 환경의 변화, 근로 분위기 고취, 상호 간 원활한 커뮤니케이션 등의 가미가 필수적이다. 그래야 근로 시장에서 인력 풀 확보, 노동력 강화 등을 도모할 수 있다. 그래서 비정규직 근로의 처우, 복지가 중요한 바이며, 저마다 향후 구직 추구 등에도 좋은 영향을 미칠 수 있다.

어수선한 나날,
그래도 낙은 존재한다

-2024년 2월 20일-

　　　　주 시작과 함께 참 어수선하다. 의대 정원 문제를 놓고 대형 메이저 병원을 축으로 상당수의 전공의들이 의사 가운을 벗고 19일부터 파업에 동참한 뉴스가 국가 전체를 요란법석으로 만들고 있다. 파업의 골자는 이렇다. 다름 아닌, 2월 초, 윤석열 대통령이 필수의료 정책 패키지를 발표했다. 이 내용에는 의료 인력 확충과 지역 의료 강화, 의료사고 안전망 구축, 보상체계 공정보상 체계가 개혁안으로 담겨있다.

　여기서 눈여겨볼 대목이 있다. 다름 아닌 의료 인력 확충이다. 개혁안에 의대 정원 2,000명 증가가 포함됐는데 이에 의사들과 의대생들이 크게 반발하면서 집단행동에 나선 것이다. 당장 20일 새벽 6시부터 근무 중단을 선언한 나머지 의료 공백에 대한 우려는 더욱 커질 수밖에 없다. 아니나 다를까 이는 기차역에서부터 의료 공백의 여파가 고스란히 드러났다.

　사실 지방에서 수많은 환자들이 의료 인프라가 월등한 수도권 대형 메이저 병원을 방문해 진료, 수술을 진행하는 일들은 예삿일은 아니다. 의료 장비와 부품의 우월함이 수도권에 집중된 환경적 이점과 함께 빠른 치료와 수술을 원하는 환자와 그 가족들의 심리까지 더해지면서 더 심화되는 추세다.

이날 서울발 천안행 무궁화호 열차 탑승에도 오전부터 진료와 수술을 위해 귀성한 환자들의 발길은 여전했다. 이들에게는 이전과 다를 바 없는 발걸음일 수 있지만, 제3자의 견지에서 볼 때는 평소보다 더 분주하다는 느낌을 지울 수 없다. 전문의 공백에 의해 치료와 수술을 원활히 할 수 없다는 불안감이 환자들과 가족들의 내면에 사로잡힌 영향이 크다. 전문의가 빠지면서 발생하는 의료 공백이 병원 측이나 환자 모두에게 가볍게 볼 수 있는 산이 아니며, 치료와 수술 날짜를 명확하게 인지하고 열차길에 몸을 실은 환자들에게는 곧 생명과도 직결되기에 더 그렇다.

그런 측면에서 조속히 협의점을 찾는 것이 국가적으로 볼 때 시급하다고 볼 수 있다. 전문의 파업에 따른 의료 대란의 도래와 함께 빗방울이 추적추적 내린다. 그런데 빗방울이 의료 대란과 뭔가 맞물리는 묘한 기분을 들게 한다.

서울역에서 천안역까지 약 1시간여의 무궁화호 열찻길을 달리면서 저절로 느껴지는 감정이 아닐까 생각된다. 지난 일요일부터 내린 빗줄기가 오락가락하는 와중에도 멈출 기미가 보이지 않았다. 어느새 봄을 향해 달려가고 있는 날짜 절기를 역행한다. 천안역에 내리고 천안 시내 대표 번화가인 야우리 부근으로 자리를 옮겼다.

야우리 부근은 천안에서 유동인구가 가장 많은 곳 중 하나다. 천안 시외·고속버스터미널이 위치하면서 신세계백화점과 이마트 등 종합 상가들의 보유로 유동인구를 늘린다. 그뿐만 아니라 터미널 맞은편 뒷골목으로 식당가들이 다양하게 분포됐고, MZ세대들을 필두로 나름 즐길 수 있는 공간도 많다. 그래서 필자는 항상 천안에 오면 야우리 부근은 꼭 거쳐 간다.

모처럼 야우리 부근을 방문하니 자주 이용하던 플레이스의 폐점이 상당히 아쉽게 다가왔다. 다름 아닌 터미널 맞은편에 위치해 있던 프랜차이즈 커피숍 이디야의 폐점이다. 계속된 경제 불황으로 자영업 폐업이 날이 갈수록 가속화되고 있다. 계속 치솟는 물가에 인건비 부담, 월세 부담, 식자재 가격 상승 등 자영업자들의 부담을 더욱 조여오는 현실은 자영업 폐업을 부채질하고 있다. 고물가 시대에 대한민국 사회 서글픈 현실이며, 이 부분에서 상당히 안타깝기 짝이 없다. 항상 방문하던 플레이스의 폐점을 직접 활보하면서 바라보니 더 그랬다.

안타까움을 뒤로 하고 타 커피숍으로 이동해 따뜻한 차 한 잔을 마시면서 목을 축였고, 나름 바깥 뷰를 바라보고 빗방울을 감상하니 그 맛이 더 진하게 다가왔다. 커피숍을 나오고 식사 해결을 위해 자리를 옮겼다.

번화가 주변은 참 먹을 것이 많다. 금강산도 식후경이라는 말이 있듯이 주변 식당가 다양한 메뉴들이 고뇌에 빠지게 한다. 이러한 감정은 모든 현대인들에게 공통적으로 해당하는 부분이기도 하다. 고심 끝에 떡볶이 뷔페를 택했다. 뷔페의 특성이 정량에 맞게 양껏 먹을 수 있다는 메리트가 매력적이다. 튀김과 순대, 오뎅 등 화려한 사이드 메뉴에 떡볶이도 다양하게 구비된 부분이 입가에 침샘을 절로 돋운다. 마침 허기도 진 상황이라 접시에 메뉴를 양껏 담았다. 사이드 메뉴부터 떡볶이에 들어갈 찬 종류까지 담으니 접시가 훌쩍 차올랐다. 그렇게 해서 나름 '폭풍 식사'에 돌입했다. 이것저것 가리지 않고 먹은 나머지 접시 비는 속도는 빨랐고, 또 다른 맛을 맛보기 위해 주저 없이 메뉴를 리필했다. 리필하면서 마음껏 먹어둬야 한다는 욕구가 뚜렷하게 내재된 영향이다. 짜장, 궁중 떡볶이의 조화를 토대로 각종 야채류를 불판에 담았고, 맛의 다양성을 한 번에 느끼는 효율성 또한 리필 식사의 묘미를 제대로 느꼈다. 이어 후식으로 음료와 아이스크림까지 해결하면서 식사를 마무리했고, 나름 가성비 높은 식사가 된 것 같아 황홀함을 지울 수 없었다.

날이 갈수록 물가 상승이 가속화되는 현실에 가성비와 효율성을 추구할 수 있는 특성이 리필 식사에 딱 묻어난다. 고물가 시대에 리필 식사의 선호도가 높아지는 현실에 이러한 부분은 지속될 여지가 다분하다. 자영업 세계가 위기를 넘어 절망으로 치닫는 사회적 동향에 나름의 정성을 위해 서비스를 아끼지 않는 자영업자들의 분주한 노력이 박수를 받을 만한 이유다. 이를 지켜보니 자영업자 구제를 위한 국가 차원에서 노력이 더 필요하다는 것은 자명한 일이며, 정책적으로 더 명확성을 가미되어야 할 필요성을 나름대로 느꼈다.

식사를 뒤로하고 천안역을 향하는 천안 시내버스에 몸을 실었다. 천안 야우리에서 천안역까지 거리는 차로 불과 5~7분이다. 시내버스로 세 정거장밖에 되지 않는다. 마침 탑승 시간이 러시아워 시간대인 데다 저마다 다른 노선을 타기 위한 시민들로 정류장이 가득했고, 빗방울이 쏟아진 날씨와 맞물려 버스 좌석 점유율은 체감상 더 높았다.

천안 시내버스가 항상 버스 기사들의 과속이 늘 시민들에 큰 불만으로 대두되는데 도로가 좁고 경사진 노선을 지나는 영향이 큰 나머지 안전 불감증에 대한 우려가 끊이지 않는다. 더군다나 빗방울이 쏟아지는 날씨는 과속이 사고 위험도를 높일 수 있는 만큼 시민들의 불안감은 클 수밖에 없다.

다행히 천안역 방면으로 이동은 순조롭게 진행됐고, 짧은 탑승시간을 거쳐 천안역에 다다랐다. 천안역 입성과 함께 곧바로 서부광장으로 옮겼다. 다름 아닌 남자부 현대캐피탈 셔틀버스가 천안역 운행노선이 마련됐기 때문이다. 체육관을 찾는 팬들을 위한 현대캐피탈의 배려가 셔틀버스 탑승의 편리함을 더 재촉한다. 사실 현대캐피탈의 홈 코트인 천안유관순체육관은 대중교통 이용에 다소 애로점이 있다. 천안시청과 바로 가까이 위치하고 있음에도 시내버스가 쭉 돌아서 운행되다 보니 소요시간이 길다. 더군다나 러시아워 시간대 교통체증까지 맞물리면 그야말로 주변 도로가 마비 수준에 다다른다.

올 시즌 천안역과 천안아산역 두 코스로 나눠 셔틀버스를 운행하는 부분에 대한 팬들의 발길이 쇄도하는 주 잣대다. 이날도 궂은 날씨를 뚫고 체육관을 향하는 팬들의 셔틀버스 탑승이 운행 시간대에 맞춰 하나둘 보이기 시작했고, 서부 광장 좁은 차로를 따라 이동을 향한 채비도 끝마쳤다. 이동하려던 찰나에 예상치 못한 불청객(?)이 찾아왔다. 다름 아닌 1차선 도로에 정차된 차량 한 대가 통행을 가로막은 것이다.

이게 한국 사회의 큰 문제 중 하나로 대두되는 주정차 문제다. 좁은 차로에 일반 승용차가 딱 가로막으며 버스 이동에 불편함이 초래됐다. 도착 시간대에 팬들을 체육관에 하차시켜야 하는 상황에 이러지도 못하고 저러지도 못하고 발만 동동 구르는 광경이 연출됐고, 셔틀버스 기사와 운전자 간 주정차 문제를 향한 실랑이가 벌어지면서 운행이 잠시 지연됐다. 좁은 차로에 원활한 통행을 도모하는 것은 기본 중의 기본이다. 이러한 광경이 교통체증 발생의 핵심이기에 운전자로서 시민의식 발휘는 대단히 중요하다. 더군다나 도로가 좁은 지역들일수록 운전자 간 배려는 필수적으로 다가온다.

그런데 일반 승용차 운전자의 적반하장 행태에 버스 탑승한 팬들의 짜증과 분노는 더욱 폭발했고, 10여 분간 버스 안팎으로 폭풍전야의 기류가 감돌았다. 짧고 굵은 실랑이 속에 사태가 일단락됐지만, 주정차 문제에 따른 운전자 간 충돌이 비일비재한 광경을 눈으로 딱 보니 주정차 문제에 대한 법적 장치가 원활하게 마련되지 못한 시스템이 야속하게 느낄 따름이었다. 우여곡절 끝에 천안유관순체육관까지 이동은 큰 문제가 없었고, 나름 요란한 하루도 점차 저물어갔다.

한반도 교통의 요충지이기도 한 천안은 현대캐피탈의 성공적인 연고지 정착으로 배구특별시의 이미지를 확실하게 구축하고 있다. 이는 현대캐피탈의 꾸준한 노력이 빚어낸 산물이다. 2005년 V리그 출범과 함께 천안을 연고지로 지정하면서 지역 밀착형 마케팅과 스킨십을 통해 천안에 완전히 뿌리를 내렸고, 홈 코트인 천안유관순체육관을 하나의 놀이터로 장만하는 노력도 어느새 팬들에게 직관 욕구를 드높이는 에너지원으로 자리했다.

체육관 계단 입구부터 선수단 캐리커처를 도색, 도면하는 부분은 팀 친밀도를 더 높이며, 체육관 내부 이마트 패밀리존을 비롯한 스페셜 좌석에 소파를 비치하면서 편안한 직관을 드높이는 등 팬을 위한 '팬 프렌들리'도 단연 V리그 팀 중 최고 수준이다. 이러한 부분은 천안을 배구특별시 이미지 구축과 더불어 폭발적인 관중 열기로 원정팀들에 '원정팀의 무덤'으로 불리는 기폭제로 자리하는 잣대로도 손색없다.

이날은 현대캐피탈과 삼성화재의 시즌 5번째 'V-클래식' 매치다. 두 팀 모두 봄 배구 전선에서 갈 길이 여전히 삼만 리다. 서로의 칼날을 겨누기 위한 동력은 확실하다. 이미 서로 성향이나 특색은 손바닥 보듯 꿰고 있기에 본래 특색 극대화와 리시브, 범실 등의 싸움이 될 것은 너무나 자명하다. 1세트를 삼성화재가 가져오며 기세를 올리는 듯했지만, 현대캐피탈이 2세트 센터를 김명관에서 이현승으로 교체한 전략이 효력을 발휘하며 승부의 균형을 맞췄다. 두 팀의 진짜 승부는 3세트부터였다. 삼성화재가 3세트 이재현 대신 노재욱을 주전 센터로 고정하면서 경기 템포와 리듬 회복에 주력했고, 요스바니와 김정호, 김우진이 다채로운 공격 옵션을 선보이며 현대캐피탈의 전위 블로킹을 파괴했다.

이에 현대캐피탈도 가만히 있을 리 만무했다. 4세트 아흐메드와 허수봉이 전·후위를 가리지 않고 매서운 공격을 퍼부으며 삼성화재 수비를 초토화시켰고, 블로킹과 서브도 적재적소에 빛을 내면서 승부를 풀세트로 몰고 갔다. 5세트는 그야말로 엎치락뒤치락하며 긴장감을 더욱 끌어올렸다. 범실을 무릅쓰고 강한 서브를 구사하며 상대 리시브 라인 교란을 꾀했고, 적재적소에 터져 나온 서브와 블로킹에 의해 쫓아가면 쫓아가는 레이스가 고착화됐다. 이에 듀스로 치달으면서 장내 적막감은 더욱 감돌았다. 범실과 서브, 블로킹 등이 승부를 가르는 듀스 상황에서 두 팀 모두 체력적인 부담이 심화됐지만, 끝내 삼성화재가 블로킹에 미소를 지었다. 14:14 상황에서 김정호의 공격 성공으로 리드를 다시 잡았고, 미들블로커 손태훈이 허수봉의 공격을 가로막으며 2시간 30여 분의 대혈전을 매조지었다(25:22, 15:25, 25:22, 18:25, 16:14).

올스타 브레이크 이후 부진을 면치 못했던 삼성화재는 지난 16일 한국전력전 0:3 완패를 딛고 이날 귀중한 승점 2점을 따내며 다시금 봄 배구 전선의 희망을 되살렸고, 올 시즌 천안 원정을 3전 전승으로 마무리하며 매치업 전적 4승 1패로 현대캐피탈에 위닝 시즌을 가져왔다. 현대캐피탈은 2세트부터 세터를 김명관에서 이현승으로 바꾸는 초강수를 두는 와중에 허수봉과 아흐메드가 양 날개에서 가공할만한 화력쇼를 뽐냈으나 잦은 범실이 승부처마다 발목을 잡으면서 아쉬운 패배를 떠안았다.

2시간 30여 분의 대혈투를 뒤로하고 셔틀버스를 이용해 KTX 천안아산역으로 귀갓길에 나섰다. 이런 부분을 보면 늘 느끼는 감정이기도 한데 팬들의 정성과 열정에 있다. 좋아하는 팀과 선수를 응원하기 위해 손수 피켓 제작을 하는 열정은 로열티와 애정의 남다름을 입증하는 대목이며, 간식과 같은 선물 공세를 마다하지 않는 정성 또한 팀과 선수들에게는 크나큰 엔돌핀이다. 연고지 거주 팬들뿐만 아니라 전국 각지에서 모여드는 팬들이 발걸음을 마다하지 않는 이유다. 직관 욕구의 폭발을 절로 부채질하는 대목이기도 하다.

역 대합실에 배구 직관한 팬들이 저마다 다음을 기약하면서 열차 탑승을 대기하는 모습이다. 이날 직관의 깊은 여운을 간직하면서 담소를 나누는 광경이 대기 시간의 무료함을 달래주지 않나 생각된다. 팬들에게 삶의 일부로 자리하는 것은 물론, 팬심을 더 강화하는 동력이 되면서 '배구 앓이'에 푹 빠져드는 마성을 지니는 느낌이다. 유난히 요란스러운 하루가 그렇게 저물어간다.

의료 파업과 주차난이라는 사회 최대 난제가 오묘한 콜라보레이션을 이룬 하루라 요란함의 체감이 더했다. 국가 차원에서 이를 해소하기 위한 타개책을 어떻게 내놓을지가 국민들의 불편을 최소화하는 데 영향을 미친다. 만약 '땜질' 처방 형태에 그친다면 악순환은 더 심화될 것이며, 불편함에 대한 피해는 국민들의 몫이다. 또, 바짓가랑이를 붙잡는 심정으로 매 경기 총력전을 불사하고 있는 V리그 팀들의 치밀한 계산은 삶에서도 큰 영감을 준다.

매 순간이 살얼음판을 걸을 때 모든 수단과 방법을 총동원하게 되는데 그렇게 해서 성취의 맛을 조금이라도 느끼면 희망의 싹을 얼마든지 피어오르게 할 수 있다. 물론, 이게 100%를 보장하지는 않는다. 언제 어디서 어떤 상황이 불어닥칠지 모르고, 앞을 누구도 예측할 수 없다는 삶의 진리를 그냥 지나칠 수 없다. 하지만, 소처럼 우직하게 밀고 나가는 단계만 잃지 않으면 극한의 상황도 오히려 환희로 승화되면서 엔딩을 멋있게 채워주리라 기대한다.

뇌리에 남는 하루,
그리고 데자뷰

-2024년 2월 21일-

　　　　　　살면서 하루의 기억이 오래 간직되는 날이 분명
히 있다. 그게 좋은 기억이든, 나쁜 기억이든 말이다. 한 해 사이클
이 도는 과정에 특정 하루의 기억을 유달리 되새기기도 한다. 어떻
게 보면 그저 한 점에 불과할 수 있지만, 누군가에게는 특정 하루의
기억이 삶에 있어서 의미부여를 확실하게 한다. 이는 어느 한 개인은
물론, 기관이나 집단 모두 마찬가지다. 나름대로 의미 있는 하루의
기억을 좋게 간직하거나 아니면 기억의 악몽을 떨쳐내려는 동상이몽
은 하루를 대하는 감정의 온도 차를 느끼는 잣대로도 자리한다. 2월
도 어느새 중순이 훌쩍 지났다.

　그럼에도 종잡을 수 없는 날씨는 여전히 현재 진행형이다. 당초 예
보에는 흐리고 구름이 많다고만 예보됐으나 이게 웬걸 거리에 눈 폭
탄이 가득하다. 예상치 못한 눈 폭탄에 순식간에 도로가 결빙됐고,
눈발을 피해 우산을 펼쳐 보이는 시민들의 모습도 부쩍 늘었다. 자연
스럽게 발걸음이 분주함을 더했다. 항상 눈 내리는 날 지하철 역사

는 그야말로 북새통이다. 지하철을 이용해 눈 오는 날 러시아워를 안전하게 가져가려는 안전제일주의가 시민들의 의식에 가득한 영향이다. 아무래도 눈길 운행 중 사고가 빈번하게 발생하는 데다 도로 통행도 거북이를 띌 것이 불 보듯 뻔하다 보니 안전제일주의 노선을 택하지 않나 생각된다.

이날도 예외는 아니었다. 오후를 기점으로 눈발의 굵기가 더 굵어지면서 지하철 역사로 향하는 광경이 더욱 늘었고, 이러한 안전제일주의와 함께 지하철 객실 밀집도가 높아지는 것은 자연스러운 수순이었다. 서울의 대표 핫플레이스들을 가로지르는 2호선은 항상 시민들의 이용 빈도가 높은데 이날은 폭설에 따른 도로 결빙과 맞물려 이용이 더 늘 수밖에 없었다. 지하철 2호선 을지로3가역에서 3호선 환승을 거쳐 동대입구역에 하차했다. 거센 폭설의 아우라를 뚫고 하차하니 백구의 열기를 만끽하려는 팬들의 열망이 뜨거웠다. 눈폭탄도 당해낼 재간이 없었다는 얘기가 딱 맞다.

참 묘하다. 지난해 2월 12일과 이날 상황이 묘하게 흡사하다는 것에 있다. 마치 '데자뷰'를 느끼는 듯한 모양새다. '데자뷰'라는 용어가 최초의 경험임에도 이미 본 적이 있거나 경험한 적이 있다는 이상한 느낌이나 환상을 뜻하는데 도대체 어떤 이유에서 데자뷰가 느껴질까? 답은 간단하다. 지난해 2월 12일, 봄 배구 전선에서 치열한 빅뱅을 벌였던 GS칼텍스와 정관장이 정확히 374일이 지난 지금, 다시금 봄 배구 전선의 최대 승부처를 맞아 서로의 칼날을 겨누게 된 것이다.

지난해 2월 12일 매치업 당시 정관장(당시 KGC인삼공사 간판을 달고 활약)이 GS칼텍스에 3:1 승리를 따내며 봄 배구를 향한 엔진에 광음을 낸 바 있는데 이번 역시도 봄 배구 전선의 최대 승부처라는 데자뷰가 연출되면서 전투 태세를 높이고 있다. 이에 팬들의 시선이 고정되는 것은 당연하다. 마침 두 팀 모두에게 이날 매치업의 동기부여가 두말하면 잔소리에 가깝다. 두 팀 모두 지난 시즌 막판 승점 관리 부재가 봄 배구 탈락이라는 큰 부메랑을 낳았고, 서로를 넘어야 한 해 농사의 수확과도 같은 봄 배구 초대장에 가까이 갈 수 있기에 텐션을 끌어올리기 위한 조건도 충분하다.

이날 경기 전까지 두 팀의 승점 차는 2점 차다. GS칼텍스가 올스타 브레이크 이후 주춤거린 사이 정관장이 무섭게 승수를 쌓아 올린 결과가 순위 체인지를 낳았다고 볼 수 있고, 이날 매치업의 값어치는 6점 이상인 만큼 말 그대로 사생결단이다. 매치업 전적은 GS칼텍스가 3승 1패로 우위에 있지만, 지난 4라운드 매치업 당시 정관장이 대전에서 GS칼텍스에 3:0 완승을 거두면서 공략법을 찾은 부분 역시 이날 흥미진진한 레이스를 암시하는 복선이다.

눈 폭탄을 뚫고 장충체육관을 찾은 팬들의 지대한 관심과 성원 속에 매표소와 체육관 입구는 팬들의 입장 행렬이 제법 길게 늘어섰고, 체육관 내부 요거프레소 커피숍에 식음료를 구매하거나 홀에서 식음료 섭취로 담소를 꽃피우는 광경도 직관의 멋 체험과 눈 오는 날의 조화를 멋있게 덧칠하는 느낌이다. 양 팀 응원단의 데시벨이 경기 시작 전부터 조금씩 커지면서. 양 팀 선수들의 파이팅 소리도 커졌고, 그렇게 세트 시작의 휘슬이 울렸다.

올 시즌 아시아쿼터 재미를 보지 못한 GS칼텍스는 이날 아시아쿼터로 새롭게 합류한 다린이 데뷔를 맞으면서 실바, 강소휘와 시너지 효과 창출을 모색했고, 정관장은 메가와 지아의 굳건한 양 날개와 중앙 높이 강점을 토대로 또 한 번 GS칼텍스의 벽 파괴를 모색했다. 여기서 두 팀 세터들의 볼 운반과 서브리시브가 승패를 가늠할 키였다.

시작과 함께 먼저 정관장이 메가와 지아의 화력이 폭발하면서 치고 나갔다. 염혜선의 손끝에서 메가와 지아에 향하는 패스가 GS칼텍스 전위 블로킹을 끊임없이 교란시켰고, 살림꾼 이소영과 박은진, 정호영의 서포터까지 쏠쏠하게 곁들여지며 경기의 묘를 더했다. 서브리시브가 안정감을 보이면서 옵션 활용의 창구가 다양성을 더했고, 상대적으로 실바에 높은 의존도를 나타낸 GS칼텍스의 단조로움을 유효블로킹과 디그로 걷어내면서 2단 연결의 유연성도 높였다. 1세트는 정관장이 초반 잡은 리드를 그대로 간직하면서 세트를 가져왔고, 2세트부터는 그야말로 달아나면 쫓아가는 레이스였다. 정관장이 메가와 지아가 양쪽에서 매서운 공격력을 뽐내면서 스코어를 착실히 쌓아 올리자 GS칼텍스는 실바의 하드캐리로 맞받아치며 추격의 방아쇠를 지피는 양상으로 전개됐다. 정관장이 달아나면 GS칼텍스가 쫓아가는 패턴에 20점 이후 1점 차 승부가 줄곧 이어지면서 장내 관객들의 심장을 더욱 뛰게 했다.

이날도 트레이닝복 차림으로 선수단을 지휘한 차상현 감독과 변함없이 말끔한 수트 차림으로 벤치에 자리한 고희진 감독의 마산중앙고 선후배 감독 간 두뇌 싸움 또한 세트 내내 불을 뽐으면서 매치업의 감칠맛을 더했다. 엎치락뒤치락하는 스릴에 양 팀 선수단의 파이팅과 투지가 물러섬을 찾아보기 어려웠지만, 세트 막판 정관장의 집중력이 종지부를 확실하게 찍었다. 정관장은 메가가 전·후위를 가리지 않고 타점 높은 강타로 GS칼텍스 전위 블로킹의 허를 제대로 찌르면서 리듬을 잃지 않았고, 세트 막판 터져 나온 블로킹이 적재적소에 빛을 내며 또 한 번 세트스코어 3:0(25:21, 25:23, 25:23) 승리를 GS칼텍스 전에 만들어냈다. 정관장은 이날 승리와 함께 3연승 행진을 구가하면서 GS칼텍스와 격차를 5점으로 벌렸고, GS칼텍스는 실바에 대한 높은 의존도에 발목이 잡히면서 4연패의 늪에 빠지게 됐다.

374일 전과 같은 상황, 똑같은 결과. 이를 두고 운명의 장난이라는 얘기를 많이 한다. 현대 사회에서 어느 특정한 시기에 똑같은 상황이 연출되는 경우가 제법 된다. 여기서 사실 동상이몽을 뜬다. 특정한 시기에 좋은 결과를 내면 해가 바뀌고 같은 날이 됐을 때 그 기운을 그대로 이어가려고 하는가 하면, 반대로 좋지 못한 결과를 냈을 때는 같은 날을 위한 칼날을 강하게 다듬으면서 좋은 결과로 승화시키려는 욕구가 강하게 내재된다.

그렇게 보면 1년 365일 사이클 중 그저 하루에 불과할 수 있다고 여겨지는 부분도 어떠한 상황의 특수성과 중요성 등과 마주할 때는 온도 차가 있을 수밖에 없다. 특정한 시기에 똑같은 상황에서 결과가 연이어 좋지 못하면 지독한 노이로제가 생성될 수 있다. 예를 들어, 여름철만 되면 습진과 알러지 등으로 고생하는 것처럼 말이다. 노이로제라는 부분이 환경, 상황적인 부분에 의해 생성되기도 하지만, 심리적인 부분에서 중압감을 헤어나오지 못해 생성되는 경우도 빈번하다. 심리적으로 필히 뭔가를 해야 한다는 중압감이 좋지 못한 결과로 이어지면 노이로제는 걷잡을 수 없다.

이날 정관장과 GS칼텍스의 매치업이 딱 그랬다. 374일 전 승리 기운을 몰아 봄 배구 전선에 광음을 내려는 정관장의 기세는 최근 좋은 리듬과 맞물려 더 탄력이 붙었고, 그에 반해 GS칼텍스는 최근 연패로 침체된 분위기가 경기력과 고스란히 직결되면서 1년 전 악몽이 재현되는 결과를 가져왔다. 결과적으로 두 팀의 동상이몽은 세상사에 있어 개인이든, 집단이든 어느 한 시기, 상황의 특별함을 더 드러나게 하지 않나 생각된다.

그래서 '데자뷰'라는 용어의 의미가 흥미로운 이유다. '데자뷰'가 닥치는 부분 역시 개인의 삶과 역사에 있어 한 페이지다. 설령 의도한 부분이 나오지 않았다고 하더라도 이게 영구히 지속되지는 않는다. 그렇기에 너무 옭아매지 않고 본연의 특색을 구현하는 방향에 주력하다 보면 결과의 열매는 자연스럽게 맺어진다. 노이로제에 옭아매지 않는다?. 물론, 행동까지 쉽지 않다. 한 번 쌓여있는 악몽이 하루아침에 치유되지 않기에 그렇다. 하지만, 노이로제가 아닌 사이클의 일부로 인지하고 시기, 상황을 마주하는 것이 더 중요하지 않을까 생각된다. 그렇게 사이클을 밟아가다 보면 '데자뷰'의 의미를 좋게 형성할 수 있다고 본다.

성원과 지지에 대한 보답, 그리고 '커피차' 열풍

-2024년 2월 24일-

　　　　　　지지자들의 성원과 지지야말로 현대인들을 힘 나
게 하는 것은 없다. 늘 '희로애락'을 함께하면서 굳건한 성원과 지지
가 뒤따를 때 에너지는 솟구친다. 이게 삶에 있어 하나의 원천이자
크나큰 자산이다. 그러면서 한 개인은 물론, 집단을 놓고 봐도 내면
을 더 살찌우고 성숙하게 하는 모태가 되기도 한다.

　최근 유명인들 사이에서 대세로 떠오르고 있는 부분 중 하나가 바
로 '커피차' 열풍이다. 항상 유명인들은 많은 관심을 한몸에 받는다.
대중적인 인지도가 워낙 알려진 데다 모든 일거수일투족이 노출된
터라 매사에 신중 또 신중이다. 이들에게도 팬들과 지지자들의 성
원, 지지는 직업 신분에서 크나큰 동기부여나 마찬가지다. 성원과 지
지에 보답하면서 발전적인 방향을 그려가는 부분이야말로 공인으로
서 품격을 더해주는 요소다. 실제로 커피차를 대여해 팬들과 지지자
들의 성원과 지지에 보답하기 위한 유명인들의 자그마한 답례는 '팬
서비스'의 품격을 더하는 촉매제로도 손색없다.

어느새 봄기운이 가득한 날이 주말 하늘을 더욱 맑게 만든다. 한결 얇아진 시민들의 옷차림만큼이나 얼마 전 눈발이 흩날렸던 광경도 온데간데없다. 어느덧 V리그도 마지막 6라운드에 접어들었다. 정규리그의 클라이맥스가 무르익어가는 중이다. 각 팀의 봄 배구 초대장을 향한 전쟁은 마치 고지 점령을 위해 총부리를 겨누는 전사들과 크게 다를 바 없다. 시즌 개막부터 6라운드 시작에 이르기까지 남자부의 거듭된 하루살이에 각 팀 선수들과 코칭스태프는 물론, 팬들의 피는 매 경기 진하게 마른다. 6라운드가 경쟁팀들과 매치업이 승점 6점 이상의 가치를 부여하는 상징성이 하루살이의 고뇌를 입증하는 대목이다.

이날 수원실내체육관은 주차장 부근 마련된 커피차로 인파가 북적였다. 한국전력 차세대 스타 임성진이 5라운드 MVP 수상 기념과 함께 팬들의 성원과 지지에 대한 답례 차원에서 커피차를 대여한 것이다. 매스컴에서만 봤던 커피차를 직접 눈으로 보는 자체만으로도 팬들에게는 큰 기쁨이고, 커피차 안에는 커피뿐만 아니라 다양한 차 종류가 마련되면서 팬들의 각기 다른 기호와 선호도를 향한 배려도 아끼지 않았다.

북적이는 인파 속에 경기 시간이 임박하면 임박할수록 줄이 길게 늘어졌고, 팬들 저마다 커피차를 실물로 영접하는 기념샷 촬영도 바삐 눌렀다. 팬들에게는 커피차에서 차 한 잔 제공의 값어치가 단순한 금액으로 환산하기 어려운 이유다. '팬 서비스'의 감동을 울리게 하는 한 잣대가 아닐까 생각된다. 대개 유명인들이 자신을 지지해주는 팬들과 지지자들의 성원, 지지를 잊고 공인 신분을 망각하는 경우가 종종 발생하는데 작은 답례로 팬들에 고마움, 감사함을 표시하는 광경이야말로 '팬 서비스'가 얼마나 중요한가를 저절로 일깨워주게 한다.

경기 전 확실한 '팬 서비스'를 선보인 임성진의 가치는 하드웨어와 소프트웨어 모두 남다르다. 195cm의 우월한 피지컬에 수려한 외모가 많은 여성 팬들을 거느리는 핵심 동력이 되고 있고, SNS 팔로우 수 역시도 가히 엄청난 위엄을 자랑한다. 농구선수와 달리 배구선수는 프레임(두께)이 얇은 편인데 모델을 뺨치는 기럭지와 잘생긴 이목구비는 스타성을 자연스레 드높여주고 있다. 빼어난 외모에 기량 또한 출중하다. 제천산업고 시절부터 차세대 스타플레이어로 각광받으면서 성장세를 보였고, 성균관대 3학년을 마치고 2020-2021 시즌 신인드래프트 전체 2순위로 한국전력에 입단해 데뷔 첫 시즌부터 꾸준하게 출전 시간을 확보하며 남다른 싹을 잘 주는 중이다.

프로 4년차가 된 올 시즌 임성진의 포텐은 제대로 터졌다. 아웃사이드 히터 포지션에서 순도 높은 공격력과 강한 서브로 팀의 화력을 든든하게 책임지고 있고, 리시브와 수비에서 궂은일도 마다하지 않으면서 대체 불가로 완전히 거듭났다. 이러한 활약상을 토대로 5라운드 MVP로 선정되면서 생애 첫 라운드 MVP까지 수상하는 겹경사는 한국전력이 전쟁 같은 순위 전선에서 생명력을 잃지 않는 밑천이 되기에 충분했다.

임성진의 커피차 대여로 가득했던 인파는 장내로 자연스럽게 흡수

됐다. 그도 그럴 것이 이날 한국전력과 현대캐피탈의 시즌 마지막 매치업은 양 팀 모두에게 중요성이 남다르다. 한국전력은 최근 3연패 뒤 다시금 연승 모드로 전환하면서 6라운드를 앞두고 전열을 정비했고, 현대캐피탈은 5라운드 최종전 삼성화재 전 풀세트 접전 끝 패배로 좋았던 리듬이 한풀 꺾였다. 사뭇 대조되는 흐름 속에 매치업 전적은 현대캐피탈의 3승 2패 우위다. 사실 이 부분이 굉장히 민감하다.

매년 V리그는 각 팀당 6번씩 매치업을 벌이는데 매치업 전적은 순위 싸움에 있어 굉장한 치명타를 안긴다. 물론, 농구와 달리 매치업 전적 우위 여부로 순위가 가려지지는 않지만, 매치업 전적에서 거둬들인 승점은 엄청난 파급력을 자랑한다. 더군다나 시즌 막판 승점 1점이 농사의 흉·풍년을 가늠하는 만큼 경쟁팀과 매치업 전적은 향후 봄 배구 진출 시 심리적으로 영향을 크게 받는다. 한국전력이 1~2라운드를 내리 승리로 가져오고도 현대캐피탈이 3~5라운드 천안에서 연거푸 승리를 따낸 것이 이를 대변해준다. 특정팀 상대 연승, 연패 리듬에 '천적' 관계의 온도 차가 대조되는 만큼 6라운드 첫 스타트는 잔여 레이스 계산법도 요동치게 한다.

임성진의 커피차 선물과 함께 많은 팬들이 수원실내체육관을 가득 채웠고, 1세트 초반부터 팽팽한 승부를 벌이며 장내 데시벨을 끌어올렸다. 한국전력은 서재덕과 임성진의 양 날개 공격으로 현대캐피탈 높은 전위 블로킹 파괴를 꾀했고, 현대캐피탈은 195cm 장신 센터 김명관의 손끝에서 아흐메드의 전·후위 공격 옵션과 미들블로커 차영석의 중앙 속공이 조화롭게 나오면서 한국전력에 맞받아쳤다. 그 찰나에 먼저 현대캐피탈이 기세를 올렸다. 현대캐피탈은 김명관의 패스 웍이 한국전력 전위 블로킹 타이밍을 제대로 현혹시키면서 아흐메드의 공격 파괴력이 더 배가됐고, 효율적인 블로킹 포메이션을 통해 상대 서재덕, 임성진 등의 공격을 셧아웃시키며 1세트를 따냈다.

현대캐피탈의 중반 이후 기세가 맹렬하게 이뤄진 1세트와 달리 2세트는 한국전력의 페이스였다. 1세트와 달리 세터 하승우의 패스웍이 한결 원활해진 모습을 보이면서 서재덕, 임성진, 타이스의 공격 옵션 활용이 더 용이해졌고, 상대 범실과 블로킹을 적절히 곁들이면서 페이스와 리듬을 회복했다. 이에 2세트 중반 이후까지 6~7점 차 한국전력 리드가 이어지면서 세트스코어 균형이 맞춰지는 듯했다.

하지만, 현대캐피탈의 기밀한 경기 운영은 경기 칼자루를 단칼에 바꿔놨다. 다름 아닌 원포인트 서버 투입이다. 배구에서 원포인트 서버는 매 세트 중반 이후 교체 투입된다. 서브가 좋은 선수들에게 부여되는 원포인트 서버라는 포지션의 중책이 서브를 통해 경기 칼자루를 돌려놓는 것에 의의가 크지만, 투입 이전까지 내내 웜업존에만 머물러있는 탓에 서브 감각 유지를 도모하는 부분이 여간 부담스러운 일이 아니다. 세트 중반 이후 몰입도와 긴장감도 원포인트 서버 투입 시 중압감을 대변하는 요소다. 그럼에도 현대캐피탈은 원포인트 서버의 효과를 톡톡히 봤다.

항상 현대캐피탈은 세트 중반 아웃사이드 히터 이시우가 원포인트 서버로 나올 때 '시우 타임'의 기대감을 절로 키우는데 이날은 주인공이 세터 이준협이었다. 경기대 출신으로서 세터치곤 서브가 좋다는 평가를 받아온 이준협의 담력과 배포는 '준협 타임' 연출의 설렘을 피어오르게 한다. 마침 이준협의 서브는 2세트를 기어코 접전 양상으로 끌고 갔다. 범실 없이 서브 구사가 잘 이뤄진 덕분에 상대 리시브 라인의 균열을 가져왔고, 상대 공격을 유효블로킹으로 제어하면서 찬스볼을 만드는 패턴이 한국전력 코트를 내리꽂았다.

그렇게 스코어가 동점까지 연결됐고, 20점 이후 서로 엎치락뒤치락하면서 듀스 상황을 맞이했다. 연속 득점으로 리듬과 페이스를 가져오는 양상으로 치달은 것을 고려할 때 듀스 상황에서 세트 획득은 전체적인 승패와 직결될 여지가 다분했다. 아니나 다를까 이러한 배구의 특성은 그대로 적중했다. 현대캐피탈이 듀스 상황에서 상대 범실과 아흐메드의 공격 성공으로 세트를 가져오면서 승기를 가져왔고, 3세트 아흐메드의 공격 타점과 폭발력이 더 위력을 발휘하며 한국전력을 추풍낙엽처럼 쓰러뜨렸다. 2세트 다 잡은 미끼를 놓친 한국전력은 잦은 범실을 쏟아내면서 추격의 동력을 잃었고, 그렇게 스코어의 격차가 더 벌어졌다. 결국, 현대캐피탈이 적지에서 3:0(25:19, 26:24, 25:12) 승리를 따내면서 귀중한 승점 3점을 챙겼고, 6라운드 봄 배구 진출의 반전 드라마를 위한 초석도 멋지게 닦았다.

한국전력은 5라운드 막판 연승의 기세를 바탕으로 이날 안방에서 3연승을 타진했으나 잦은 범실이 발목을 잡으면서 완패의 쓰라림을 맛봐야 했다. 무엇보다 지난 3~5라운드 때와 마찬가지로 이번 6라운드 역시 현대캐피탈에 패배를 맛보면서 잔여 레이스에 대한 부담감이 더 커지게 됐다.

때로는 작은 것에 큰 감동을 느끼기도 한다. 이날 임성진의 5라운드 MVP 수상의 답례로 마련된 커피차가 그렇다. 자신이 좋아하고 응원하는 이가 작은 선물을 안겨준다? 이는 모든 분야를 막론하고 소비하는 덕후들에게는 엄청난 행복감을 선사한다. 비록 시즌 도중 작은 이벤트지만, 팬들에 대한 고마움과 감사함을 잊지 않고 작게나마 답례를 진행한 모습은 한 사람의 품위를 더 빛내 준다.

이러한 품위는 프로페셔널한 자세로 이어진다. 팬 서비스가 바로 프로페셔널의 중요 범주다. 스포츠 소비의 주요 고객인 팬 없이는 선수의 상품 가치가 형성될 수 없다는 것은 불변의 이치다. 경기 전후로 팬들의 사인 공세나 사진 촬영이 빗발치고 간식이나 응원 문구 전달이 이뤄지는 부분은 팬들이 저마다 시간을 쪼개 정성을 쏟아내기에 가능한 일이다. 그래서 팬들에게 잘하는 모습을 보이는 것은 필드에서 좋은 활약보다 더 중요한 이유다. 프로페셔널함의 겸비가 운동선수의 가치를 가늠하는 척도인 것이다. 이날 커피차 마련 역시 팬들의 성원과 지지에 대한 고마움을 간직하면서 진보를 바라보는 임성진의 프로페셔널함이 빚어낸 대목이라고 볼 수 있다.

운동선수는 직업 특성상 세간의 기대치를 충족하지 못했을 때 비난의 표적이 된다. 기대치와 완전히 엇나간 모습에 실망감 또한 크기에 그렇다. 하지만, 운동선수들에게 팬들의 성원과 지지는 어려움을 딛고 다시 깨우는 에너지원이다. 팬들의 따뜻한 위로와 격려는 선수들의 신발 끈을 더욱 동여매게 하며, 팀 또한 고삐를 세차게 당기면서 기대치 충족에 혈안이 된다.

프로 초창기 시행착오 속에 프로의 벽을 절감했던 임성진의 성장이 한국전력과 더 나아가 한국 남자 배구의 경쟁력 제고에 동아줄이 되기에 충분하며, 앞으로 현대 사회를 살아가는 현대인들과 집단들도 주변 성원과 지지가 온갖 난관을 타개해줄 버팀목이며, 저마다 일대기의 불빛을 더 밝히게 해줄 테니까 말이다.

봄

봄의 열매를 위한 향연,
20번째 시즌의 피날레와 역사 창조

길고 짧은 것은
대봐야 아는 법!

−2024년 3월 6일−

    3월 시작과 함께 한반도를 뒤덮은 꽃샘추위가 저물어가고 다시 완연한 봄날이다. 삼한사온이 실종되어 가는 지구촌의 기상 흐름에 봄의 정체성은 점차 얕아지고 있지만, 그래도 봄날의 화사함은 많은 이들의 미소를 짓게 하지 않을까 생각된다. 거리를 활보하는 시민들의 옷차림이 불과 이틀 전과 달리 한결 얇아진 모습과 함께 맑은 하늘이 펼쳐지니 봄날 효과가 덧칠되는 느낌이다. 불과 이틀 전 칼바람이 불었던 모습은 온데간데없을 정도다.

    봄날의 도래는 V리그의 막바지를 암시하는 징조이기도 하다. 봄 배구 초대장의 향방이 속속히 윤곽을 드러내고 있는 상황에서 챔프전 직행 탑승권을 확보하기 위한 전쟁은 여전히 현재 진행형이다. 선두 대한항공과 2위 우리카드의 승점 차는 이날 이전까지 4점이다. 마침 판이 잘 깔렸다. 대한항공이 최근 9연승의 고공행진을 이어가면서 어느새 선두 진입을 이뤘고, 우리카드 또한 지난 2일 한국전력전 3:0 승리로 추격 사정권을 유지한 터라 서로 '필사즉생'을 외치고 있다. 두 팀 모두 외국인 선수 리스크를 안고 있는 상황이지만, 챔프전 직행의 동기부여만큼은 뚜렷하기에 많은 이들의 시선이 절로 고정되는 것은 당연하다.

대한항공의 정규리그 홈 최종전인 이날 인천계양체육관을 찾기 이전 작전역 부근을 잠시 활보했다. 모든 현대인의 공통된 고민 중 하나인 식사 해결을 위함이었다. 점심을 해결하면 저녁은 무엇을 먹을지에 대한 고민은 현대인들에게 고뇌 아닌 고뇌를 깊게 만드는데, 이날 역시도 예외는 아니었다. 거리를 활보하면서 식당가가 쭉 나오는 데다 마침 인근 작전시장까지 있어서 딜레마 아닌 딜레마를 안겼다. 설렁탕 집부터 고깃집까지 각종 메뉴들의 다양함이 갖춰져서 더 그랬다.

여러 가지를 두고 고심한 끝에 작전역 인근 설렁탕 집을 향했다. 제법 넓은 공간에 각종 반찬거리와 후식 차 종류가 푸짐하게 마련되어 있어 한 끼 해결로는 아주 최고였다. 설렁탕 주문과 함께 셀프바로 이동해서 메뉴를 접시에 담으려니 김치와 야채가 종류별로 눈에 딱 들어왔다. 다름 아닌 담고 싶은 메뉴는 많은데 접시가 작았던 것이다. 그래서 접시를 2개로 나눠서 담았다. 배추김치와 총각김치, 갓김치에 쌈 종류 등을 접시에 양껏 담으니 도시에서 시골 음식을 체험하는 느낌을 나름 물씬 풍겼다. 마침 배고픔이 밀려올 시간대에 식사했기에 '폭풍 섭취'로 접시를 빠르게 비웠다. 시장이 반찬이라는 말처럼 셀프바에 마련된 반찬 종류의 푸짐함이 한 끼 식사를 풍족하게 만들었다고 해도 과언이 아니었다.

후식으로 차 종류까지 섭취하고 계산대로 이동하면서 다음을 기약하게 됐고, 작전역에서 운행되는 셔틀버스를 이용해 인천계양체육관으로 이동했다. 평일임에도 매치업의 상징성은 팬들의 직관 구미를 절로 당기게 했다. 이날 경기를 포함해 2경기(대한항공), 3경기(우리카드)를 남겨놓고 있는 상황에 이날 승점 쟁취는 챔프전 직행 탑승에 더 다가설 수 있는 터라 욕구가 끓어오르는 것은 당연했다. 아니나 다를까 평일임에도 홈-원정 응원석 가릴 것 없이 좌석이 가득 찼다. 팬들 각자 응원하는 팀의 챔프전 직행을 바라보는 일념이 뚜렷하게 내재되어 있었고, 마침 홈팀 대한항공은 정규리그 홈 최종전을 맞아 체육관을 찾은 팬들에게 기념 티셔츠를 배포하면서 홈 최종전 팬들의 통일성을 더 깨웠다.

양 팀 모두에게 승점 6점 이상의 가치를 부여하는 만큼 우리카드 역시도 숫자는 대한항공보다 적지만, 원정팬들의 일당백 응원으로 대한항공에 으름장을 놨다. 장내 분위기는 두 팀 응원 열기와 맞물려 더 달아올랐다. 서로 외국인 선수에 대한 리스크가 큰 상황에 이날 매치업의 '키'는 바로 토종이었다. 대한항공은 임동혁, 우리카드는 송명근이 각각 얼마나 제 역할을 잘해주느냐가 승부에 그대로 직결된다고 해도 무방했다.

그럴만한 이유는 분명했다. 한선수의 손 끝에서 다양한 공격 패턴이 창출되는 대한항공의 플랜에 '특급 조커'로 알짜 활약을 보여주고 있는 임동혁이 팀 화력의 축을 잘 이뤄줄 때 정지석, 곽승석의 파이프와 퀵오픈 등 다양한 공격 옵션 창출이 용이해지고, 우리카드 또한 한태준의 손끝에서 올 시즌 스타팅 출전 빈도가 적었던 송명근이 빠른 스피드를 살린 공격력으로 경기 템포를 높였을 때 잇세이, 아르템 등 날개 공격은 물론, 미들블로커 박진우와 이상현까지 반사이익을 누린다.

이들의 활약을 두 팀 사령탑이 기대하는 것은 당연했고, V리그 남자부 신구 세터이자 19살 터울인 한선수(1985년생)와 한태준(2004년생)의 두뇌 싸움 또한 이날 매치업의 레시피를 입힐 양념이었다. 서로를 겨냥하기 위한 '패'가 확실하게 장만된 이상 가진 '패'를 더 잘 표출하는 일이 두 팀 모두에게 지상과제다. 매치업의 상징성에 걸맞게 두 팀의 매치업은 불을 뿜었다. 대한항공은 무라드 대신 아포짓 스파이커로 기용된 임동혁이 파워 넘치는 공격으로 우리카드 코드를 폭격했고, 우리카드는 송명근이 빠른 스피드와 타점을 살리면서 대한항공 블로킹 벽을 파괴했다.

한선수와 한태준의 경기운영 패턴은 사뭇 달랐지만, 이에는 이, 눈에는 눈이라는 말처럼 높이와 파워, 스피드와 템포 등의 특색을 적극적으로 살려주면서 상대에 맞받아치는 기 싸움은 물러섬을 보이지 않았다. 그렇게 매 세트 팽팽한 공방전이 거듭됐고, 코트 안에서 집중력을 최대치로 끌어내는 선수들의 투혼 또한 압권이었다. 상대 전위 블로킹의 타이밍을 뺏는 양 팀 세터들의 패스웍과 상대 공격을 걷어낸 뒤 2단 연결로 찬스를 엿보는 움직임, 적재적소에 블로킹으로 분위기 장악을 도모하려는 계산 등 어느 하나 빠짐이 없었다. 매 랠리에 스릴이 더해지는 레퍼토리가 자연스러운 수순이었던 이유였다.

매 세트 중후반까지 안갯속의 향방이 계속됐지만, 우리카드가 집중력의 우위를 통해 셧아웃 승리를 따내면서 당초 예상보다 싱겁게 매치업이 종결됐다. 우리카드는 송명근이 빠른 스피드를 앞세운 몸놀림과 타점을 통해 팀 공격을 책임지면서 제 역할을 다해냈고, 아르템과 잇세이, 박진우, 이상현의 서포터도 적절하게 어우러지며 공격의 다채로움을 더했다. 리베로 오재성의 안정된 서브리시브와 몸을 아끼지 않는 디그가 경기 분위기에 활기를 불어넣었고, 2세트 듀스접전 끝 27:25 승리와 3세트 25:23 승리 과정에서 안정된 경기 운영과 내실 있는 플레이, 세터 한태준의 토스 분배 또한 집중력의 우위로 직결됐다(25:21, 27:25, 25:23).

대한항공은 임동혁이 파워와 타점의 강점을 바탕으로 팀 화력을 책임지며 분투했지만, 정지석의 활약이 이전보다 못 미친 부분이 너무나 아쉬웠다. 그뿐만 아니라 매 세트 접전 상황에서 집중력의 2% 미진함까지 나타나면서 정규리그 홈 최종전 셧아웃 패배의 쓴맛을 봐야 했다. 이날 매치업은 두 팀의 판세를 완전히 돌려놨다. 우리카드는 지난 2일 한국전력 전에 이어 2경기 연속 셧아웃 승리로 승점 66점을 확보하며 대한항공과 격차를 1점으로 좁혔고, 창단 첫 정규리그 챔피언 및 챔프전 직행 매직넘버도 '3'으로 줄이면서 선두 싸움의 불리한 위치를 오히려 유리함으로 승화시켰다.

그에 반해 대한항공은 이날 우리카드 전 셧아웃 패배로 9연승 행진에 제동이 걸린 것은 물론, 남은 2경기(10일 OK저축은행, 14일 KB손해보험) 결과와 함께 우리카드의 잔여 경기 결과에 따라 챔프전 직행 역전을 바라볼 수 있게 되면서 V리그 역대 첫 4년 연속 통합 챔피언 전선에도 먹구름이 드리워지게 됐다. 우리네 모든 일에서 길고 짧은 것을 대봐야 안다고 했다. 예상되는 부분이라도 막상 뚜껑을 열어보면 다른 결과가 초래되는 경우 또한 너무나 빈번하다.

이때 사실 당혹스러운 부분이 굉장히 많다. 전혀 예상하지 못한 시나리오를 마주할 때 갈팡질팡하고 허둥지둥대며, 심리, 정신적인 부분이 많이 흔들리면서 의욕 감퇴, 욕구 저하 등이 주로 빚어진다. 이 또한 하나의 과정으로 삼고 다음을 기약하는 방향을 가져가는 것이 중요하지만, 사람마다 추구하는 바가 다 다르고 심리, 성향 등이 모두 제각각이기에 체감 온도 또한 판이한 차이를 나타낸다. 개인, 단체 등 모두에게 해당되는 바이다. 세상만사 의도한 대로 다 풀리면 좋으련만 그게 아니라는 방증이다. 아무리 상황이 좋고 나쁨을 떠나서 희망의 동아줄이 남아있는 한 해볼 수 있는 역량을 다 짜내는 것이 중요하다.

개인과 집단 모두 지지와 성원을 아낌없이 보내주는 이들에 대한 보답이다. 물론, 결과는 나중 문제다. 결과가 설사 좋지 못하더라도 최선을 다하는 자세를 잃지 않았을 때 박수갈채가 쏟아진다. 이게 직업 윤리와 개개인의 윤리 의식 구현에 있어 기본 중 기본이다. 개인과 집단의 가치를 높이는 핵심 지표이기도 하다. 그렇기에 어떠한 과업을 실행하든, 작은 부분이든 길고 짧은 것을 대보면서 삶을 그려가는 일이야말로 언젠가 무지개의 찬란함처럼 한 점으로 자리할 것이다.

남의 잔칫상에
들러리는 NO!

-2024년 3월 12일-

    3월 둘째 주, 봄기운이 솔솔 풍긴다. 봄기운이 풍겨오면서 3월 한 달의 30%가 훌쩍 넘어섰다. 그렇게 흐르다 보니 제22대 총선(4월 10일)도 한 달이 채 남지 않았다. 선거 입후보자들의 움직임이 본격적으로 베일을 벗을 시기인데 유권자들의 '표심(心)'을 움직이려는 노력이 어떠한 결말을 낳을지가 최대 관심사다. 그런데 추적추적 내리는 봄비를 보니 참 묘하다.

  봄비가 한 달 앞으로 다가온 총선과 막바지를 향해 가는 V리그의 끝과 묘하게 매치되는 느낌이다. 이러한 나름의 체감과 함께 V리그가 벌써 끝을 향해 간다는 것이 실감 나지 않는다. 배구선수와 코칭스태프, 구단 프런트, 배구 관련 종사자뿐만 아니라 배구를 삶의 일부로 간직하는 배구 팬들, 즉, 덕후들에게는 공통적으로 느껴지는 감정이 아닐까 생각된다.

  올 시즌 V리그는 남녀부 할 것 없이 순위 싸움이 굉장히 타이트하게 펼쳐지고 있다. 마침 정규리그 클라이맥스를 멋지게 장만할 무대가 깔렸다. 여자부 선두를 놓고 열띤 각축을 벌이고 있는 현대건설과 흥국생명의 '끝장' 승부는 팬들에게 치명적인 유혹이었다.

평일임에도 많은 팬들이 경기도 좌석버스 7770번 버스 탑승과 자차 운전 등 각기 다른 이동 수단으로 봄비를 뚫고 수원종합운동장 사거리에 입성하는 모습이 사거리 신호등에 하나둘씩 보이기 시작했고, 필자 또한 7770번 버스를 타고 주변에 다다르니 피부로 확 체감했다. 선수들이나 코칭스태프 못지않게 두 팀 팬들에게도 챔프전 직행의 동기부여는 그간 아쉬움을 씻고 기쁨을 만끽할 수 있는 최고의 에너지원과도 같기에 더 그렇다. 양 팀 선수들과 코칭스태프 등 모두의 확실한 동기부여, 팬 로열티 등이 절묘하게 어우러지는 것은 자연스러운 단계다.

서로 정규리그 2경기를 남겨놓고 있는 시점에 현대건설의 정규리그 홈 최종전인 두 팀 팬들이 봄비를 뚫고 이날을 학수고대한 이유는 분명했다. 두 팀 모두 챔프전 직행을 통한 통합 챔피언 타이틀의 굶주림이 가득한 팀들이기 때문이다.

현대건설은 2019-2020 시즌, 2021-2022 시즌 모두 정규리그 1위에 올랐음에도 코로나19라는 대재앙이 통합 챔피언의 야망을 가로막았고, 흥국생명은 지난 시즌 정규리그 챔피언 타이틀을 품에 안고도 정작 챔프전에서 V리그 사상 첫 챔프전 '리버스 스윕'의 희생양이 되면서 다 잡은 통합 챔피언 타이틀이 눈 앞에서 날아갔다. 이날 '끝장' 승부 이전까지 두 팀의 승점 차는 겨우 4점(현대건설- 승점 77점, 흥국생명- 승점 73점)이다. 조건만 놓고 보면 선두 현대건설이 유리한 위치를 점령한 것임에 자명하지만, 스포츠의 특성상 마지막까지 모든 것을 속단하는 일은 금물이다.

모든 시선이 자연스럽게 집중된 이날 수원실내체육관은 평일임에도 매진 사례를 이뤘다. 가는 곳마다 구름관중을 몰고 오는 '김연경 파워'의 효과가 차지하는 지분이 절대적이라는 공식은 이날도 여과 없이 이어졌고, 김연경 이외 팬덤이 두꺼운 선수들이 즐비한 부분 또한 매진 사례의 핵심 요소였다. 최근 여성팬들의 스포츠 소비가 날이 갈수록 증가하는 추세에서 두 팀을 응원하기 위한 여성팬들의 발길은 여전했고, 이에 남성팬들도 지인, 연인, 가족 등 각기 다른 관계로 맺어진 이들과 직관의 맛을 만끽하는데 분주함을 보이는 광경이 체육관 입구에서부터 발견됐다. 이를 보니 배구를 좋아하는데 성별의 장벽은 전혀 찾아볼 수 없었다.

저마다 제작한 응원 피켓과 유니폼 착용, 클래퍼 구비 등을 토대로 응원 데시벨을 높이기 위한 채비를 끝마친 모습들이 엿보였다. 두 팀의 매치업 때마다 체육관이 꽉 들어차는 이유가 분명한 법이다. 경기 전 양 팀 선수들의 비장한 워밍업과 함께 응원단의 열기 또한 공식 워밍업 시간을 기점으로 본격화됐다. 꽉 들어찬 좌석만큼이나 양 팀 팬들의 응원 데시벨은 점차 커지기 시작했고, 홈팀의 응원 앰프에 대응하는 원정팀 응원의 생목 응원도 만만치 않은 데시벨을 자랑하면서 매치업의 스릴을 더하기 위한 복선을 확실하게 깔았다.

아니나 다를까 매치업의 휘슬이 울리니 배구의 묘미가 아낌없이 표출됐다. 상대 볼을 유효블로킹과 디그로 걷어내면서 공격 옵션을 제어하는 파이팅은 에너지 레벨과 전투력을 절로 끌어올렸고, 공수 양면에 걸쳐 볼 하나하나에 혼신의 힘을 다하면서 팬들의 뜨거운 환호성을 자아냈다. 경기 양상도 팽팽했다. 현대건설은 모마의 파워풀한 화력으로 흥국생명의 전위 블로킹에 으름장을 놨고, 흥국생명 또한 김연경과 윌로우의 양 날개 화력으로 현대건설의 견고한 방어벽 파괴에 안간힘을 썼다. 양 팀 센터 김다인(현대건설)과 이원정(흥국생명)의 두뇌 싸움과 함께 세트 중반 원포인트 서버 기용을 비롯한 벤치의 운영능력 또한 서로의 허를 찌르는 데 혈안이 됐다.

　1, 2세트 모두 핑퐁 랠리가 계속되는 와중에. 20점 이후 현대건설이 근소한 리드를 잡으면서 추가 조금씩 기울 것처럼 보였지만, 오히려 집중력은 흥국생명이 앞섰다. 마침 벤치의 '패'가 세트 획득의 큰 도화선이 됐다. 1세트 막판 왼손잡이 센터 박은서를 원포인트 서버로 기용하면서 현대건설의 서브리시브를 흔든 아본단자 감독의 전략은 현대건설의 허를 제대로 찔렀고, 2세트 또한 끈질긴 수비와 디그로 현대건설의 공격을 제어하면서 김연경과 윌로우의 공격 폭발력이 현대건설 높은 전위 블로킹을 연거푸 뚫었다. 특히 2세트 듀스 접전 끝에 가져오면서 세트스코어 2:0을 만든 기세는 3세트까지 쭉 이어졌고, 김연경과 윌로우, 레이나가 전·후위 가리지 않고 공격 효율을 높이면서 현대건설의 잔칫상을 뒤엎었다. 이에 두 팀의 '끝장' 승부는 세트스코어 3:0(25:22, 27:25, 25:20) 흥국생명의 승리로 종결됐고, 두 팀의 승점 차는 1점으로 줄어들면서 최종전에 가서야 챔프전 직행이 결정되는 극한의 운명을 마주하게 됐다.

이날 세트스코어 3:0의 나비효과는 두 팀 모두에게 클 수밖에 없다. 여전히 정규리그 챔피언 타이틀과 챔프전 자력 직행의 유리함은 현대건설이 안고 있어도 말이다. 흥국생명은 이날 현대건설 전 3:0 셧아웃 승리와 함께 15일 GS칼텍스 전과 현대건설의 광주 페퍼저축은행 원정길 결과에 따라 챔프전 직행 뒤집기를 노려볼 수 있게 됐고, 이날 승점 1점만 확보해도 안방에서 정규리그 챔피언 타이틀 및 챔프전 직행을 노려볼 수 있었던 현대건설은 풍족한 잔칫상을 벌일 수 있는 찬스를 날려보내며 16일 페퍼저축은행과 광주 원정길에 대한 부담감이 더욱 커지는 상황을 마주하게 됐다.

참 이런 부분을 놓고 보면 아무리 낭떠러지에 떨어져도 살길은 분명히 있다는 것을 절로 느끼게 된다. 우리네 세상을 살면서 온갖 일들이 벌어진다. 예를 들어, 사업이 쭉 번창하다가 한순간에 나락으로 떨어지면서 실패를 맛보기도 하는가 하면, 개인이든 집단이든 한 번의 에러로 인해 이미지가 급격히 추락하기도 한다. 또, 사람 관계와 집단 생활 등 모든 면에서 불화, 갈등에 의해 육체, 정신적인 스트레스가 심화되며, 어떠한 일을 진행할 때 의도한 방향대로 결과가 나오지 못했을 때 극심한 좌절감과 무기력증에 시달린다.

운동선수도 마찬가지다. 한 해 풍족한 성과물을 거둬들이기 위해 비시즌부터 굵은 땀방울을 쏟아내며 땀의 가치를 증명하는 데 올인한다. 선수들의 땀방울은 곧 팀의 열매를 위한 핵심이다. 모든 운동선수들과 팀의 한 해 농사의 최고 열매는 바로 챔피언 타이틀이다. 챔피언 타이틀이 팀과 선수 개개인의 가치를 향상시키는 척도다. 장기 레이스를 치르는 과정에 살얼음판 레이스가 늘 도사리고 있음에도 동기부여를 더 끌어올리는 수단으로 챔피언 타이틀만 한 것이 없다.

동기부여의 향상은 곧 매 경기 전투력을 향상시키는 속성을 띤다. 설마가 사람 잡는다는 말이 있듯이 흥국생명이 지난 8일 페퍼저축은행 광주 원정길에서 예상치 못한 1:3 패배를 당할 때만 해도 정규리그 챔피언 및 챔프전 직행의 이상이 산산조각 나면서 낭떠러지를 향하는 듯했지만, 이날 승리로 낭떠러지에서 구사일생한 부분이 많은 것을 일깨워준다.

아무리 어렵고 괴롭더라도 희망의 동아줄을 붙잡고 하나하나 전진하다 보면 분명 반전의 시초는 마련된다. 그렇기에 너무 낙담할 필요가 없다. 어차피 모든 일의 루트는 기승전결이다. 결이 끝맺음은 어차피 최종 결과가 나올 때 이뤄진다. 다 싹을 맺기 위한 과정으로 인지하면 분명 큰 희열이 오기 마련이다.

'미라클'의 엔딩은
해피엔딩

–2024년 3월 15일–

        길고 길었던 레이스의 끝. 이제 마지막 딱 하나만 남았다. 그런데 운명이 너무나 가혹하다. 일단, 패배 시 후폭풍이 크다. 한쪽은 패하면 안방에서 길고 길었던 한 시즌을 마무리해야 하는 엔딩을 맞이해야 하며, 한쪽은 원치 않는 준플레이오프를 거쳐야 하는 부담감을 안는 결과를 낳는다. 그렇기에 피 튀기는 '마지막 승부'의 복선이 쫙 깔렸다. 솔솔 풍겨오는 봄기운과 함께 천안에 입성했다. 천안유관순체육관 입구는 역시나 사람들이 북적였다.

  그도 그럴 것이 천안유관순체육관 주변 휘트니스센터가 있어 배구가 있는 날에는 평소보다 밀집도가 더하다. 휘트니스센터 방문과 함께 운동을 통해 건강 증진을 도모하는 사람들이 늘 많은 데다 배구특별시라는 천안의 타이틀에 늘 배구 팬들은 꾸준한 성원과 지지 등으로 화답하면서 높은 로열티와 텐션을 입증해 보인다.

  이날은 천안을 찾는 배구 팬들의 감정이 평소보다 특별했다. 이날 매치업을 갖는 현대캐피탈과 OK금융그룹의 '마지막 승부' 상황이 특별함을 더 극대화했다. 자칫 한 시즌 마지막이 될 수도 있고, 행여나 천안에서 봄 배구를 접할 수 없기에 시원섭섭함이 더 몰려오지 않나 생각된다. 배구를 즐기기 위한 팬들의 입장이 하나둘씩 이뤄지는 시점에 작은 서비스 하나가 잔잔한 감동을 몰고 왔다.

다름 아닌 체육관 입구 커피차 대여다. 커피차 대여의 통 큰 서비스를 마련한 이는 현대캐피탈 차세대 에이스 허수봉이다. 커피차 대여는 마침 핵심 고객인 팬들과 약속이었다. 올 시즌 올스타전 당시 "홈 코트 관중 매진 시 커피차를 쏘겠다."라고 공개 선언했던 공약이 지난 3·1절 대한항공과 홈 경기 때 매진으로 현실화된 것이다. 대한항공 전 직후 12일 우리카드, 15일 OK금융그룹 전이 천안에서 펼쳐질 예정이었는데 이날이 마침 준플레이오프 진출이라는 마지막 동아줄이 걸려있던 터라 팬들의 성원과 지지에 대한 감사함을 커피차 대여로 표시했다. 이에 팬들은 경기 전 마련된 커피차에 구름떼처럼 몰려들었고, 허수봉이 경기 전 팬들과 짧은 만남의 시간을 가지면서 잊지 못할 추억을 선사했다.

20대 중후반에 접어들면서 완숙미가 더해지고 있는 허수봉의 '팬 퍼스트' 정신은 프로 운동선수, 즉, 공인으로서 가장 핵심적으로 갖춰야 할 부분이며, 팬을 소중하게 여기는 가치야말로 돈 주고도 못 살 자산이다. 또, 작은 정성에 큰 감동을 느끼는 법이기에 팬들 입장에서도 선수들의 '팬 서비스'는 만족감 향상을 넘어 로열티 고착화에도 큰 시너지를 낳는다.

그렇게 커피차에 마련된 커피들이 눈 깜짝할 새 사라지면서 짧은 이벤트가 종료됐고, 경기 시작과 임박해 장내 열기는 더욱 고조됐다. 봄 배구 막차 탑승의 '미라클'을 바라보는 현대캐피탈 팬들이 홈 관중석을 1, 2층 할 것 없이 가득 메웠고, OK금융그룹 또한 상대적으로 작은 규모임에도 홈팀 현대캐피탈에 뒤지지 않는 열정과 정성으로 일당백의 응원 채비를 끝마친 모습이었다.

말 그대로 '단두대 매치'였던 두 팀의 이날 '마지막 승부'는 경기 내내 용호상박이었다. 경기 패턴도 대체로 엇비슷했다. 현대캐피탈이 아흐메드와 허수봉, 전광인의 '삼각편대'에 미들블로커 최민호와 차영석의 중앙 공격이 시너지를 내면서 김명관의 높은 타점에서 뿜어져 나오는 패스웍의 위력이 배가됐고, OK금융그룹 또한 OK금융그룹 또한 해결사 레오의 변함없는 화력에 신호진과 송희재, 바야르사이한의 서포터가 쏠쏠하게 이뤄지면서 곽명우의 선택지가 한결 넓은 모습을 나타냈다.

경기 레퍼토리의 다채로움은 레시피를 맛깔나게 입혔다. 1세트를 먼저 OK금융그룹이 접전 끝에 25:23으로 따내면서 기세를 올렸으나 현대캐피탈이 홈팬들의 열혈한 성원과 지지를 등에 업고 2, 3세트를 내리 따내면서 승부를 뒤집었다. 분위기와 리듬, 흐름에 민감한 배구라는 종목의 특성에 세트스코어 2:1 역전은 현대캐피탈에 날개를 달아주기에 충분했고, OK금융그룹이 준플레이오프 출전이라는 달갑지 않은 시나리오를 받아들일 위기에 내몰렸다. 일단, OK금융그룹은 2, 3세트를 내준 여파를 딛고 전열을 빠르게 가다듬었다. 해결사 레오가 폭발적인 강타로 상대 수비를 찢어놓으며 굳건한 화력쇼를 선보였고, 신호진과 송희채의 빠른 공격, 바야르사이한의 중앙 속공, 적재적소에 터져나온 블로킹, 상대 범실 등이 앙상블을 이루면서 세트를 가져왔다.

풀세트로 향하게 되면서 장내 관객들의 심장은 급격하게 뛰기에 이르렀다. 승점 쟁취에 따라 노선이 달라지는 절체절명의 순간에 볼 하나하나의 몰입도는 더욱 커질 수밖에 없었고, 범실 관리와 서브, 블로킹 등 기본적인 부분의 극대화가 체력적인 부담 속에서도 얼마나 이뤄질지가 큰 열쇠였다.

5세트 초반 서로 치열한 공방을 벌이면서 안갯속의 향방이 계속 이어지는 듯했으나 승부의 추를 급격히 기울게 한 요소는 바로 기본이었다. 그중 기본에서 핵심인 서브였다. 현대캐피탈이 허수봉의 서브 포메이션 효과를 제대로 누리면서 체육관 전체를 열광의 도가니로 내몰았다. 강서브로 OK금융그룹의 견고한 리시브 라인을 파괴하려는 현대캐피탈의 계산과 허수봉의 과감함이 빛을 내면서 격차를 벌렸고, 서브 뒤 이어지는 반격 찬스는 좋은 먹잇감이었다. 아흐메드와 허수봉, 전광인의 공격이 연거푸 성공되면서 쐐기를 박았고, 리베로 박경민부터 코트에 나선 모든 선수들이 집중력을 최대치로 쥐어짜 내면서 안방에서 '미라클'의 퍼즐을 멋지게 완성했다. 현대캐피탈의 풀세트 접전 끝에 3:2(23:25, 25:21, 25:22, 19:25, 15:9) 승리와 함께 준플레이오프 진출 확정 자막이 전광판에 송출되면서 팬들의 환호성은 더욱 뜨거웠고, 현대캐피탈 선수들 또한 얼싸안고 봄 배구 막차 탑승의 기쁨을 만끽하면서 정규리그 최종전이자 홈 최종전의 화룡점정마저 멋지게 찍었다.

드라마틱한 여정에 감동은 자연스럽게 쓰이는 법이다. 그도 그럴 것이 올 시즌 현대캐피탈의 발자취는 감동의 여운을 진하게 남긴다. 일단, 팀의 수장인 최태웅 감독이 시즌 도중 성적 부진을 이유로 경질되면서 팀이 크게 휘청였다. 2015년, 한국 나이 40세로 현역 은퇴와 동시에 곧바로 팀의 사령탑으로 임명되는 '고속 승진'을 맛본 최 감독의 유산이 특별했기에 경질은 선수단 전체에 큰 충격과도 같았다. 부임과 함께 '스피드 배구'라는 컨셉을 팀에 이식시키며 정규리그 2회(2015-2016, 2017-2018), 챔피언결정전 2회(2016-2017, 2018-2019) 챔피언 타이틀을 이뤄냈고, 2020년 한국전력과 3:3 맞트레이드를 통해 팀의 리빌딩을 과감하게 선택하는 용단은 성과가 한시 급한 국내 스포츠계의 풍토에 대단히 큰 혁신이었다. 2020-2021 시즌부터 혹독한 리빌딩을 통해 대학 무대에서 유망한 자원들을 착실하게 끌어모았고, 이들을 통해 기존 선수들과 시너지 효과 창출, 다양한 포메이션 실험 등을 아끼지 않으면서 현대캐피탈의 젊은 컬러 구축에 모든 역량을 쏟았다. 2020-2021 시즌 6위, 2021-2022 시즌 창단 첫 최하위로 리빌딩의 혹독함은 지난 시즌 비로소 나름의 열매를 맺었다.

리베로 박경민이 '포스트 여오현'으로서 팀의 주 리베로로 입지를 확실하게 다졌고, 팀의 차세대 에이스인 허수봉이 공수에 걸쳐 한층 성숙된 기량을 뽐내면서 팀 전력의 무게감을 더해준 부분도 팀에 큰 힘이 됐다. 박경민, 허수봉 이외 198cm 장신 아웃사이드 히터 홍동선과 2020-2021 시즌 V리그 신인왕 김선호, 195cm 장신 세터 김명관도 경험치와 내공 등이 축적된 모습을 보여주며 최 감독의 남자로 나름의 싹을 드러냈다. 비록 대한항공의 맹렬한 기세에 막혀 통산 5번째 챔피언 타이틀 달성에는 실패했지만, 2년이라는 인고의 시간을 딛고 미래를 밝힌 부분은 향후 희망의 메아리를 노래하기에 충분했다.

그러나 리빌딩의 열매는 그리 오래가지 못했다. 시즌 전부터 주력 선수들의 대표팀 차출 여파와 부상 악령 등이 시즌 시작하자마자 팀 밸런스 불안으로 이어지더니 팀 창단 최초로 개막 후 5연패의 수모를 맛보면서 크게 휘청였고, 시즌 중반이 된 이후에도 하위권을 맴돌던 팀 성적이 제자리걸음을 면치 못하며 일찍이 봄 배구 전선에서 낙오될 위기가 팽배했다. 급기야 지난해 12월 20일 우리카드와 장충 원정길 0:3 패배 이후 최 감독을 경질하며 진순기 감독대행 체제로 남은 시즌을 꾸리는 방향으로 결정했고, 최 감독이 2010년 박철우의 보상선수로 현대캐피탈에 이적하면서 14년간 이어진 동행의 종지부를 찍었다.

구단 수뇌부의 최 감독 경질 선언과 함께 잔여 시즌 진순기 감독대행 체제로 전환되면서 선수단 내 동요와 분위기 수습 등이 핵심 과제로 떠올랐지만, 오히려 수장과 갑작스러운 이별은 선수단의 잔여 시즌 전투력을 더 끌어올리는 모양새를 띄었다. 최 감독 경질 이후 치러진 한국전력과 홈 2연전을 내리 3:0 셧아웃 승리로 장식하면서 대반격의 서막을 열더니 팀 경기력과 밸런스 등이 점차 맞아가면서 무섭게 승수를 쌓아 올렸고, 시즌 막판 봄 배구 경쟁팀들에 내리 승리를 따내면서 극적으로 봄 배구 무대에 탑승하는 기쁨을 누렸다.

어수선한 팀 분위기를 재빨리 수습한 진 감독대행의 열성적인 지도는 선수들의 동기부여를 끌어올리면서 팀 내실을 단단하게 입혔고, 허수봉을 필두로 전광인, 최민호 등 신구 조화가 잘 어우러지며 '명가(名家)'의 위엄을 회복했다. 이와 함께 배구특별시 천안이라는 타이틀에 걸맞게 늘 아낌없는 성원과 지지를 보내는 현대캐피탈 팬들의 응원은 선수단 전체에 엄청난 에너지를 절로 생성시켰고, 홈과 원정을 가리지 않고 높은 로얄티 증명도 잃지 않았다. 선수들이 코트에서 퍼포먼스 표출을 토대로 봄날에 '미라클' 연출이라는 초석을 확실하게 깔아줬다.

미라클의 연출을 보면 조직이든, 개인이든 참 죽으라는 법은 없나 보다. 조직은 자의든, 타의든 인사 이동에 따른 이직과 조직 내 리더가 중도 하차하면 구성원들의 분위기가 말이 아니다. 갑작스레 발생된 리더 공백에 업무나 운영 등에서 허둥지둥 대기 십상이고, 언행이나 모든 면에서 조심스러워질 수밖에 없다. 하물며 개인은 자신과 궁합이 좋았던 리더와 이별이 아프고 시리다. 상하관계 속에서 자신에 신뢰와 믿음 등을 보내면서 역량 배양을 적극적으로 장려해준 리더의 갑작스러운 부재는 공허함을 절로 야기한다.

그러면서 새 리더와 스타일 부조화로 어려움이 초래되면 심신이 만신창이로 변질되는 경우도 더러 있다. 리더의 중도 하차가 조직이나 구성원들에게 미치는 영향이 큰 이유다. V리그 팀뿐만 아니라 스포츳팀들 대부분 시즌 도중 수장의 중도 하차 때 코치에게 대행직을 맡기거나 외부 사령탑 수혈로 실타래 마련을 모색한다.

그래도 전자의 케이스를 많이 선호한다. 아무래도 팀 내부 사정이나 시스템에 대한 이해도가 높은 데다 선수단 내부 어수선한 분위기를 수습하는 면에서 용이함이 크다. 리더의 중도 하차에 따른 이별은 아프고 시리고 쓰린 법이다. 물론, 이러한 감정은 쉽게 지워지지 않는다.

하지만, 리더의 중도 하차를 아파할 새가 없이 시즌은 쉼 없이 이어진다. 평정심을 찾고 하고자 하는 부분을 잘 이끌어내는 방향에 주력하는 것이야말로 떠난 리더를 위한 길이자 곧 조직과 구성원의 진정한 프로페셔널의 자세다. 그렇게 개인의 하고자 하는 방향이 잘 인도되면서 가지고 있는 특색을 어김없이 표출되다 보면 시들시들하던 열매도 어느 순간 풍족하게 맺어진다. 현대캐피탈의 봄 배구 진출이라는 '미라클'도 선수 개개인의 하고자 하는 의욕과 봄 배구 진출의 방향, 그리고 팬들의 굳건한 성원이 절묘하게 맞아떨어지며 이뤄진 결과물이다.

조직도, 개인도 그렇다. 모든 조직이나 구성원들에게 신뢰가 깊고 굳건한 믿음을 아끼지 않는 이들과 관계가 아무리 돈독하고 두터워도 이별은 언젠가 마주하게 되어있는 것이다. 이별의 후유증을 털어내고 추구하는 방향에 맞게 각자 삶의 레이스를 펼치는 게 중요하다. 그리고 굳건하게 지지해주는 지지자들을 위해서라도 필히 가미되어야 할 부분이기도 하다. 이게 미라클의 출발점이다. 상황이 아무리 좋지 못해도 하고자 하는 부분과 의욕, 주변 성원 등을 잘 결합하면 끝 무렵에는 미소가 만개하리라 생각된다. 다 개인과 집단의 역사 페이지로 남는 것이니 너무 이별에 얽매이지 말고 순리대로 하나하나 가꿔가는 모습이 멋있게 미래를 채워주면서 미라클의 엔딩마저 화려하게 빛내줄 것이니까.

'안산의 봄', 그리고
6일 만에 '리벤지'

-2024년 3월 21일-

해마다 3월 20일경이 되면 거리 곳곳에 벚꽃의 만개가 하나둘씩 이뤄진다. 벚꽃의 개화 시점은 지역마다 천차만별이지만, 그래도 벚꽃의 만개는 많은 시민들의 나들이 발길을 절로 재촉하게 한다. 벚꽃의 만개와 함께 V리그는 이제 '봄의 잔치'만을 남겨놓고 있다.

올 시즌은 그야말로 역대급 순위 싸움의 향연이었다. 남녀부 할 것 없이 봄 배구를 향한 각 팀의 열띤 레이스는 쫄깃쫄깃함 그 자체였고, 배구 팬들의 직관 욕구 또한 한데 어우러지며 '꿀잼'을 선사했다. 더군다나 올 시즌은 V리그 역사상 처음으로 남녀부 모두 정규리그 최종전에 챔피언의 주인이 가려졌을 정도로 매 경기, 라운드마다 순위가 급격히 요동쳤고, 피 말리는 하루살이에 각 팀 선수들과 코칭스태프의 잠 못 이루는 밤은 시즌 시작부터 하루가 멀다 하고 계속됐다.

이와 함께 처음 도입된 아시아쿼터 도입의 희비가 팀별로 극명하게 교차되는 등 한 해 농사 수확물을 거두기 위한 노력과 열정 역시 뜨거웠다. V리그는 정규리그 3위까지 봄 배구 직행, 3위와 4위의 승점 차가 3점 이내일 때 준플레이오프가 진행된다. 최하위 KB손해보험을 제외하고 나머지 6개 팀이 라운드마다 엎치락뒤치락한 남자부는 2020-2021 시즌 이후 4년 연속 준플레이오프가 성사되면서 '봄의 잔치' 클라이맥스를 화려하게 열어젖히게 됐다.

그런데 이 준플레이오프는 가혹하다. 패한 팀에게는 한 시즌 종료를 의미하기에 봄의 향기를 조금이라도 길게 맡으려는 욕구가 선수들과 코칭스태프, 팬 모두 확고부동하다. 안방에서 봄의 향기를 맡기까지 걸린 시간이 무려 8년이 흘렀다. 2013년 창단해 창단 3년 만에 챔프전 2회 챔피언(2014-2015, 2015-2016)을 이뤄낸 OK금융그룹의 얘기다.

2020-2021 시즌 준플레이오프로 봄 배구에 턱걸이했지만, 당시 4위로 홈 어드밴티지를 누릴 수 없었기에 2015-2016 시즌 이후 8년 만에 안방에서 봄 배구가 특별하다. 최근 2년간 막판 뒷심 부족으로 봄 배구 탈락의 쓰라림을 맛봤지만, 올 시즌은 KOVO컵 챔피언 타이틀과 함께 팀의 3대 사령탑으로 취임한 오기노 마사지 감독의 체제하에 수비와 리시브, 디그 등의 안정을 기반으로 전체적인 짜임새가 한결 나아진 모습을 보여주면서 환골탈태함을 선보였다. 비록 정규리그 최종전 현대캐피탈 전 2:3 패배로 플레이오프 직행에는 실패했으나 왼손잡이 아포짓 스파이커 신호진의 활용 폭 증대로 해결사 레오의 공격 폭발력을 극대화하는 플랜의 유연성과 범실 최소화의

효율성 등을 적절히 가미한 부분은 분명 봄 배구에서 희망의 씨앗으로 손색없었다.

OK금융그룹에 맞서는 현대캐피탈의 '미라클'은 봄 배구까지 씹어먹을 기세다. 비시즌 핵심 자원들의 각 급 대표팀 차출과 부상, 시즌 중반 최태웅 감독의 경질 등 온갖 악재가 끊이지 않으면서 KB손해보험과 최하위 싸움을 벌이는 위치에 있었지만, 진순기 감독대행 체제로 개편된 이후 팀 경기력과 분위기가 확 바뀌면서 무섭게 승수를 쌓아 올렸다. 아흐메드의 굳건할 활약상에 선수들 간 신구 조화가 팀 색채에 스며들면서 시즌 막판에는 봄 배구 막차 탑승의 '미라클'을 바라볼 수 있는 위치에 올라섰고, 6라운드 5승 1패로 한국전력을 제치고 봄 배구 초대장을 부여받으며 '미라클'의 화룡점정을 멋지게 찍었다.

2위 우리카드와 플레이오프 매치업을 향한 두 팀의 '타이 브레이크'에 안산의 봄은 더욱 활짝 피어올랐다. 공교롭게도 두 팀의 이번 준플레이오프는 지난 15일 정규리그 최종전 이후 6일 만에 '리벤지'로 치러진다. 매치업 전적에서 3승 3패로 호각세를 보이는 것도 모자라 봄 배구까지 오는 과정의 흐름과 리듬 등이 용호상박이다. 넉다운의 특성상 분위기와 리듬이 승패와 그대로 연결되는 터라 긴장감 또한 MAX다. 말 그대로 '필사즉생'인 셈이다.

따사로운 봄의 기운과 함께 벚꽃의 만개도 점차 임박해가는 시기다. 지하철 4호선을 쭉 타고 상록수역에 다다르니 향기가 뭔가 진하다. 다름 아닌 이날 준플레이오프를 맞아 상록수역에서부터 8년 만에 '안산의 봄'을 만끽하기 위한 팬들의 가득한 발걸음이 향기를 더 진하게 만든다. 두 팀 팬들에게도 봄 배구는 정규리그와 분명 다른 무대. 시합 몰입도가 천차만별인 데다 1점, 1점에 의해 희비가 교차되는 양면성이 TV 중계화면으로 클로즈업되는 경우가 비일비재할 정도로 응원 데시벨 또한 정규리그 때보다 쩌렁쩌렁하다.

응원하는 팀, 선수의 봄 배구 연명을 위해 상록수역 하차 이후 곧바로 체육관을 향하는 모습에서 팬들의 기대감과 설렘이 가득한 모습이었고, 내면에 숨겨진 텐션을 끌어내는 비장함 또한 엿보였다. 그렇게 인도를 따라 신호등을 건너니 도로가에 정차된 양 팀 선수단 버스가 눈에 확 띄었고, 체육관 입구에 티켓 발권을 대기하는 팬들의 대기 줄도 가득했다. 가뜩이나 좁은 체육관 주차 공간과 함께 인근 상록중학교와 상록초등학교 주차장 만석은 자연스러운 수순이었다.

프로농구와 프로배구는 '봄의 잔치'에 초대된 팀들이 팬들의 일심동체 응원을 장려하기 위해 기념 티셔츠를 배부한다. 팬들의 기념 티셔츠 착용과 함께 고유 색상을 진하게 물들이면서 통일성 도모를 꾀한다. OK금융그룹도 8년 만에 안산에서 봄 배구를 맞아 체육관 입장 팬 전원에게 봄 배구 기념 티셔츠를 배부하며 장내 열기를 돋우는 데 총력을 기울였다. 오렌지색에 봄 배구 캐치프레이즈를 부착하면서 봄 배구 필승의 일념을 불태웠고, 팬들의 기념 티셔츠 착용을 통한 대동단결은 장내 오렌지색 물결을 더욱 진하게 물들이는 기폭제로 자리했다.

이에 질세라 현대캐피탈도 많은 원정 팬들이 체육관 원정석을 가득 메우며 일당백을 선보였다. 안 그래도 높은 팬들의 로열티에 생목으로 폭발적인 함성을 끌어내는 아우라는 결코 만만치 않은 모습의 서막을 열었다. 다음을 기약할 수 없는 잔혹함에 장내 열기는 더욱 폭발했다.

패배는 곧 시즌 마감이라는 동기부여가 양 팀 선수들의 전투력을 한껏 끌어올렸고, 두 팀 벤치의 경기운영이 얼마나 효력을 발휘할지에 대한 궁금증도 증폭됐다. 정규리그 6경기 동안 4번이나 풀세트를 치를 만큼 서로 성향과 특색, 패턴에 대한 인지를 빤히 인지하고 있는 터라 단기전과 같은 큰 무대에서는 범실과 집중력의 중요성 역시 두말하면 잔소리에 가까웠다.

그렇게 주심의 휘슬이 울렸고, 봄 배구의 향을 더 길게 맡으려는 두 팀의 기 싸움 역시 껍질을 깼다. OK금융그룹은 해결사 레오가 전·후위를 가리지 않고 파이프, 퀵오픈, 시간 차 등 다양한 공격 옵션을 선보이며 현대캐피탈의 전위 블로킹을 곤혹스럽게 했고, 왼손잡이 아포짓 스파이커 신호진과 살림꾼 송희채가 빠른 스피드를 이용한 움직임과 공격력으로 레오의 견제를 분산시키며 경기 플랜의 다양성을 입혔다. 현대캐피탈 또한 OK금융그룹의 다양성에 주저 없이 맞받아쳤다. 아흐메드와 허수봉이 공격 타점과 파워를 실으면서 OK금융그룹 수비를 폭격했고, 삼각편대로 짝을 이루는 전광인의 스피드를 이용한 공격력과 최민호, 차영석의 중앙 속공, 높이의 강점을 통한 블로킹의 다채로움이 잘 어우러졌다. 외국인 선수들에 대한 높은 의존도 속에 토종 선수들의 서포터가 적절히 믹스된 두 팀의 경기 플랜에 내용이 팽팽하게 흘러가는 것은 당연했다.

현대캐피탈이 1세트를 먼저 가져오자 OK금융그룹이 2, 3세트를 내리 따내면서 승부의 추가 기우는 듯했으나 현대캐피탈의 반격도 매서웠다. 4세트 현대캐피탈이 세트 막판 집중력의 우위로 또 한 번 풀세트 매치를 완성했다. 두 팀 모두 5세트까지 오는 과정에서 선수들의 체력 부담이 극에 달했지만, 볼 하나하나에 집중력을 최대치로 짜내며 팬들의 환호성을 돋웠다. 상대 서브 포메이션 때 리시브 안정을 통한 공격력 극대화로 사이드 아웃을 효과적으로 돌려놨고, 상대 공격을 유효블로킹과 디그로 걷어내면서 찬스볼을 만들려는 노력 또한 분주했다. 이에 서로 엎치락뒤치락하면서 만원 관중 앞에서 스릴을 높였고, 15점 승부인 5세트 13:13으로 호각세를 이루며 한시도 눈을 못 떼게 했다.

5세트 듀스로 향할 여지가 다분했던 상황에 양 팀 벤치와 응원단의 심장이 더욱 빠르게 뛰었지만, 기나긴 승부의 종지부를 찍게 한 요소는 효율성이다. OK금융그룹의 효율성이 현대캐피탈을 앞지르면서 많은 팬들의 울컥함을 자아냈다. 13:13에서 전광인의 서브 포메이션 때 전광인의 서브가 네트에 걸리면서 매치포인트를 점했고, 상대 공격을 걷어낸 뒤 신호진의 공격이 상대 코트에 꽂히면서 기나긴 승부 끝에 모두가 얼싸안고 기쁨을 만끽했다(22:25, 25:22, 25:21, 22:25, 15:13).

레오의 화력 극대화와 함께 범실을 최소화하는 효율적인 경기 운영, 서브리시브의 안정화 등이 집중력 싸움의 우위로 잘 이어지면서

2015-2016 시즌 챔프전 4차전 이후 8년 만에 안방에서 포스트시즌 승리의 쾌재도 함께했다. OK금융그룹은 준플레이오프 승리와 함께 우리카드와 3판2선승제 플레이오프를 치르게 되면서 챔프전 진출의 '미라클' 연출 찬스를 잡게 됐고, 현대캐피탈은 준플레이오프 막차 탑승의 '미라클' 기세를 몰아 적지에서 아흐메드, 허수봉, 전광인의 삼각편대 화력과 차영석, 최민호의 중앙 공격 시너지를 토대로 또 한 번 '미끼' 투척을 노렸지만, 잦은 범실과 함께 마지막 집중력의 2% 부족함이 발목이 잡으면서 다사다난한 한 시즌의 모든 여정을 마무리하게 됐다.

말 그대로 사생결단을 외친 상황에 이번 준플레이오프는 V리그 역사의 한 페이지로 멋지게 장만하기에 충분했다. 그도 그럴 것이 두 팀의 올 시즌 여정이 그야말로 굴곡이 컸던 시즌이기에 그랬다. 두 팀 모두 시즌 중반까지 기대 이하의 경기력과 결과물로 봄 배구에 먹구름이 잔뜩 드리웠고, 새 사령탑 체제에서 스타일 적응력 배양(OK금융그룹), 시즌 도중 감독 경질(현대캐피탈)의 리스크와 함께 세터와 공격수 간 호흡 문제, 포지션 실험에 따른 적응력 구현 등에서도 고충이 제법 컸다. 더군다나 올 시즌과 같이 순위 싸움이 하루살이로 전개되는 흐름에는 경기력과 결과물의 지지부진은 반등을 꾀하는 방향에도 아킬레스건이나 마찬가지였다.

모든 현대인들이나 집단에게 야심 찬 시작을 열어젖혀도 모든 결과물에 좋은 과정이 분명하게 뒤따라야 한다. 과정이 좋지 못하면 결과물이 아무리 좋아도 가치가 퇴색된다는 이치는 스포츠뿐만 아니라 분야를 막론하고 공통적으로 적용되는 사항이다. 개인이든, 집단이든 나름 일과 사업 진행의 의욕과 열의 등을 불태우면서 야심차게 성과물 쟁취에 물불 안 가리고 뛰기 마련이고, 진행 과정이 뜻대로 풀리는 것만큼 좋은 것이 어디 있겠는가?

하지만, 말처럼 쉽지 않은 것이 현실이다. 모든 과정의 리스크는 언제 어디서 나올지 모른다. 환경, 상황적인 부분에서 발생할 수 있고, 갈등과 부주의 등에 따른 엇박자가 과정에 항상 따라붙는다. 과정의 엇박자가 그래서 무서운 이유다. 상황이나 환경에 대한 적응뿐만 아니라 개인의 심리, 욕구 등의 조화가 하나로 어우러지지 않고서는 과정과 결과의 실현으로 이어질 수 없다.

그러나 두 팀의 시즌 중반 이후 여정은 과정과 성과의 비례를 입증했다. OK금융그룹은 3라운드 전패로 위기감이 감돌았으나 오기노 마사지 감독 체제하에서 리시브와 수비에 기반을 둔 배구 스타일이 점차 팀에 뿌리를 내리면서 경기의 질이 향상됐고, 이는 4라운드를 기점으로 승수 쌓기에 탄력을 내는 기폭제였다. 거기에 오기노 감독의 한국 배구에 대한 적응력과 이해도가 더해지면서 팀 결속력이 더 단단해졌고, 선수들 또한 오기노 감독의 신뢰와 믿음에 화답하는 모습이 경기력과 결과로 나타나면서 3위로 봄 배구 직행 탑승권을 확보하는 소득을 남겼다.

비록 준플레이오프를 거치고 봄 배구를 맞이하게 됐지만, 3년 만에 봄 배구 진출과 함께 8년 만에 안방에서 봄 배구 개최의 기쁨도 느낄 새 없이 치러진 준플레이오프마저 어렵사리 뛰어넘으며 '오기노

표 배구'의 확립 신호를 알리면서 새로운 '미라클' 연출에 대한 기대감을 끌어올렸다.

현대캐피탈은 최태웅 감독의 시즌 중반 경질 이후 진순기 감독대행 체제로 개편된 이후 선수들의 하고자 하는 의욕과 동기부여가 솟구친 팀 분위기가 중반 이후 무서운 반격의 신호탄이 되면서 준플레이오프로 봄 배구 막차 탑승을 이뤘고, 고참 라인인 전광인과 최민호가 축을 이뤄주면서 허수봉과 박경민, 김명관 등 젊은 피들의 시너지가 살아나면서 강팀의 건재함을 한껏 뽐냈다. 중반 이후 매 경기 과정에 충실하면서 결과가 자연스럽게 따라왔고, 신구 조화를 통한 결속력 강화를 도모한 진 감독대행의 운영능력과 스타일 역시 과정과 결과의 쟁취를 제법 성공적으로 이끌었다. 준플레이오프 탈락으로 봄 배구 연명의 뜻을 이루지 못한 것은 아쉬움으로 지적되지만, 시즌 초반 핵심 자원들의 대표팀 차출에 따른 팀 경기력 엇박자로 휘청댔던 것을 고려하면 말 그대로 격세지감이나 마찬가지였다.

과정과 결과의 비례는 현대 사회에서 불변의 진리와 같다. 개인이나 집단 할 것 없이 공통적으로 해당하는 사항이며, 저마다 방법을 통한 과정을 거치고 다음 단계에 다다를 때 결과 쟁취를 위한 챕터가 바뀐다. 농사 수확물이 씨를 뿌린다고 확 자라지 않는 것과 같은 이치다. 좋은 과정의 없이 단계를 확 넘어간다는 것은 욕심이다. 수많은 돌발상황이 세상만사 필연적이기에 그렇다. 일과 사업을 시작할 때 구상한 성과물이 실현되지 않더라도 한 과정으로 생각하면 언젠가는 더 큰 성과물이 따라온다. 어차피 한 번에 모든 것이 확 이뤄지지는 않는다. 이 또한 진보를 위한 모멘텀으로 삼을 때 결과물의 가치가 치솟는다. 당연히 많은 이들의 박수갈채도 따라온다. 설령 결과물이 좋지 않더라도 마냥 실의에 빠질 필요가 없다. 어차피 사이클은 돌고 돌기 마련이며, 쓰라린 아픔은 곧 단단함을 입혀주는 동력이 된다. 스포츠뿐만 아니라 각계 분야에서 이러한 부분을 잘 인지하면 과정과 결과의 비례가 따라온다는 것을 말이다.

'2전 3기'의 한풀이와 새 역사 창조,
그리고 The End

-2024년 4월 1, 2일-

봄의 향기가 점점 무르익어간다. 2024년 한 해도 어느덧 1/4가 흘렀다. 시간의 흘러감은 여전히 굳건하다. 아니 흐르는 강물의 물살만큼이나 그 속도가 빠르게 와 닿는 느낌이 현대인들과 집단에 자리하는 심정이 아닐까? 거리 곳곳에 만개한 벚꽃만큼이나 날씨의 화창함이 봄날을 재촉하는 느낌이다.

V리그를 삶의 일부로 여기는 팬들에게는 봄날의 감정이 다소 시원섭섭하게 느껴질 수 있다. 시즌 개막할 때 설렘이 매서운 겨울을 지나 봄에 다다를 때 마무리될 때 각자 '낙(樂)'이 잠시 쉼표를 찍는 것을 의미하기에 더 그렇다. 이러한 감정은 시즌이 종료되는 봄에서 가을까지 6~7개월여의 텀을 더 갈증 나게 할 정도다.

진한 봄 향기에서 어느새 2023-2024 시즌 V리그의 끝이 다다르고 있다. 역대급 순위 싸움과 아시아쿼터 도입, 팬들의 지대한 관심 등으로 스토리가 풍족하게 쓰이면서 20번째 시즌의 페이지 하나하나 거를 것이 없게 장만되고 있다. 팀당 36경기의 기나긴 정규리그 여정을 뒤로하고 '봄의 잔치'에 한창인데 이제 챔피언 타이틀을 향한 '마지막 승부'만이 남았다. 시즌 내내 흥국생명과 현대건설의 '2강' 구도가 공고하게 형성된 여자부는 두 팀의 챔프전 열기가 대단하다 못해 가히 폭발적이다. 그럴 만도 하다. 챔프전 티켓 오픈하자마자 티켓이 순식간에 동나는 일은 예삿일이고, 팬들 저마다 응원하는 팀의 챔피언 타이틀을 직접 만끽하려는 뚜렷한 욕구가 챔프전 티켓 전쟁의 치열함을 부추기고 있다.

거기에 두 팀 모두 지난날의 쓰라림이 워낙 내면에 크게 자리 잡은 터라 챔피언 타이틀의 갈증을 더 크게 만드는 동기부여가 확실하다. 아니나 다를까 두 팀 모두 챔피언 타이틀의 열망을 코트에서 그대로 표출하는 중이다. 현대건설은 정규리그 최종전 페퍼저축은행 광주 원정 3:1 여세로 정규리그 챔피언 타이틀과 챔프전 직행의 '두 마리 토끼'를 성공적으로 쟁취한 여세를 몰아 챔프전에서도 안정된 공수 밸런스와 끈질긴 투지, 고도의 집중력 등을 바탕으로 강팀의 진면목을 어김없이 뽐내고 있다. 흥국생명은 플레이오프에서 정관장을 2승 1패로 돌려세운 분위기와 리듬 등을 살려 챔프전에서도 '여제' 김연경의 일당백과 레이나, 윌로우 등의 쏠쏠한 활약이 조화를 이루면서 현대건설의 간담을 서늘케 하고 있다.

두 팀의 팽팽한 기 싸움에 챔프전 시리즈 양상은 그야말로 스릴 폭발이다. 몸을 날리는 디그와 파이팅, 볼 하나하나를 놓지 않는 투지는 챔프전다운 긴장감과 스릴의 쫄깃쫄깃함을 선사하는 중이고, 한시도 눈을 떼기 어려운 랠리에 챔프전 특유의 몰입도 또한 10점 만점에 10점이다. 수원에서 1, 2차전은 연이어 매진 행렬 속에 풀세트 접전을 치르면서 팬들의 텐션을 절로 높였다. 현대건설은 양 날개와 중앙의 다채로움을 기반으로 흥국생명의 체력 부담을 집요하게 물고 늘어졌고, 흥국생명은 김연경의 폭발적인 존재감과 함께 윌로우와 레이나가 뒤를 받치는 경기 패턴으로 초인적인 에너지를 쏟아냈다.

풀세트를 향하는 과정에서 양 팀 센터 김다인과 이원정의 두뇌 싸움 또한 불을 뿜었고, 상대 공격을 유효블로킹과 디그로 걷어내면서 찬스볼을 만드는 과정, 서브로 상대 리시브를 흔든 뒤 센터 토스 불안, 엇박자를 초래하는 레퍼토리 등 먹거리가 풍족하다 못해 넘쳤다. 이에 양 팀 팬들의 응원 데시벨이 올라가는 것은 물 흐르듯이 이어지는 단계였다. 영화, 드라마의 흥행 조건이 기승전결로 이어지는 단계가 착착 맞아떨어져야 하는 것처럼 두 팀의 챔프전 1, 2차전은 이러한 격언이 제대로 어울렸다.

용호상박, 일진일퇴의 사자성어에 맞게 명승부로 뒤덮은 수원의 녹색 코트 바닥에 두 팀 모두 전투력을 다 쏟아냈지만, 현대건설이 안방에서 연이은 역전극으로 2연승을 질주하며 통합 챔피언 달성에 '9부 능선'을 넘었다. 1차전을 먼저 2세트를 내주고도 내리 3세트를 따내면서 뒤집기를 연출하더니 2차전은 3세트까지 세트스코어 1:2의 열세를 4, 5세트 쟁취로 뒤집으면서 만원 관중에 멋진 서비스를 선사했다.

세터 김다인의 손끝에서 중앙 속공과 오픈, 파이프 등 공격 옵션이 다채롭게 표출되면서 흥국생명 블로킹의 허를 제대로 찔렀고, 이에 해결사 모마와 양효진의 '원투 펀치' 폭발력은 더욱 배가됐다. 그뿐만 아니라 아웃사이드 히터 포지션에서 위파위와 정지윤의 쏠쏠한 활약상은 모마와 양효진에 쏠린 견제 분산에 제격이었고, 양효진과 '트윈타워'를 형성한 이다현의 '감초' 활약 또한 백미 중 하나였다. 리베로 김연견의 몸을 날린 디그와 안정된 수비에 상대 블로킹 포메이션 때 공격 레퍼토리 활용 폭을 넓힌 김다인의 운영 능력 등까지 안방에서 1, 2차전 역전극의 맛이 진수성찬에 가까웠다.

그에 반해 흥국생명은 김연경이 공수 양면에서 초인적인 투지와 전투력을 바탕으로 일당백의 면모를 어김없이 뽐내면서 윌로우와 레이나의 공격력이 동반 상승을 이뤘지만, 1, 2차전 모두 3세트 이후 체력적인 부담에 따른 집중력 저하가 발목을 잡으면서 벼랑 끝에 내몰리는 결과를 초래했다. 그렇게 해서 맞은 3차전은 흥국생명의 홈 코트인 인천삼산월드체육관에서 펼쳐진다. 챔프전 3차전 날인 4월 1일은 상당히 흥미로운 날이다. 다름 아닌 만우절 날이다. 이날은 가벼운 장난이나 그럴듯한 거짓말, 트릭으로 재밌게 남을 속이면서 즐기는 날이다.

1, 2차전 풀세트 접전으로 '꿀잼' 폭발을 이끌어낸 챔프전 시리즈가 만우절 날 드라마틱하게 변화될지에 대한 궁금증이 커질 수밖에 없었다. 지난 시즌 안방에서 먼저 2승을 쟁취하고도 거짓말 같은 '리버스 스윕'으로 통합 챔피언을 목전에서 놓친 흥국생명에게는 이날 3차전이 시리즈 반격을 도모할 수 있는 마지막 승부처였고, 안방에서 기분 좋게 역전승으로 2승을 확보한 현대건설에게는 빠른 시리즈 종결과 통합 챔피언 갈증 해갈을 위해서는 3차전 승리가 마지막

퍼즐이다. 5판3선승제 시리즈 전적에서 먼저 2승을 쟁취한 현대건설이 체력이나 리듬, 분위기에서 우위를 점하고 있다는 부분은 부정하기 어렵지만, 흥국생명의 전투력과 투지 또한 만만치 않게 전개되고 있기에 3차전 승부를 속단하는 것은 넌센스다. 이에 만우절 날 많은 팬들 앞에서 어떠한 거짓말 같은 스토리가 형성될지 지켜보는 것도 지대한 관심사다.

하루하루 살다 보면 보지 말아야 할 광경을 어쩔 수 없이 봐야 할 때가 있다. 현대 사회를 살아가는 이들에게 보지 말아야 할 광경 중 하나가 바로 화재다. 지하철 7호선 상동역 하차 이후 인근에서 식사를 해결하고 인천삼산월드체육관 방면 육교를 건너면서 저 멀리서 검은 연기가 그윽한 화재 광경을 목격하니 차마 입이 다물어지지 않았다. 오후 인천 서구 석남동 가방류 보관 창고에서 발생한 화재가 인근까지 번졌는데 이게 인천 부평구와 부천 경계점까지 걷잡을 수 없이 커진 것이다. 마침 휴대폰에 재난문자가 울리면서 더 실감 나게 했다. 항상 화재 예방에 신경을 곤두세운다고 한들 언제 어디서 터질지 모르는 시한폭탄과도 같기에 빠른 화재 진압에 의한 완진과 함께 희생자가 나오지 않기만을 학수고대할 수밖에 없었다. 화재라는 것이 원인 불명이든 어느 한 개인의 부주의든 인과관계가 뚜렷하기에 늘 조심 또 조심을 더욱 인지하게 한다.

검게 그을리고 자욱한 연기 속에 육교를 지나 인천삼산월드체육관에 다다랐다. 아니나 다를까 자칫 한 시즌의 마지막이 될 수 있다는 상징성이 팬들의 체육관 직관을 재촉했다. 현대건설의 홈 코트인 수원실내체육관보다 규모가 월등한 인천삼산월드체육관의 특성과 함께 지하철 7호선 삼산체육관역에서 바로 도보 이동이 가능하다는 좋은 접근성은 3차전 평일임에도 많은 팬들이 매표소 입구부터 줄을 가득 채우는 밑천이었고, 체육관 주변 식당가도 식사 해결 이후 체육관을 향하려는 숫자가 상당했다. 김연경의 막강한 티켓 파워에 따른 지분이 절대적이라고 할 수 있으며, 두 팀 모두 V리그 팬들의 로열티가 뚜렷한 팀들이라 흥행 차원의 행복한 비명으로 가득하다.

이는 1, 2차전 예측불허의 승부와 스토리에 열광한 팬들이 챔프전 직관의 맛을 더 음미하려는 이유이며, 지난 6개월 동안 선수들과 함께 호흡하면서 웃고 울었던 여정의 피날레 지점에 서로 각기 다른 온도 차는 이날 3차전의 감정이 동상이몽을 흥미롭게 한다. 흥국생명의 홈팬들 못지않게 현대건설의 원정팬들 또한 원정석을 가득 메우면서 열기가 달아오른 3차전의 총성도 세차게 울렸다. 흥국생명은 홈팬들의 지지와 성원을 등에 업고 안방에서 반격의 서막을 열어젖히기 위한 전투 태세를 한껏 끌어올렸고, 현대건설은 '포커 페이스'를 잃지 않으면서 집중력과 투지, 파이팅 등의 유지로 원정팬 앞에서 통합 챔피언 샴페인을 터뜨릴 시나리오 구현에 더욱 몰입도를 높였다.

두 팀 모두 승부의 '패'가 확실한 와중에 3차전 역시도 엎치락뒤치락하는 경기 양상으로 팬들의 시선을 절로 고정시켰다. 흥국생명은 여전한 김연경의 일당백 존재감에 윌로우와 레이나의 공격력이 높이와 타점에서 현대건설의 높이에 적절히 맞받아쳤고, 현대건설은 해결사 모마의 파워와 탄력이 실린 공격력과 함께 양효진과 이다현의

'트윈타워', 위파위와 정지윤의 짤짤한 공헌도가 절묘하게 어우러지며 흥국생명을 물고 늘어졌다. 양 날개 공격을 축으로 공격 효율이 높게 나타나면서 자연스레 리시브와 디그에서 집중력을 최대치로 짜냈고, 유효블로킹을 만들고 찬스볼 연결까지 도모하려는 계산에서도 물러섬을 찾아보기 힘들었다.

흥국생명이 1, 3세트, 현대건설이 2, 4세트를 각각 따내면서 또 한 번 풀세트 매치가 완성됐고, 이는 V리그 첫 챔프전 시리즈 3경기 연속 풀세트의 진기록으로도 역사의 한 페이지에 자리하게 됐다. 1, 2세트와 달리 3, 4세트는 25:23 접전으로 세트가 마무리된 부분에서 매치업의 향방은 오리무중이었다. 자연스럽게 또 한 번 일진일퇴의 육탄전을 5세트에서 기대케 하는 대목이었다. 정규리그보다 체력 소모가 갑절 이상인 챔프전의 특성에도 양 팀이 보여준 투혼과 전투력은 가히 박수를 받기에 아깝지 않았다.

그러나 5세트의 추는 의외로 싱거웠다. 빈틈이 보이면 집요하게 물어뜯는 사자의 본질은 현대건설에게 통합 챔피언을 선물하는 지름길이 됐다. 5세트로 접어드는 와중에도 모마의 공격 폭발력이 여전한 위력을 과시하면서 흥국생명 수비를 초토화시켰고, 양효진이 중앙 싸움에서 상대 김수지, 이주아를 압도하면서 높이의 위력을 입증했다. 흥국생명의 무뎌진 발놀림을 효과적인 서브로 파고들면서 체력 부담을 가중시켰고, 서브리시브 안정을 통해 모마와 양효진의 공격 높이와 타점을 적극적으로 살리면서 세트 초반부터 점수 차를 멀찌감치 벌렸다.

흥국생명은 5세트 들어 발놀림이 급격히 무뎌지면서 리시브와 수비가 덩달아 흔들렸고, 이원정의 손끝에서 김연경과 윌로우, 레이나에게 편중된 공격 옵션도 체력 부담과 함께 단조로움을 지우지 못했다. 14:7 매치포인트 순간 현대건설 모마의 공격이 그대로 흥국생명 코트에 꽂히면서 현대건설의 3:2(22:25, 25:17, 23:25, 25:23, 15:7) 뒤집기로 시리즈가 종결됐고, 현대건설 코트 안팎에 있는 선수들 모두가 코트에서 어깨동무를 하고 얼싸안는 모습에서 챔피언의 기쁨이 얼마나 큰지를 새삼 느끼게 했다.

이날 현대건설의 원정팬들 또한 챔피언 등극에 뜨거운 환호를 지른 것은 물론, 기쁨과 감격의 눈물을 감추지 못하면서 선수들과 일심동체의 감정을 동화했고, 이에 2019-2020 시즌, 2021-2022 시즌 정규리그 1위를 거두고도 코로나19라는 대재앙 앞에 챔피언 반지를 손에 낄 수 있는 찬스가 날아간 아쉬움도 이 한순간에 눈 녹듯이 사라졌다. 2015-2016 시즌 이후 8년 만에 챔피언 타이틀이자 2010-2011 시즌 이후 13년 만에 통합 챔피언 타이틀을 품에 안으면서 유니폼에 별을 3개로 늘렸다.

흥국생명은 김연경과 윌로우, 레이나의 삼각편대가 굳건한 활약상을 보여주며 안방에서 반격의 에너지를 다 짜냈지만, 지난 정관장과 플레이오프부터 열흘간 6경기를 치르는 체력적인 부담을 극복하지 못하면서 지난 시즌에 이어 2년 연속 안방에서 남의 잔치를 씁쓸하게 지켜봐야 했다. 김연경과 윌로우, 레이나에 공격 빈도가 너무 쏠린 나머지 중앙 싸움에서 현대건설에 열세를 보인 부분이 레퍼토리

단조로움을 극명하게 나타내는 요소였고, 1, 2차전과 마찬가지로 5세트 체력 저하에 따른 움직임 저하가 또다시 도지면서 챔피언 정복의 꿈을 다음으로 미뤄야 했다.

기나긴 혈투 끝에 여자부 시상식이 진행됐다. 그런데 1등만 기억하는 스포츠의 세계에 시상식만큼 가혹한 것이 없다. 승자가 챔피언 타이틀을 품고 쾌재를 부르는 광경을 옆에서 지켜봐야 하는 심정이야말로 2인자의 설움과도 같다. 모두가 챔피언 타이틀의 일념하에 여름부터 굵은 비지땀을 쏟아내면서 6개월간 대장정에 나서지만, 챔피언 타이틀을 놓쳤을 때 아쉬움, 분함 등의 감정은 내면에 쉽사리 지워지지 않는다. 이를 놓고 봐도 챔피언 타이틀에 의해 각자 거둬들인 열매가 차이 난다고 볼 수 있는 대목이다.

V리그 챔프전 시상식은 종료 직후 바로 이뤄지는데 이전과 마찬가지로 준우승 팀 흥국생명부터 시상이 이뤄졌다. 올 시즌 아본단자 감독 체제로 첫 풀시즌을 맞아 엘레나의 태업 논란에 따른 퇴출로 큰 곤욕을 치렀던 흥국생명에게 2년 연속 챔프전 준우승은 분명 아쉬움이 남는 결과물이지만, 김연경이 강렬한 아우라로 많은 팬들의 뜨거운 환호성을 이끌어낸 부분 만큼은 어둠 속의 한 줄기 빛과도 같았다. 홈-원정 가릴 것 없이 구름 관중을 몰고 오는 김연경의 티켓 파워에 막강한 관중 동원력으로 V리그 흥행을 선도하면서 '흥행 보증수표'로서 면모도 입증했다.

준우승의 아쉬움 속에 기념사진 촬영을 마치고 곧바로 라커룸에 이동하는 발걸음이 무거울 수밖에 없었지만, 챔피언 타이틀을 위해 가진 에너지를 쥐어 짜낸 투지와 투혼만큼은 많은 이들의 뇌리에 강렬한 임팩트를 심어주기에 충분했다. 준우승 팀인 흥국생명의 시상이 끝나고 마침내 챔피언 팀 현대건설의 이름이 시상식에서 호명됐다.

챔피언 팀 현대건설이 딱 호명되는 순간 선수단 전체가 너나 할 것 없이 폭발적인 함성 데시벨을 자랑했고, 챔피언 트로피를 번쩍 치켜들면서 1인자만이 누릴 수 있는 특권도 함께 누렸다. 챔프전 시상식에서 빼놓을 수 없는 타이틀이 바로 챔프전 MVP다. 챔프전 MVP는 당연히 챔피언 팀에서 나올 확률이 높다. 양효진과 김다인 등 시리즈 내내 군계일학의 활약을 선보인 이들 사이에 MVP 표심을 사로잡은 이는 바로 세네갈 특급 모마였다. 지난 시즌까지 GS칼텍스 유니폼을 입고 활약하다가 올 시즌 트라이아웃을 통해 현대건설의 노란 유니폼을 입게 된 모마는 184cm의 작은 신장을 뛰어난 탄력과 폭발적인 공격력으로 상쇄하면서 현대건설의 '토털 배구'에 한 축을 든든하게 지탱해줬고, 승부처에서 뛰어난 클러치 능력과 함께 서브, 블로킹 등에서도 팀의 무게감을 입히며 짭짤한 공헌도를 선보였다. 무엇보다 챔프전 시리즈에서는 상대 흥국생명의 집중견제에 아랑곳하지 않고 파이프, 퀵오픈 등 다양한 공격 옵션으로 무시무시한 폭발력을 자랑했고, 체력적인 부담 속에서도 공격 타점과 높이가 실린 모습을 잘 유지하면서 세터 김다인과 무르익은 호흡을 선보였다. V리그 3년차를 맞아 플레이의 여유와 노련미까지 한껏 장착된 학습력을 경기력으로 고스란히 접목시킨 특급 활약에 MVP 수상으로 잊지 못할 개인 커리어를 멋지게 장만하는 기쁨도 함께 가미했다.

잘 되는 집에는 그만한 이유가 있다고 했다. 어느 분야를 막론하고 집단과 조직이 잘 흘러가기 위해서는 바로 합심만큼 중요한 것이 없다. 구성원들끼리 서로 한마음 한뜻을 가지고 합심하는 움직임을 가져갈 때 조직 성과와 구성원 역량 배양 등의 시너지가 한데 어우러진다. 구성원 개개인마다 성향이나 특성 등의 판이한 차이를 나타내고 있는 탓에 뭉침이라는 작업이 녹록지 않은 것은 부인하기 어렵지만, 발전적인 부분을 서로 공유하면서 분위기와 결속력이 다져지는 방향성은 조직과 집단이 추구해야 될 합심에 있어 필수적인 요소다.

이러한 부분이 갖춰지지 않고 구성원 간 서로 밥그릇 싸움이나 하면서 오합지졸의 형태를 띤다면 구성원의 탤런트나 스펙 등이 아무리 출중해도 추락의 길에 빠져드는 속도는 순식간이다. 실제로 이 땅에 많은 집단이나 조직들에서 구성원 간 부조화와 이기주의가 팽배한 나머지 이미지에 걸맞지 않는 모습을 보이는 일들이 허다한 부분에서 합심의 단어를 더욱 뼈 저리게 절감하게 만든다고 해도 과언이 아니다.

그래서 현대건설이 이뤄낸 13년 만의 챔피언 정복기는 잘 되는 집의 정석이었다. 맏언니 황연주와 '리빙 레전드' 양효진이 팀의 고참으로서 축을 잘 이뤄주면서 팀의 결속력과 팀워크의 단단함을 입혔고, 김다인과 정지윤, 이다현이 젊음을 기반으로 에너지를 아낌없이 불어넣으며 신구 조화의 완성도를 높였다. 모든 집단이나 조직에서 가장 애를 먹는 대목이 신구 조화다. 실제로 고참급 라인과 신참 라인 간의 걸어온 환경이나 분위기에서 뚜렷한 차이가 나다 보니 신구 조화 형성의 어려움은 부채질되고 있는 것이 현실이다. 그러다 보니 서로 불협화음이 끊이지 않는다. 하지만, 현대건설은 신구 조화의 표본을 제대로 제시했다.

고참 라인인 황연주와 양효진의 솔선수범함과 리더십이 젊은 피들에게 동기부여를 한껏 축적시켰고, 중간 라인인 리베로 김연견과 아웃사이드 히터 고예림의 서포터도 고참과 젊은 피 간 중간다리로서 축을 잘 이뤄줬다. 이처럼 고참과 중간 라인들이 오랜 프로 생활로 다져진 노하우와 경험치를 아낌없이 전수하면서 젊은 피들의 성장 도모도 함께 가미하는 중이다.

30대 후반에 접어들면서 월업존에 있는 시간이 부쩍 늘었음에도 이에 아랑곳하지 않고 맏언니로서 후배들의 조력자 노릇에 앞장서는 황연주와 30대 중반의 나이에도 여전한 경쟁력을 뽐내는 양효진의 내공과 경험은 오랜 프로 생활로 다져진 산물과도 같으며, 연차가 거듭될수록 성숙미를 더하고 있는 리베로 김연견과 아웃사이드 히터 고예림의 존재는 고참들의 짐을 덜어주는 잣대로도 자리한다.

20대 초중반의 나이에 팀의 미래로 각광 받고 있는 김다인과 정지윤, 이다현의 젊은 라인은 빼어난 탤런트와 포텐에 배구에 대한 열정이 가득함을 잃지 않으면서 팀의 차세대 프랜차이즈 스타를 넘어 한국 여자 배구의 미래로서 입지를 다져가고 있고, 이러한 현대건설의 신구 조화는 V리그 팀들 대부분이 인력난에 시름을 앓는 현실 속에서도 경쟁력을 가꿔가는 소중한 밑천이다.

잘 짜여진 토종 신구 조화에 아시아쿼터로 합류한 위파위와 세네

갈 특급 모마의 성공적인 팀 융화도 국내 선수들과 시너지 효과 창출에 안성맞춤이었고, 활발한 커뮤니케이션이 기반이 된 부드러운 리더십으로 선수단을 통솔하는 강성형 감독의 지도 스타일 역시 부임 3년 차를 맞아 팀에 뿌리를 내리면서 신뢰감과 믿음 등의 형성도 자연스럽게 연결됐다.

대부분 집단이나 조직은 리더의 성향과 특성에 따라 분위기가 좌지우지한다. 리더가 구성원들과 얼마나 호흡을 잘 맞추느냐에 따라 조직 이미지, 경쟁력이 천차만별을 띈다. 리더 독단적으로 행동하거나 구성원 간 불화로 어수선함을 보이게 되면 제아무리 이름 있고 명망 높은 집단과 조직이라도 추락하는 것은 순간이다. 리더와 구성원이 상호 간 불협화음이 일어나지 않는 것이 중요하다는 점이 두말하면 잔소리인 이유다.

현대건설에게는 이러한 모습을 찾아보기 힘들다. 감독이 선수들과 커뮤니케이션을 활발하게 하면서 분위기를 잡아가는 덕분에 절정의 팀 케미스트리를 낳았고, 이에 현대건설은 강 감독과 계약을 3년 연장하면서 '윈-윈'을 멋지게 써내려갔다. 이번 현대건설의 챔피언 정복기가 현대 사회라는 테두리 안에 구성된 요소들을 다 담고 있는 바이며, 스포츠, 즉, 배구라는 종목이 농구, 축구와 달리 혼자서 해결할 수 없다는 특성을 일깨워준 부분에서 시사점이 있지 않나 생각된다.

거짓말 같던 만우절 날의 요란함이 지나 다시 고요함을 찾은 느낌이다. 고요함 속에 잠시나마 만우절 행복을 맛본 시민들의 모습에서 아쉬움이 진하게 밀려온다. 가뜩이나 삭막한 세상에 진귀한 날이 얼마 없기에 그렇다. 더군다나 이번 만우절은 월요병에 허덕이는 현대인들에게는 하나의 창구로 자리한 터라 진짜 월요일의 느낌을 마주하는 감정을 지울 수 없다. 노래 가사를 개사하면 딱이다. 소유와 정기고의 듀엣곡인 「썸」 가사 중 "내 거인 듯 내 거 아닌 내 거 같은 너."를 '월요일인 듯 월요일 아닌 월요일 같은 화요일'로 말이다. 음정이나 구절 숫자 차이는 있어도 개사하니 딱 맞아떨어지는 느낌이다.

전국 모든 거리마다 선거 유세가 한창이다. 8일 앞으로 다가온 총선에서 유권자들의 지지를 얻기 위한 후보자들의 움직임은 절정을 향해 치닫는 중이다. 총선 후보자들의 열띤 유세에 선거 차량이 거리 곳곳을 채워가면서 선거 분위기를 무르익게 한다. 지역구를 대표하는 지도자를 잘 선정하는 과정이야말로 국민의 중요 의무 중 하나라 연령대를 막론하고 나름의 관심도를 보여주고 있다.

4년에 한 번 펼쳐지는 총선의 절정과 함께 V리그도 클라이맥스의 완성 단계에 다다르는 중이다. 전날 여자부의 깊은 여운이 채 가시기도 전에 남자부 챔프전이 역사의 스토리를 나름 짭짤하게 써내려가고 있다. 그런데 여자부와 달리 시리즈의 동향은 다소 싱겁다. 대한항공이 OK금융그룹에 안방에서 내리 2연승을 따내면서 V리그 사상 첫 4년 연속 통합 챔피언의 역사 창조를 목전에 두고 있다. 시즌 막판 우리카드가 주춤거린 틈을 타 짜릿한 뒤집기를 연출하면서 정규리그 챔피언과 챔프전 직행을 이룬 기세가 챔프전까지 여과 없이 쭉 이어지고 있고, 챔프전을 앞두고 무라드 대신 막심으로 외국인 선수를 교체하는 초강수도 잘 먹혀들며 역사 창조를 향한 이륙이 거침없다. 지난 3월 14일 정규리그 최종전 이후 보름간 충분한 휴식을 통해 체력을 확실하게 비축했고, 3년 동안 통합 챔피언으로 다져진 내공과 경험 또한 이번 챔프전에서도 여과 없이 빛을 내고 있다. 2위 우리카드와 플레이오프를 치르면서 체력 소진이 짙은 OK금융그룹의 무거운 발놀림을 경기 플랜의 유연성 증대로 타개하는 단기전 운영의 묘 또한 돋보인다.

플레이오프에서 우리카드에 2연승을 따내며 시리즈 '업셋'을 이뤄낸 OK금융그룹은 챔프전 들어 확실히 힘에 부친 모습이다. 우리카드와 플레이오프를 치르고 온 체력 부담은 챔프전에서 공수 움직임 저하로 직결되고 있고, 해결사 레오에 쏠린 공격 옵션 또한 대한항공에 먹잇감으로 전락하는 모양새다. 레오의 고군분투에도 공격 효율이 떨어지는 모습을 보이며 실타래 마련에 애로점이 크고, 레오의 뒤를 받쳐주는 토종 선수들의 활약상이 받쳐주지 못한 부분 또한 아쉬움으로 남는다.

여자부와 마찬가지로 3차전이 자칫 마지막이 될 수 있다는 상징성에 장소는 안산으로 옮겨왔다. 대한항공이 챔피언 타이틀 쟁취에 유리한 위치를 점한 것은 부인할 수 없으나 안방에서 홈팬들의 열혈한 성원과 지지를 등에 업는 OK금융그룹의 '사생결단'은 분명 시리즈를 안갯속으로 흘러가게 하는 'X-FACTOR'와 같았다. 거기에 8년 만에 안방에서 챔프전을 맞이하는 동기부여도 막다른 골목에서 전투력을 더 끌어올린다.

이러한 상황에 팬들의 안산 러시는 당연했다. 기사회생하려는 OK

금융그룹이나 역사 창조를 3차전에서 이루려는 대한항공이나 두 팀 팬들 저마다 한 시즌의 마지막이 될 수도 있는 이날의 희열을 만끽함이 소중한 하루의 페이지로 자리하려는 심리가 열정을 재촉한다. 상록수역에서부터 체육관을 향하는 팬들의 걸음걸이가 어느 때보다 분주했고, 도보 이동과 함께 체육관 입구는 어느새 인산인해를 이뤘다. 안산상록수체육관의 좁은 규격에 밀집도는 챔프전을 맞아 과포화에 이르른 것이다. 인산인해를 이룬 인파 속에 좌석 또한 홈-원정 가릴 것 없이 만석이었다.

OK금융그룹이 플레이오프와 마찬가지로 입장 관중들에 오렌지색 기념 티셔츠를 배부하며 팬심의 통일성을 입혔고, 이러한 오렌지색 물결을 토대로 '미라클'의 시초를 써내릴 기세가 가득했다. 이에 질세라 대한항공도 많은 원정팬들이 안산을 찾으면서 홈팀 OK금융그룹에 못지않은 열기를 갖췄고, 챔프전 1, 2차전 동안 배부된 기념 티셔츠를 착용하면서 일당백을 자처했다. 그렇게 열기는 더욱 고조됐고, 1세트부터 서로 엎치락뒤치락하며 필승의 열망을 불태웠다.

OK금융그룹은 1, 2차전과 달리 아포짓 스파이커 신호진과 박성진의 공격 효율이 높게 나타나면서 해결사 레오의 견제를 덜어냈고, 대한항공은 임동혁과 정지석을 필두로 중앙과 양 날개의 다채로움을 입히면서 OK금융그룹의 방어벽에 으름장을 놨다. 두 팀 모두 서브를 강하게 구사하면서 상대 리시브를 흔드는 방향에 시선을 곤두세웠고, 양 팀 세터 곽명우와 한선수의 두뇌 싸움이 랠리를 흥미진진하게 만들었다.

그에 1세트는 듀스 상황이 만들어지며 장내 열기는 점화됐다. 1세트 한시도 눈을 떼기 어려운 랠리와 듀스 접전의 상관관계가 그대로 들어맞은 와중에 대한항공이 듀스 접전 끝에 세트를 따내면서 기세를 올리는 듯했지만, OK금융그룹의 저항도 결코 만만치 않았다. 안방에서 상대 잔칫상에 들러리가 될 수 없다는 일념하에 다시금 평정심을 끌어올렸고, 강한 서브와 몸을 아끼지 않는 디그를 바탕으로 공수 집중력을 가다듬었다. 해결사 레오의 전방위 공격에 신호진과 박성진의 서포터가 잘 어우러지며 대한항공의 방어벽을 교란시켰고, 강한 서브를 통해 상대 범실을 유발시키는 전략도 먹혀들면서 2, 3세트를 가져왔다.

대한항공은 1세트 좋았던 리듬이 잦은 범실과 리시브 불안에 의해 깨지면서 급격히 흔들렸고, 한선수와 공격수들 간 호흡 엇박자도 겹친 나머지 공격 효율 또한 하락세를 나타내면서 분위기와 리듬을 넘겨주는 결과를 낳았다. OK금융그룹의 세트 체인지에 시리즈 향방은 오리무중으로 치달을 공산이 컸고, OK금융그룹 홈팬들의 열혈한 성원과 지지 역시 결코 만만한 요소가 아니었다. 이러한 두 팀의 동상이몽에 4세트가 3차전을 넘어 시리즈 전체 승부처로 자리하는 충분한 요소로 자리했다.

양 팀 응원단의 데시벨이 더욱 높아지면서 장내는 한껏 달아올랐다. 두 팀 모두 체력적인 부담의 심화에도 운영의 묘 증대와 효율성 배가를 꾀하기 위한 방향에 촉각을 곤두세웠지만, 대한항공의 기밀한 카드가 4세트 다시금 껍질을 깨면서 묘한 기류가 형성됐다. 다름 아닌 대한항공이 막심 대신 임동혁을 4세트 스타팅으로 기용하면서 공격 패턴의 변화를 준 것. 공격 파워와 서브가 좋은 임동혁 투입으로 상대 전위 블로킹을 파괴하면서 정지석을 필두로 다채로운 공격 옵션의 효력 극대화를 도모하려는 토미 틸리카이넨 감독의 복안은 그대로 먹혀들었다.

임동혁이 전·후위를 가리지 않고 높은 공격 효율을 나타내면서 화력 세기를 달궜고, 정지석과 정한용의 공수 일당백 존재감 또한 OK금융그룹을 곤혹스럽게 만들었다. 이에 한선수의 패스웍은 현란하게 OK금융그룹 전위 블로킹을 현혹시켰고, 적재적소에 터져 나온 블로킹과 함께 리베로 오은렬을 필두로 리시브와 디그의 안정감을 다시금 입히면서 페이스를 회복했다. 3년 연속 통합 챔피언의 관록과 내공의 힘을 엿볼 수 있는 대목이었다.

그렇게 승부는 풀세트를 향했고, 마지막 5세트에서도 서로 엎치락뒤치락하며 챔프전다운 스릴을 한껏 선사했다. OK금융그룹이 레오에 공격 점유율을 높이되 미들블로커 바야르사이한과 신호진, 박성진의 옵션 활용으로 대한항공의 허를 찌르는데 주력했고, 대한항공은 임동혁의 파워풀한 공격력과 함께 정지석, 정한용의 빠른 공격으로 높이와 스피드의 밸런스를 적절히 맞춰가며 OK금융그룹에 으름장을 났다.

엎치락뒤치락하는 양상 속에 15점 5세트 승부는 13점대까지 호각세를 띄었고, 범실 관리와 공수 집중력에 의해 두 팀 운명은 교차될 수밖에 없는 가혹함이 도사리고 있었다. 에러가 용납되지 않는 시점에 두 팀 모두 집중력을 최대치로 짜낸 것은 물론, 서브와 블로킹 등의 적절한 가미로 장군멍군을 불렀으나 매치업을 매듭지은 '키'는 다름 아닌 '토털 배구'였다. 5세트 14:13에서 서로 공격을 한 번씩 걷어내고 찬스볼을 만드는 과정에 대한항공이 '토털 배구'의 힘을 보여주면서 역사 창조의 페이지를 장만했다(27:25, 16:25, 21:25, 25:20, 15:13).

상대 공격을 걷어낸 뒤 미들블로커 조재영이 올려준 2단 패스가 미들블로커 김민재의 속공 타이밍과 딱 맞았고, 김민재의 속공이 OK금융그룹 코트에 떨어지면서 4년 연속 통합 챔피언의 쾌재를 불렀다. 홍익대 시절까지 세터로 활약하다가 대한항공 입단 이후 미들블로커로 전향한 조재영의 경험이 하이라이트 필름 완성을 이끈 지름길이자 대한항공 '토털 배구' 위력을 증명하게 한 대목이며, 김민재의 속공 성공 때 웜업존에 있던 선수들이 코트로 뛰어들어가 얼싸안고 역사 창조를 만끽하는 광경에서 시즌 여정이 주마등처럼 스쳐 지나가는 부분을 엿볼 수 있었다.

V리그 사상 첫 4년 연속 통합 챔피언의 여정이 어느 때보다 힘겨웠기에 그렇다. 핵심 자원들의 비시즌 대표팀 차출과 함께 링컨을 필두로 정지석, 김민재 등 핵심 자원들의 부상으로 정상적인 라인업 가동에 애로점을 겪었고, 팀 밸런스와 경기력이 지난 시즌보다 떨어진 모습을 보여주며 시즌 중반 두 자릿수 패배를 찍었다. 이전 3년간 한 자릿수 패배로 정규리그를 끝냈던 것과 비교하면 위기감이 감돌았다. 그뿐만 아니라 우리카드가 안정된 공수 밸런스를 토대로 시즌 내

내 순항을 거듭하면서 야성을 강하게 뒤흔들었고, 시즌 막바지까지 매직넘버를 우리카드에 넘겨주면서 역사 창조의 야망이 산산조각 날 여지가 다분했다.

하지만, 변하지 않는 요소가 있었다. 바로 역사 창조에 대한 동기부여다. 이러한 동기부여는 위기를 환희로 승화시켰다. 우리카드가 주춤거린 행운이 기어코 정규리그 챔피언과 챔프전 직행의 두 가지 모토 쟁취로 이어지더니 챔프전에서 탄탄한 뎁스와 로테이션의 효과가 가공할만한 위력을 나타냈고, 챔프전 직전 무라드 대신 막심으로 외국인 선수를 교체한 모험까지 실효를 거두면서 역사 창조 열매를 풍성하게 만들었다. 흔히 정상에 오르는 여정은 험난하다.

이는 개인이든 집단이든 분야를 막론하고 공통적으로 내재된 사항 중 하나다. 산길을 예로 들면 간단하다. 험한 산의 경우 정상까지 오르는 길의 굴곡이 큰 데다 경사의 심함, 난코스 마련 등이 언제나 리스크로 도사린다. 산꼭대기의 화려한 절경 속에 절경을 맛보는 과정이 그래서 험난하다. 산길에 오를 때 경사진 코스가 있는가 하면, 제법 오르기 편한 코스가 있는데 단계별로 코스들을 거쳐야지 절경의 맛을 더 다채롭게 할 수 있다.

개인과 집단의 정상 정복도 마찬가지다. 온갖 시행착오 속에 과정의 충실함이 입혀져야 한다. 과정을 잘 밟지 않고 좋은 결과를 기대하는 것은 날강도에 가깝다. 설사 당장 결과가 좋지 않더라도 과정에 충실하면서 단계별로 방향을 잘 가져가야 한다. 그래야 정상 정복이라는 결과로 이어지는 법이다. 또, 정상까지 거센 저항은 필수불가결

한 요소다. 정상 정복을 위해 물불 가리지 않는 경쟁자들의 거센 도전이라는 환경적 요소는 여간 부담스러운 일이 아니고, 시간적 흐름에서 신진 세력들의 등장도 정상 정복의 고독함을 불러온다.

대한항공의 V리그 사상 첫 4년 연속 통합 챔피언의 업적은 향후 V리그 역사에 있어 기념비적인 페이지로 자리하기에 충분하며, 현대사회에서 1인자를 바라보는 개인과 집단에게 1인자의 고독한 숙명이 따르는 법이라는 메시지도 자연스럽게 전파해줬다. OK금융그룹은 홈팬들의 지지와 성원을 등에 업고 시리즈 반격을 위한 전투력을 아낌없이 선보였으나 5세트 마지막 집중력에서 2% 부족함을 나타내며 2013년 팀 창단 이래 처음으로 안방에서 원정팀 샴페인의 제물이 됐다.

그러나 OK금융그룹의 시즌 여정에 돌을 던질 이는 없다. 팀의 초대 수석코치와 2대 감독을 지낸 석진욱 감독의 뒤를 이어 오기노 마사지 감독 체제로 개편된 이후 일본 특유의 수비와 기본기를 앞세운 안정적인 배구가 팀에 이식되면서 4라운드를 기점으로 상승 기류를 탔고, 187cm의 단신 왼손잡이 아포짓 스파이커 신호진의 활용 폭을 늘리면서 해결사 레오의 공격 폭발력을 극대화하는 경기 패턴이 팀 스타일과 함께 어우러진 부분도 신뢰감과 결속력 강화에 큰 밑알이 됐다.

선수들에게 신뢰와 믿음을 심어주면서 동기부여를 끌어올리는 오기노 감독의 지도 스타일이 점차 녹아든 결과는 8년 만에 봄 배구 진출을 넘어 준플레이오프 현대캐피탈 전 풀세트 승리와 플레이오프 우리카드 전 2연승의 '업셋' 연출을 도모하는 결과로 이어졌고, V리그에 적응력을 더한 오기노 감독의 운영능력도 적재적소에 껍질을 깨면서 내실을 더했다. 대한항공에 챔프전 3연패로 셧아웃당한 부분을 제외하면 올 시즌 OK금융그룹의 '마법'은 항상 시즌 막판이 아쉬웠던 지난날의 전철을 끊어내면서 더 밝은 미래를 기약하게 하기에 부족함이 없었다.

전날 여자부와 마찬가지로 남자부 역시 시상식 때 굉장히 인상 깊은 광경이 연출됐다. 바로 스포츠맨십의 구현이다. 스포츠라는 상품 속에 상호 간 스포츠맨십은 상품 가치를 높이는 기폭제다. 승패가 극명하게 갈리는 냉혹한 스포츠의 세계지만, 동업자 신분에서 스포츠맨십의 구현은 멋짐 폭발을 이끈다.

전날 여자부와 마찬가지로 남자부 역시 시상식에서 데칼코마니가 연출됐다. 준우승 팀 시상 직후 챔피언 팀 호명될 때 OK금융그룹 선수단 모두가 대한항공에 축하를 건네는 모습은 패자의 품격을 높였다. 챔피언 타이틀을 쟁취하지 못한 아쉬움을 내면에 감출 수 없지만, 결과를 깨끗하게 받아들이고 승자를 향해 박수갈채를 아끼지 않는 스포츠맨십은 많은 이들에 크나큰 울림을 주기에도 부족함이 없다.

가뜩이나 남을 헐뜯고 비방하기 급급한 세상이다. 남 잘되는 꼴을 못 보는 몹쓸 일도 허다하다. 그러나 챔프전 시상식에서 스포츠맨십의 구현은 일반인들에게도 경종을 울린다. 정정당당하고 열정과 노력을 통해 얻어진 땀방울의 결과는 지워질 수 없다는 것을 말이다.

이를 놓고 이러쿵저러쿵하는 경우가 다반사인 것이 현대 사회인데 V리그뿐만 아니라 모든 스포츠에서 상호 간 스포츠맨십, 즉, 에티켓을 보여주는 모습이야말로 많은 이들이 참고해야 할 사항이 아닐까 생각된다.

그렇게 길고 길었던 한 시즌이 남자부 챔프전 3차전을 끝으로 172일간의 여정에 종지부를 찍었다. 남자부 대한항공과 여자부 현대건설이 저마다 챔피언 등극의 발자취를 성대하게 남기면서 마무리됐지만, 어느 때보다 박 터지는 순위 싸움과 스릴 넘치는 레이스 등에 의해 풍족한 시즌이었다. 자고 나면 바뀌는 하루살이에 각 팀 선수들과 코칭스태프들의 입술은 바짝바짝 말라 갔지만, 스포츠의 묘미인 예측불허가 어김없이 구현되면서 팬들의 직관 러시는 폭발했다.

배구를 삶의 일부로 여기는 팬들의 지지와 성원은 배구 코트를 화려하게 수놓았고, 선수들과 코칭스태프의 땀방울과 투지, 열정 등과 하모니 형성도 군더더기가 없었다. 그뿐만 아니라 매 경기 안에 담긴 스토리는 우리네 세상살이와 사회 현상과 맞닿으면서 시사점과 교훈 등을 제시해줬고, 각기 다른 관계, 요인 등에 있어 소중함을 돌아보게 하는 모토가 되지 않았나 싶다.

마침 올 시즌은 V리그가 출범한 지 20번째 시즌이다. 20년이면 강산이 두 번이나 바뀐 세월이다. 생애 주기로 비유하면 청소년기에서 성인기로 접어드는 시기다. 청소년들이 사춘기를 거치면서 신체적 변화, 감정적 예민함 등을 겪는 것처럼 V리그도 코로나19의 강력한 태풍에 의해 신체 나이로 사춘기 격인 2020년대 초반 큰 홍역을 치렀지만, 그간 숱한 제도 변화 속에서도 양·질적 발전을 이뤄오면서 겨울 스포츠의 핵심 콘텐츠로 자리매김하고 있다. V리그의 20번째 시즌 역시도 각 팀의 땀방울과 열정이 코트를 수놓으면서 '배구 덕후'들의 설렘을 충족시켰고, 관중 동원 역시도 남녀부 모두 지난 시즌보다 증가하면서 성대하게 막을 내렸다.

올 시즌 처음 도입된 아시아쿼터제가 연착륙하면서 동남아 국가들에 'K' 열풍을 몰고 오는 데 한 축을 이뤘고, 김연경의 굳건한 티켓 파워에 체육관 매진 행렬도 주를 이루는 등 나름대로 알맹이가 찼다. 이를 놓고 보면 배구라는 콘텐츠가 '배구 덕후'들에게 소중한 여가 수단으로 자리하고 있는 상황에 14개 팀 연고지 홈 코트는 물론, 원정까지 가리지 않고 높은 로열티를 자랑하는 팬들의 성원과 지지는 농구, 야구, 축구와 달리 마니아층이 상대적으로 취약하다는 평가를 조금이나마 불식시키기에 충분했고, 연고지 명소 방문을 통한 관광적 요소의 결합을 V리그와 적절히 이뤄내는 팬들의 '배구 앓이'는 향후 배구뿐만 아니라 스포츠라는 상품과 관광적 요소의 결합 중요성을 더 일깨웠다.

여전히 발전적인 방향에서 해결해야 할 사항은 산더미다. 세상 어떤 분야를 막론하고 100% 완벽한 제도는 단 한 개도 없다. 이기주의가 아닌 상생을 위한 청사진을 그려가면서 단계별 로드맵을 착실하게 수립하는 것이 중요하다. 20번째를 넘어 30번째, 40번째 그 이후까지 V리그가 지속적인 발전을 거듭하는 데 있어 열쇠라고 해도 과언이 아니다. 만약 이러한 부분들이 개선되지 않으면 '우물 안의 개

구리'로 계속 남는 것은 시간문제이며, 배구라는 종목의 상품성과 대중성에도 악영향을 끼치게 될 것을 결코 잊어서는 안 된다.

스포츠 소비에 있어 주체는 팬이며, 핵심은 선수와 팀이다. 공익을 추구하면서 상생을 도모하는 데 씨앗을 잘 뿌리려면 '팬 퍼스트' 정책과 함께 제도적인 부분의 변화, 선수들의 상품 가치 향상을 위한 노력 등이 가미되어야 된다.

늘 그렇듯 봄이 지나고 여름 더위를 거쳐 가을날이 될 때 새로운 시즌이 시작된다. 올 시즌 고대하던 챔피언 타이틀 쟁취에 실패한 팀들도 아쉬움을 거울삼아 향후 농사의 추수를 잘 거두기 위한 과정을 잘 거친다면 언젠가는 과정과 결과의 비례로 자연스럽게 따라오리라 생각된다. 현대인들에게 한 해의 마무리는 새로운 한 해를 열어젖히는 시초인 것처럼 V리그 모든 팀들 역시도 한 시즌의 마무리를 새로운 시즌을 위한 코스로 삼으면서 추수의 결실을 맺기 위한 빌드업 시간대다.

세상살이도 마찬가지다. 제아무리 탄탄대로를 거친 이들도 시련의 시간이 한 번쯤 찾아온다. 나름대로 현대 사회의 구성원으로서 소임을 다해야 한다는 책임의식이 어깨를 짓누르는 나머지 다양한 요인들에 의해 급변하는 사회 흐름이 시련을 야기할 정도다. 이게 대부분 강박관념에 의해 빚어지는 주 현상이며, 스트레스 종합세트를 유발하는 잣대라고 해도 과언이 아니다. 오죽하면 현대인들에게 떼려야 뗄 수 없는 요인으로 자리할 정도다.

이러한 내외적인 부분의 변화는 자의든, 타의든 숙명과도 가깝지만, 그래도 변하지 않는 것이 있다. 모든 인과관계는 과정 없이는 절대 형성되지 않는다는 것이다. 과정을 착실하게 잘 거쳤을 때 성과의 가치가 치솟는다는 부분은 불변의 이치와 같다. 그렇기에 과정의 소중함을 인지하는 것은 물론, 간직하면서 세상살이를 다채롭게 그려 간다면 모든 관계를 단단하게 입히면서 개인 능률 향상을 덧칠해주지 않을까 기대한다.

사회도 역시 예외가 될 수 없다. 지역 간 빈부 격차가 큰 이슈로 일찍이 자리 잡은 대한민국의 동향에 '엑소더스'가 가속화되며 지방 위기론이 끊이지 않지만, 그래도 나름 지방 도시 차원에서 랜드마크 활성화와 브랜드 제고 수단 등을 토대로 생명줄을 이어가고 있는 부분은 다행으로 여겨진다. 랜드마크 활성화와 브랜드 제고 수단을 스포츠로 삼으면서 침체된 지역 경제에 한 줄기 빛을 내리쬐게 하고, 매년 사시사철 스포츠 선수단과 팬들 등의 방문으로 지역 부가가치가 향상되는 부분도 지방 도시에 큰 무기다. 여기에 브랜드 제고까지 일거양득은 보너스다.

지방 도시 차원의 생명 수단은 겨울철 배구에도 여과 없이 전파되면서 지방 연고 팀 연고 지역에 생기를 절로 돋구게 하고 있고, 시민들의 문화 생활과 여가 향유 등을 도모하는 방향성 구현에도 엄청난 플러스 효과를 낳는다.

남녀부 14개 팀, 11개 홈 코트를 한 바퀴 돌면서 느껴진 감정 이입이 세상살이와 사회 현상에 있어 일맥상통함을 확인하게 된 바이며, 개인과 집단의 발전에도 큰 메시지를 주는 매개체를 심어주지 않았나 본다. 이러한 부분은 곧 스포츠뿐만 아니라 국가 전반적인 발전에도 큰 영향을 미치게 되리라 믿어 의심치 않는다. 그리고 6개월 장기 레이스가 개인과 집단의 스토리를 다채롭게 입혀줄 촉매제로 손색없다고 자부하며, 이뿐만 아니라 배구와 스포츠의 역사를 더 풍족하게 써 나간다는 사실 또한 너무나 자명하다.

역사란 육하원칙에 의해 하나둘씩 만들어진다. 기록을 통해 쌓이는 역사적 보존 가치는 돈으로 환산할 수 없는 가치를 띄며, 해당 분야에 있어 큰 자산과도 같다. 그렇게 해서 쌓인 발자취는 역사적 기록의 소중함을 높여준다. 다사다난했던 20번째 시즌을 지나 이제 30번째, 40번째 그 이후까지 역사는 쭉 이어질 것이다. 봄날의 엔딩과 여름을 거쳐 가을날이 됐을 때 또다른 역사와 스토리가 우리네 세상만사와 사회 현상을 마주하리라 기대하며, 더 나은 메아리를 외치는 날이 가득하기를 소망한다.

끝으로

1년 365일을 거치면서 온갖 일들이 다양하고 광범위하게 일어나는 것이 현대 사회다. 분야를 막론하고 스토리와 사건은 매일같이 넘쳐흐른다. 이게 하나둘씩 쌓이다 보면 좋은 부분이든, 나쁜 부분이든 영구히 남는다. 하물며 사회 현상의 이슈로 자리할 정도고, 모든 분야를 막론하고 화살을 관통한다. 그래서 필자는 말한다. 하루하루 벌어지는 스토리들이 사료로 남으면서 우리네 세상만사와 사회 현상에 한 범주로 자리한다고 말이다.

특히 스포츠는 이를 제대로 구현하는 분야 중 하나다. 전쟁터와 같은 필드에서 펼쳐지는 매치업 속에 개인과 개인, 개인과 집단, 집단과 집단 간의 관계가 스토리와 사건을 더 맛깔스럽게 하며, 이게 하나하나 축적이 되면서 개인과 집단은 물론, 사회에 큰 메시지를 안겨주기도 한다. 필자가 이를 스포츠, 즉, 배구와 결합시키려는 부분도 여기에 숨어있었다. '배구 앓이'에 푹 빠진 덕후들 만큼이나 스포츠가 삶의 '낙(樂)'인 필자이기에 스포츠 직관과 지역 투어로 얻은 감정을 사회 현상, 스토리와 대입하면 결합 시너지가 더해지리라는 생각이 컸다.

마침 배구도 담겨진 스토리가 딱 사회 현상, 스토리와 부합한다. 이를 책으로나마 호흡하면서 공감대 형성을 도모한다면 시각이 더 확대될 것임에 자명했기에 출판 욕구를 더 불태우게 하지 않았나 생각된다. 마침 V리그 14개 팀, 11개 홈코트를 한 번씩 돌면서 이러한 감정은 자연스럽게 느껴졌고, 사회 동향과 흐름을 넘어 향후 사회 전반적으로 개선해야 할 부분을 나름대로 체감하니 V리그 안에서 스토리가 스포츠와 배구를 넘어 사회 현상과도 상당히 밀접하다는 것을 더 피부로 와 닿게 했다.

더군다나 배구는 농구, 축구, 야구와 달리 홀로 모든 것을 짊어질 수 없다는 요소를 지니고 있다는 점도 결합에 있어 더 끌렸다. 서브-리시브-패스로 이어지는 단계를 거쳐야 공격의 완성이 이뤄지는 것처럼 과정 없는 결과는 결코 존재할 수 없으며, 설사 있다고 한들 가치가 퇴색되기 마련이다. 이러한 부분에서 병적인 성과주의에 얽매어 있는 한국 사회의 현실과 배구라는 종목이 시합 결과까지 이어지는 단계가 과정이라는 공통분모를 간과할 수 없다는 것을 확립시키고 있고, 이게 배구 팬들은 물론, 현대 사회를 살아가는 모든 이들에게 단순히 한순간 결과로 인한 낙담과 좌절이 아닌 한 점으로서 더 나음을 위한 초석이라고 자부하는 바이다. 그러면서 분명 나은 삶, 진보된 사회를 그려갈 수 있으리라는 희망을 품게 하지 않나 생각된다.

그래서 배구라는 콘텐츠가 사회 현상, 스토리와 접목에 있어 필자에게 흥미를 부추겼다고 느낀다. 하나하나 글로 읊는 부분에 적지 않은 애로점을 겪기도 했지만, 배구장 한 바퀴 직관과 투어를 통해 얻은 부분을 시각적인 확대로 연결하면 분명 시야가 넓어지리라 기대한다. 이게 삶에 있어 깊이를 채워줄 요소라고 자부한다. 여러모로 부족한 내용물이지만, 각자 시각대로 사회 현상과 스토리를 바라보면서 세상살이에 참고하면 개인과 집단 모두 더 나은 청사진을 상상할 수 있지 않을까 생각된다.

출판까지 많은 배려와 도움의 노고를 아끼지 않아 주신 도서출판 생각나눔 관계자분들과 항상 성원과 지지로 큰 힘이 되어주는 가족들과 지인들에게도 감사드리며, 자리를 빌어 늘 고맙다는 말을 전한다. 독자 여러분들도 사회 현상 속에서 삶을 다채롭게 만들면서 저마다 추구하는 방향대로 잘 개척하시길 바란다. 지구촌을 뒤흔들고 있는 기상 이변 속에 역대급 폭염이 기승을 부렸던 여름날이 지나 가을의 기운이 조금씩 풍겨온다. 여러분들 모두 일교차가 큰 날씨에 건강 유의하시고 3/4을 훌쩍 넘어선 2024년과 그 이후 앞날에도 무궁한 발전이 있기를 기원한다.